Christina Buchner • Stillsein ist lernbar

Christina Buchner

Stillsein ist lernbar

Konzentration – Meditation – Disziplin in der Schule

VAK Verlag für Angewandte Kinesiologie GmbH
Freiburg im Breisgau

Die Deutsche Bibliothek – CIP-Einheitsaufnahme

Buchner, Christina:
Stillsein ist lernbar : Konzentration – Meditation – Disziplin in der Schule / Christina Buchner. – 2. Aufl. – Freiburg im Breisgau : VAK, Verl. für Angewandte Kinesiologie, 1995
ISBN 3-924077-65-7

2. Auflage: 1995

Fotos und Zeichnungen: Christina Buchner
Lektorat: Norbert Gehlen
Umschlag: Hugo Waschkowski
Herstellung: pdc, Paderborn
Printed in Germany
ISBN 3-924077-65-7

Inhalt

Kapitel 1: Im Vorfeld der Thematik Stille – Konzentration – Meditation – Entspannung – Disziplin

Gottes ist die Stille ... 9
Warum dieses Buch nicht nur ein Meditationsbuch ist ... 10
Wer Ohren hat zu hören ... 13
Innere Bilder – äußere Bilder ... 16
Das Medium ist die Botschaft ... 18
Totstellreflex der Augen? ... 19
Fernsehen – Trance oder Trip? ... 21
Fernsehen als Einstiegsdroge? ... 23
Rechts und links – zwei Gehirne, zwei Partner ... 24
Was sind denn das für Kinder? Die allgegenwärtige Aggressivität ... 28
Zusammenfassung ... 30

Kapitel 2: Vom Warum zum Wie

Konzentrierte Lehrer – konzentrierte Kinder ... 33
Konzentration als Unterrichtsprinzip ... 34
Das Klassenzimmer als Anker ... 36
Der Sitzplatz als Anker ... 37
Inseln der Stille ... 37
Arbeiten bei Musik ... 38
Kinesiologie hat nichts mit Chinesen zu tun ... 40
Das A und O: die *Überkreuzbewegung* ... 41
Die *Liegende Acht* gibt Energie ... 43
Die *Cook-Energieübung* gleicht Energien aus und fördert eine positive Einstellung zum Lernen ... 48
Das Berühren der *Streßpunkte* baut Streß ab ... 51
Pink is beautiful – das rosarote Papier ... 54
Zusammenfassung ... 55

Kapitel 3: Die ersten Übungen

Weniger ist oft mehr ... 57
Mit Kopfkino fängt alles an ... 60
Das Orangenmännchen ... 61
Das Orangenmännchen tanzt ... 62
Das Orangenmännchen und die Zitronenfrau ... 64
Weitere Beispiele für Kopfkinos ... 65
Märchen und Kinderbücher liefern Stoff ... 67
Das Märchen vom Rotkäppchen ... 67
Das Märchen vom Wolf und den sieben Geißlein ... 72

Das Märchen vom Rumpelstilzchen 79
Weitere geeignete Märchen 85
Entspannungsübungen zu Kinderbüchern 94
Der kleine Wassermann von Otfried Preußler 95
Pippi Langstrumpf von Astrid Lindgren 97
Die *Kasperlebücher* von Josephine Siebe 97
Zusammenfassung 97

Einige konkrete Tips vor dem Hintergrund der ersten Erfahrungen 98
Zusammenfassung 105

Kapitel 4: Vom Kopfkino zum Gehirnsammeln – verschiedene Kategorien von Übungen

1. Phantasiereisen 108
Die ferne Insel 109
Unter Wasser 110
Weitere Möglichkeiten 111
2. Reisen in den Körper 112
Reise in Magen und Bauch 112
Reise in den Mund 114
Weitere Möglichkeiten für Körperreisen 115
3. Besuch im Gehirn 116
Besuch in verschiedenen Abteilungen des Gehirns 117
Besuch in den beiden Gehirnhälften 118
4. Übungen mit dem Regenbogen 120
Aufbau eines Regenbogens 121
Reise ans Ende des Regenbogens 122
Die Regenbogentreppe 123
5. Die Wirkung verschiedener Farben 124
Reise ins Land Rot, ins Land Orange, Gelb, Grün, Blau 127
Wir lassen die Farbe Lila durch den Körper fließen 130
Weitere Möglichkeiten, die Wirkung verschiedener Farben einzusetzen 130
6. Übungen mit der rosaroten Wolke 132
7. Der Zauberballon 135
8. Der schöne Ort 136
9. Wir fassen gute Vorsätze 138
10. Der Zauberbrunnen 142

Ein Schritt in die Unabhängigkeit von Vorlagen: Sie gestalten die weiteren Übungen selbst 145

11. Reisen auf der Wolke 145
12. Besuch bei Märchen- und Fabelwesen 146

13. Übungen, die zur Jahreszeit passen ... 149
Herbst ... 149
Winter ... 150
Frühling ... 153
Sommer ... 155
14. Besuch bei Tieren und Pflanzen ... 156
15. Übungen, die zum Unterricht passen ... 158
16. Superlearning ... 165
17. Übungen für bestimmte Situationen ... 168
18. Schwere- und Wärmeübungen ... 169
19. Schutzübungen ... 171

Kapitel 5: Die Psychohygiene des Lehrers ... 175

Kapitel 6: Vom Neuling zum Experten – Der einfache Weg zur täglichen Entspannungsübung
Dreistufenplan zur Reformierung des Unterrichts ... 177

Nachgedanken ... 180

Literaturverzeichnis ... 181

Über die Autorin ... 182

Kapitel 1

Im Vorfeld der Thematik Stille – Konzentration – Meditation – Entspannung – Disziplin

Gottes ist die Stille, des Teufels ist der Lärm.
Ernst von Dombrowski

Gottes ist die Stille

Ich liebe die Stille. Für mich ist es ein Greuel, überall zum Anhören von Musik genötigt zu werden: in allen möglichen Geschäften und Restaurants, beim Friseur, beim Zahnarzt, ja sogar am Telefon, während ich auf eine Verbindung warte.

Stefan Zweig spricht in seinen Erinnerungen an *Die Welt von gestern* von den Abenden in der Zeit vor dem ersten Weltkrieg, da noch nicht das Radio „die Nächte durch plärrte", wie er sich wörtlich ausdrückt.

Welchen Platz aber hat die *Stille* in unserer heutigen Welt, und hat sie überhaupt noch einen Platz? Ich meine ganz entschieden, daß die Erfahrung des Zur-Ruhe-Kommens, des Hörens auf die innere Stimme gerade heute in besonderem Maße nötig ist.

Wenn ich in einem Restaurant oder in einer Boutique darum bitte, die Musik auszustellen oder wenigstens leiser zu machen, dann komme ich mir zwar angesichts der verständnislosen Blicke, mit denen dieser offenbar sehr exzentrische Wunsch zur Kenntnis genommen wird, manchmal wie ein Fossil vor. Aber es gibt auch immer wieder Erlebnisse, die mir zeigen, daß ich nicht der einzige Mensch bin, der sich durch die allgegenwärtige Beschallung gestört fühlt: Oft stimmen mir spontan andere Kunden in einem Geschäft zu, sie fänden die Musik auch grauenhaft. Einmal sagte mir sogar eine Verkäuferin, sie fühle sich am Abend von dem Krach immer wie gerädert.

Nun können die Erwachsenen sich wenigstens artikulieren und ihren Unmut äußern. Wie aber steht es mit den *Kindern*, die in einer Welt heranwachsen, in der die stillen Nischen immer seltener werden? Wie können sie etwas vermissen, dessen Wohltaten sie gar nicht mehr kennen?

Dazu möchte ich eine sehr bezeichnende kleine Geschichte aus der Vorschulzeit meiner Tochter Maxi erzählen. Maxi hatte Besuch von einem Mädchen aus der Nachbarschaft. Die beiden Kinder saßen auf dem Fußboden und spielten eine ganze Weile mit Legosteinen. Auf einmal hob die kleine Besucherin den Kopf, lauschte versonnen und sagte dann: „Bei euch ist es immer so schön still."

Und damit bin ich beim Anliegen dieses Buches:
- Es soll alle, die mit Kindern zu tun haben, ermutigen, den „altmodischen" Wert der Stille wieder mehr in den Vordergrund zu rücken.
- Es soll Argumentationshilfen liefern, damit Sie sich eben gerade nicht wie ein Fossil vorkommen müssen, wenn Sie Ruhe in Ihrer Klasse lieber haben als das Gefühl, ständig 25 oder 30 Korken gleichzeitig unter Wasser halten zu müssen, wie Mary McCracken das so besonders treffend ausdrückt.
- Es soll Ihnen praktikable Wege aufzeigen, wie Sie ohne große Vorbereitungen – und ohne gleich Ihren ganzen Arbeitsstil umzukrempeln – nach und nach einige Oasen der Stille und Besinnung in Ihren Tageslauf einbauen können.
- Es soll dazu beitragen, Disziplinschwierigkeiten zu vermeiden oder zu verringern und eine wohltuende Arbeitsatmosphäre zu schaffen.
- Es soll Ihnen ganz persönlich helfen, die Frustrationen in einem gewiß nicht einfachen Beruf geringer zu halten und Ihre eigenen Kraftquellen besser zu erschließen.

Finden Sie, daß das utopische Ziele sind? Ich kann Ihnen versichern, Sie werden bald anders denken, wenn Sie erst einmal einige Schritte auf dem hier beschriebenen Weg getan haben.

Warum dieses Buch nicht nur ein Meditationsbuch ist

Mit dem Wort „Meditation" ist es wie mit dem Begriff „Legasthenie": Es wird genau wie jener so häufig, oft unreflektiert und in so unterschiedlichen Bedeutungen gebraucht, daß es alles mögliche heißen kann und gerade deshalb eben gar nichts aussagt. Was wird da nicht alles in einen Topf geworfen: autogenes Training, formelhafte Vorsatzbildung, Visualisieren erwünschter Zustände, Zen-Buddhismus, Phantasiereisen, Kontemplationen aller Art, verschiedene Formen des Yoga, Transzendentale Meditation und noch einiges andere. Kurz: Die Meditation schlechthin gibt es gar nicht.

Da ist es wirklich kein Wunder, daß hier zunächst einmal Sperren, Hemmungen und Vorurteile aufgebaut werden, die viele Lehrer daran hindern, sich aufgrund eigener Erfahrungen selbst eine Meinung zu bilden. Weil es nun aber mein Anliegen ist, Sie zum Beschreiten neuer Wege zu ermutigen, halte ich es für wichtig, zuerst einmal an der Entmystifikation dieses ganzen Themenbereichs zu arbeiten und einige Vorurteile, mit denen ich bei Vorträgen und Seminaren regelmäßig konfrontiert werde, näher unter die Lupe zu nehmen.

Vorurteil Nummer eins: Autogenes Training ist nur durch jahrelange fleißige Übung zu erlernen.

Ich kann mich manchmal des Gefühls nicht erwehren, daß in der „Meditationsszene" einige Gralshüter unterwegs sind, die im Grunde gar nicht wollen, daß auch

Uneingeweihte dahinterkommen, wie einfach es geht, sich zu entspannen. Wenn Sie sich täglich nur zehn Minuten Zeit nehmen, um sich ruhig hinzusetzen und eine der Übungen auszuführen, die Sie weiter hinten im praktischen Teil finden, dann werden Sie nach einer Woche merken, daß Ihnen das guttut.

Sicher, wenn Sie vorhätten, den Yogis nachzueifern, die auch ihre unbewußten Körperfunktionen vollständig unter Kontrolle haben, dann wäre es angebracht, Ihnen von derart hochgesteckten Zielen abzuraten. Auch wenn es darum geht, den Heilungsprozeß bei ernsthaften Erkrankungen zu unterstützen, ist gewissenhafte und regelmäßige Übung die unabdingbare Voraussetzung für einen meßbaren Erfolg.

Doch haben die meisten Menschen, die sich für autogenes Training interessieren, zunächst einmal weder das eine noch das andere vor, sondern wollen einfach ihr eigenes körperliches oder seelisches Wohlbefinden steigern. Und das geht mit einfachsten Mitteln und geringem Zeitaufwand. Jedes Kind kann es lernen. Sie dürfen also das Vorurteil Nummer eins getrost vergessen. Sie werden es nicht brauchen können!

Vorurteil Nummer zwei: Es ist gefährlich, mit Kindern Meditationsübungen zu machen. Da kann man sehr schnell Unheil anrichten!

Auch dieses Vorurteil geht zu Lasten der Gralshüter. Ich habe zu diesem Punkt eine ganz bestimmte Publikation im Auge, die ich nicht namentlich nennen möchte, weil ich sie zu kritisieren gedenke. Da wird – bevor es noch richtig losgeht – schon davon gesprochen, wie *gefährlich* es sei, sich *keine Rechenschaft* über die religiösen Traditionen der einzelnen Meditationsformen und ihren geschichtlichen, religiösen, theologischen und anthropologischen Hintergrund zu geben. Es wird auch als *unverantwortbar* bezeichnet, Meditationstechniken ohne sachgerechte Orientierung, Reflexion und Erfahrung in der Schule anzuwenden.

Merken Sie was? Das sind doch die klassischen Mittel, mit denen den Lehrern seit eh und je Angst gemacht wird. Danach wird zwar von positiven Auswirkungen verschiedener Meditationsübungen erzählt, aber wer hat denn nach diesem Anfang noch Lust, sich darauf einzulassen? Texte der oben erwähnten Art würden sich bestens eignen für ein Buch mit dem Titel: *Wie ich jede Neuerung in den Schulen verhindern kann.* Sie sind aber bestimmt nicht dazu angetan, irgend jemanden zu etwas zu ermutigen. Welche Botschaft wird denn da zwischen den Zeilen vermittelt? Für mich heißt das ganz klar: Ich kann etwas, was du nicht kannst, und ich will auch gar nicht, daß du's lernst.

Meine Botschaft hingegen heißt: Ich kann etwas, was jeder lernen kann, und wenn du willst, dann lernst du's auch.

Wie steht es nun aber mit jenen „Gefahren"? Da kann ich Ihnen nur aus meiner Erfahrung sagen, daß ich mir gar nicht vorstellen kann, worin bei den Übungen, um die es in diesem Buch geht, eine Gefährdung bestehen könnte. Das ist eben das Schlimme an so unreflektiert gebrauchten Begriffen, daß nicht klar ist, wovon eigentlich gesprochen wird.

Sicher gibt es hochwirksame Psychotherapietechniken – etwa das katathyme Bilderleben Leuners –, die mit Meditation arbeiten. Aber wer denkt denn daran, so etwas in der Schule anzuwenden? Sicher gibt es Sekten und fernöstliche Religionsgemeinschaften, bei denen die Ausübung der Meditation eine wichtige Rolle spielt. Aber das heißt doch noch lange nicht, daß jeder, der sich für Meditation interessiert, zwangsläufig als Anhänger irgendwelcher Gurus gelten muß.

Ich finde es nachgerade lächerlich, diese kleinen konzentrativen Übungen – denn um etwas anderes handelt es sich nicht – in solch einem unpassenden Kontext zu nennen. Am besten lassen Sie das Vorurteil Nummer zwei jetzt einfach einmal beiseite, lesen dieses Buch zu Ende und bilden sich dann eine eigene Meinung.

Vorurteil Nummer drei: Wenn man in der Schule Meditationsübungen macht, bekommt man bestimmt Schwierigkeiten.

Daß unsere Schüler von Jahr zu Jahr schwieriger, zappeliger und unkonzentrierter werden, ist inzwischen allgemein bekannt. Darüber wird nicht nur in Büchern und Fachzeitschriften berichtet. Es finden sich auch im „Schulreport", dem Presseorgan des bayerischen Kultusministeriums, Artikel zu dieser Problematik. Vor geraumer Zeit gab es sogar einen Bericht über Meditation in der Schule, der diese als Möglichkeit, die erwähnten Probleme besser in den Griff zu bekommen, empfahl. Das heißt also, daß Sie durchaus systemimmanent handeln, wenn Sie in Ihrem Unterricht Zeiträume der Besinnung schaffen.

Meine eigenen Erfahrungen mit Eltern und Schulräten in diesem Zusammenhang sind durchweg positiv. Ich finde es sehr wichtig, daß man alles, was anders als in einem herkömmlichen Unterricht ist, den Eltern vorher ankündigt und die Gründe dafür nennt. Das gilt für Entspannungsübungen ebenso wie für Freiarbeit, Lesenlernen ohne Fibel und alle anderen Dinge, die irgendwie von der „Norm" abweichen.

Ich erkläre am ersten Elternabend immer, mit welchen Problemen und Defiziten von seiten der Kinder wir in der Schule zu tun haben, welche negativen Auswirkungen diese für die Zukunft der Kinder und für das soziale Klima einer Klasse haben können und was ich dagegen unternehmen möchte. Als eine Maßnahme von mehreren nenne ich dabei auch die täglichen Entspannungsübungen. In den nachfolgenden Kapiteln zähle ich viele gute Gründe auf, die für tägliches Konzentrieren und Entspannen sprechen. Ich hoffe, daß sie Ihnen einige Argumentationshilfen liefern.

Eigentlich ist allen Eltern klar, daß es für eine erfolgreiche Schullaufbahn wichtig ist, sich auf eine Sache konzentrieren zu können. Deshalb finden sie es auch ganz in Ordnung, daß ich etwas tue, um die Konzentrationsfähigkeit ihrer Kinder zu steigern. Während der vergangenen zwei Jahre habe ich sogar regelmäßig an einem Abend in der Woche mit einigen interessierten Müttern meditiert. Das war für alle Beteiligten eine gute Erfahrung, die uns tiefer miteinander verbunden hat, als es für gewöhnlich zwischen Lehrerin und Müttern der Fall ist. So bildeten denn auch die „Meditationsmütter" den „harten Kern" der Elternschaft, der immer einsatzbereit war, wenn ich bei irgendwelchen Projekten Hilfe brauchte.

Doch nicht nur mit den Eltern habe ich bisher gute Erfahrungen gemacht, auch die Schulräte zeigen sich – zumindest an unserem Schulamt – dem Thema „Meditation“ gegenüber aufgeschlossen. Bei meiner letzten Visitation führten wir wie gewohnt unsere Übung durch, obwohl der Schulrat in der Klasse saß, und ich hatte überhaupt nicht den Eindruck, als empfände er das als unpassend oder zu ausgefallen.

Ich meine also, daß Sie auch das Vorurteil Nummer drei – sollten Sie es gehabt haben – ersatzlos streichen können. Es würde Sie nur hindern, Ihre eigenen positiven Erfahrungen zu machen.

*

Es ist Ihnen sicher aufgefallen, daß ich im obigen Abschnitt statt des Wortes „Meditation“ auch andere Begriffe verwendet habe, wie konzentrative Übungen, Konzentrations- oder Entspannungsübungen. Im folgenden möchte ich ganz bewußt auf das Wort „Meditation“ weitgehend verzichten. Ich glaube deutlich genug gezeigt zu haben, wie verwirrend das Durcheinander der verschiedenen Bedeutungen ist. Außerdem bevorzuge ich einen Sprachgebrauch, mit dem auch die Kinder etwas anfangen können. Deshalb ist bei uns die Rede von:

Kopfkino
Gehirnsammeln
Konzentrationsübungen
Ausruhen
Kopfgeschichten
Regenbogenreisen.

Diese Aufzählung ließe sich noch lange fortsetzen. Ihrer Phantasie beim Benennen der verschiedenen konzentrativen Übungen sind da keine Grenzen gesetzt. Bevor wir uns aber dem Wie zuwenden, werden wir uns noch etwas mit dem Warum befassen.

Wer Ohren hat zu hören

Eine der häufigsten Klagen über die „heutigen“ Kinder lautet, daß sie nicht mehr zuhören können. Wer mit diesem Defizit täglich konfrontiert wird, kommt bestimmt nicht in Versuchung, auf diese Feststellung zu antworten: „Na und?“ Denn obwohl sich die wenigsten Menschen darüber klar sind, *wie* gravierend und beeinträchtigend dieser Mangel ist, stellt jeder, der mit Kindern arbeitet, fest, daß das tägliche Leben durch dieses Nicht-zuhören-Können enorm erschwert wird. Was hängt alles vom guten Hören in der wörtlichen (physiologischen), aber auch in der übertragenen (sozialen) Bedeutung ab?

Vom „Hören“ abgeleitete Begriffe sind: auf jemanden hören, horchen, gehorchen. Wenn wir nur diese wenigen Wörter betrachten, dann kommt uns vielleicht schon eine Ahnung von der Fülle von Themen, die allein damit zusammenhängen. Wie ist es denn mit dem Gehorchen, mit dem Auf-den-anderen-Hören? Ist es nicht eine allseits beklagte Erscheinung unserer Zeit, daß so viele Menschen nicht mehr auf den anderen hören wollen und können? Dieses Hören auf das Du ist aber eine grundlegende Voraussetzung für alle sozialen Beziehungen.

In meiner Klasse kann ich täglich beobachten, daß gerade die schwierigen Kinder ständig auf „Sendung" geschaltet haben und so gut wie nie auf „Empfang". Sie wollen sich *äußern*, nach außen agieren, auf sich aufmerksam machen. Nun will ich aber nicht den Eindruck erwecken, ich sei der Meinung, das gebe es nur bei Kindern. Selbstverständlich können wir alle die hier besprochenen Defizite und Verhaltensauffälligkeiten auch immer mehr bei Erwachsenen finden. Wir sehen dann zwar andere Erscheinungsbilder, meist überlagert von Sekundärsymptomen, aber die negativen sozialen Auswirkungen sind bei beiden vorhanden: beim Kind, das nicht zuhört und alles unkontrolliert herausruft, was ihm in den Kopf schießt, ebenso wie beim Erwachsenen, der meist weniger auffällige Varianten der Beziehungslosigkeit lebt. Es geht also bei diesem Nicht-mehr-zuhören-Können nicht um eine spezifisch kindliche Unart, sondern um ein Problem unserer Gesellschaft, dessen Auswirkungen wir noch gar nicht absehen können.

Was wäre nun das Gegenteil des Sichäußerns, des Orientiertseins nach außen? Die Antwort liegt nahe: das *Bes-innen.*

Dieses Manko des Nichthörens im Umgang mit anderen findet seine Entsprechung im physiologischen, „objektiv" meßbaren Bereich. Da stand am 22.9.1990 im *Münchner Merkur* unter der Überschrift „Ein Volk von Schwerhörigen":

> „Gesetzliche Regelungen zu einer automatischen Lautstärkebegrenzung in Musikgeräten und Diskotheken hat der Vorsitzende des Berufsverbandes der Hals-Nasen-Ohren-Ärzte, Klaus Seifert, gefordert. ... Bisherige Untersuchungen hätten gezeigt, daß als Folge des ‚drogenartigen Musikgenusses' über Kopfhörer oder in Discos das Gehör junger Menschen oft doppelt so alt sei wie sie selbst, erläuterte Seifert. Diesem ‚noch weithin unverstandenen Problem der zerstörerischen Lautstärken' sei mit Aufklärung alleine nicht mehr beizukommen. Ein Handeln des Gesetzgebers sei dringend erforderlich.

Dazu schreibt auch Joachim-Ernst Berendt in seinem Buch: *Ich höre, also bin ich:*[1]

> „Zwei Untersuchungen – unabhängig voneinander, die eine an der University of Baltimore, die andere an der Züricher Universität – belegen: Junge Menschen der westlichen Welt heute zwischen 20 und 25 Jahren haben das durchschnittliche Hörvermögen 70jähriger Afrikaner."

Sind diese Informationen nicht beklemmend? Und wenn Sie lesen, was verschiedene Autoren – allen voran der französische Arzt und Forscher Alfred Tomatis[2] – über das Hören und die damit zusammenhängenden Funktionen geschrieben haben, dann wird klar: Mit dem Lärmpegel, dem jemand ausgesetzt ist, steigt die Aggressivität und sinken die Arbeitsbereitschaft und die soziale Kompetenz. Das Hörvermögen wird besonders im oberen Frequenzbereich drastisch reduziert. Wir brauchen uns also nicht zu wundern, wenn Kinder, die bereits im Vorschulalter stundenlang alle möglichen Kassetten und dann oft schon in der ersten Klasse regelmäßig Walkman hören, aggressiv, unkonzentriert und arbeitsunwillig sind.

Nun wird mir vielleicht das Argument entgegengehalten: Ja, aber der Walkman und der Kassettenrekorder sind doch nicht so laut wie die Musik in einer Disko. Das wollen wir ganz entschieden hoffen. Der Aspekt der zu großen Lautstärke ist jedoch nur eine Facette des Prismas.

„Hör-Sünden" können in quantitativer (zu laut und zu viel) und in qualitativer (das Falsche) Hinsicht begangen werden. Während inzwischen eigentlich jedem klar ist, daß Lärm schädlich ist und krank macht, sind die wenigsten Menschen darüber informiert, daß es außerdem ganz entscheidend darauf ankommt, *welcher Art* von Geräuschen oder Musik wir ausgesetzt sind.

Während große Lautstärke *immer* schädlich ist, müssen wir bei den Frequenzen differenzieren: Niedrige Frequenzen sind für uns in den meisten Fällen schlecht, gleichgültig ob laut oder leise. Alfred Tomatis hat herausgefunden, daß das Gehör nicht nur dem Aufnehmen von Klangeindrücken dient, sondern ähnlich wie ein Akku unserem Gehirn und dem ganzen Organismus Energie zuführen kann, vorausgesetzt, es wird durch die richtigen Klangeindrücke Energie erzeugt. Niedrige Frequenzen rauben uns Energie, sie machen uns schlapp, lustlos und krank. Wo überall werden wir mit ihnen konfrontiert? Sie begegnen uns im Verkehrslärm, im Summen elektrischer und elektronischer Geräte und in den Bässen der Rockmusik. Hierzu ein Zitat aus der Zeitschrift *Sicherheit im öffentlichen Dienst* vom April 1989, in der über eine Untersuchung zur Feststellung der Hörgewohnheiten Jugendlicher berichtet wird:

> „Was die Angelegenheit besonders schwierig macht, ist der Suchtcharakter von lauter Musik, *insbesondere in den niedrigeren Frequenzbereichen (Bässe).*" (Hervorhebung von der Autorin)

Während das Dröhnen der Bässe bei der Rockmusik Ihnen wahrscheinlich bewußt unangenehm ist und Sie sich daher – das unterstelle ich einmal – dieser Art von Musik bestimmt nicht freiwillig aussetzen würden, sind die leisen Geräusche im niedrigen Frequenzbereich besonders heimtückisch, denn sie saugen uns Energie ab, ohne daß wir das so recht bemerken. Wir fühlen uns nur abgeschlagen, stellen aber keine Verbindung her zum Summen des Fernsehgerätes, der Klimaanlage oder des Computers. Vor dem Hintergrund dieser Informationen brauchen wir uns nicht darüber zu wundern, daß Kinder, die einen großen Teil ihrer Freizeit vor dem Computer verbringen, alles andere als konzentriert und leistungsfähig sind.

Wie können wir aber unserem Gehirn über die Ohren Energie *zuführen*? Patricia Joudry schreibt in ihrem (inzwischen leider vergriffenen) Buch *Hören wie Pan*:[3]

> „*Hohe Frequenz bei geringer Lautstärke* stärkt die Gehirnfunktionen. Das zuträglichste Klanggebilde hoher Frequenz ist Musik, und zu therapeutischen Zwecken eignet sich jene Musik am besten, die auf hochgestimmten Instrumenten mit harmonischem Rhythmus gespielt wird.

Das Gehirn erholt sich auch beim Denken, aber dazu muß man schon sehr viel und angeregt denken. Einstein ging es deshalb so gut. Vielleicht um sich abzusichern, spielte er noch zusätzlich Violine. ...

Musik mit hoher Frequenz führt nicht nur zu einer Entlastung des Gehirns, sie kann auch Streß vermindern und einen Großteil des Schadens wiedergutmachen, den ständige Lärmberieselung heraufbeschwor. Aber nun stoßen wir doch auf ein kleines Problem. Denn um eine zuträgliche Wirkung zu erzielen, müssen musikalische Klänge den Organismus über das Ohr auch erreichen können.

Das Gehör ist die Pforte zum Gehirn, die sich unter dem Einfluß des Lärms systematisch schließt, und zwar beginnt diese Abschottung im Hochfrequenzbereich. ... Wenn die Pforte den Weg zur akustischen Wahrnehmung und zur geistigen Kraft verschließt, wird auch unsere Gesundheit zerstört. Das Gehirn ist der höchste Ausdruck des Nervensystems. Wirkungen, die den zerebralen Bereich beeinflussen, gibt der Körper an das übrige System weiter. ... Wir können dem weiteren Verlust unseres Gehörs entgegenwirken, wenn wir klangbewußt werden und lernen, die Geräusche unserer Umwelt zu beherrschen, damit ihre Macht über unser Leben gebrochen wird."

Sind Ihnen beim Lesen des Zitats bereits einige Ideen gekommen, wie wir auch in der Schule ein gehör- und damit gehirnfreundliches Klima schaffen können? Wenn nicht, ist das nicht weiter schlimm. Dieses Buch soll Ihnen ja die entsprechenden Anregungen vermitteln. Bestimmt werden Sie aber bereits jetzt für die mit der Thematik „Lärm" zusammenhängenden Probleme sensibilisiert sein, vielleicht auch manches mit anderen Augen sehen als vor der Lektüre dieses Abschnitts.

„Mit anderen Augen sehen ..." Ich habe hier, wo es um das Hören geht, eine Metapher aus dem Bereich des Sehens verwendet. „Auf den ersten Blick" kommt uns auch die Funktion des Sehens viel wichtiger als die des Hörens vor. Ist sie es wirklich? Einige Wissenschaftler bestreiten das vehement. Wie auch immer: Hören und Sehen gehören für uns zusammen wie die zwei Seiten einer Münze. Deshalb ist es sicher naheliegend, im nächsten Abschnitt das Sehen „unter die Lupe" zu nehmen.

Innere Bilder – äußere Bilder

„Und der kleine Prinz fügte hinzu: ‚Aber die Augen sind blind. Man muß mit dem Herzen suchen.'" (Antoine de Saint-Exupéry)[4]

Geht es Ihnen auch manchmal so, daß Sie in einem Gespräch genau wissen, was Sie sagen wollen, daß Ihnen aber in dem Moment keine griffige, überzeugende Formulierung dafür einfällt? Im nachhinein jedoch hätten Sie nicht nur eine, sondern gleich zwei oder drei geschliffene Wendungen im Kopf, um ihre Meinung deutlich zu machen. Es gibt aber auch den umgekehrten Fall, daß einem einmal ein Argument auf Anhieb wirklich glückt. Und genauso, wie einem ersteres wahrscheinlich – man ist ja auch nur ein Mensch! – hinterher Mißvergnügen bereitet, wird man sich über letzteres noch eine Weile freuen.

Vor einiger Zeit hatte ich eine junge Lehrerin für ein Jahr zur Ausbildung in meiner zweiten Klasse. Da wurde dann regelmäßig Unterricht für das Seminar „vorgeführt". Bei einer Gedichtstunde schaute einmal eine Gruppe von Lehrern zu. Es wurden die „Hundertzwei Gespensterchen" von James Krüss gelesen. Das Lesen von Gedichten spielt in meinen Klassen eine wichtige Rolle. Die Junglehrerin orientierte sich an dem Unterrichtsstil, den sie von mir gewohnt war. Sie hielt eine recht unorthodoxe, aber sehr gelungene Stunde. Bei der anschließenden Besprechung tauchten verschiedene Fragen auf, warum etwas gerade so und nicht anders gemacht worden sei. Unter anderem fragte auch jemand: „Warum hast du denn da am Anfang zur Hinführung kein Bild von den Gespensterchen gezeigt? Das hätte die Kinder doch sicher motiviert!" Ich sah der jungen Kollegin an, daß sie mit dieser Frage im Moment überfordert war und daß ihr darauf – siehe oben! – nichts Rechtes einfallen wollte.

Gerade über den sparsamen Einsatz von fertigen Bildern hatte ich mir nun aber schon reichlich Gedanken gemacht, und ich war aus vielen guten Gründen davon abgekommen, zu jeder Geschichte und zu jedem Gedicht den Kindern gleich eines oder mehrere Bilder zu präsentieren. Das war sicher der Grund, daß mir schlagartig auf diese Frage eine sehr gelungene Antwort einfiel, die ich so treffend finde, daß sie seither zu meinen Standardargumenten gehört. Ich antwortete nämlich – in meiner Funktion als Betreuungslehrerin – für die Kollegin:

Das Präsentieren vorgegebener, fertiger Bilder verhindert das Aufsteigen der eigenen Bilder aus dem Inneren.

Hier wird wieder eines der grundlegenden Defizite unserer Kinder angesprochen: Viele von ihnen können sich nur mehr schwer etwas vorstellen, eigene Bilder schaffen, schöpferisch tätig sein. Obwohl in unserer Zeit soviel geschaut wird wie in keiner Epoche zuvor, geht uns die Fähigkeit zur „Schau", zur Vision, verloren. Doch nicht nur die sogenannte Kreativität kommt uns immer mehr abhanden. Dasselbe passiert auch mit anderen Fähigkeiten. Durch die ständige Jagd nach neuen Eindrücken wird das gründliche Betrachten unmöglich. Was geht hier vor? Führt die *Hyper*trophierung des Sehens zu einer *Hypo*trophie der Seh*fähigkeit*? Es scheint so. Brauchen so viele Menschen – auch und vor allem Kinder! – immer mehr und immer stärkere optische Reize, weil immer weniger in ihnen ankommt?

Für die Beantwortung dieser Frage bin ich nicht kompetent. Es gibt jedoch mehrere Autoren, die sich speziell mit dieser Problematik befassen. So entwirft zum Beispiel Neil Postman[5] in seinen Büchern geradezu beklemmende Zukunftsvisionen über die Entwicklung unserer Kultur. Er legt überzeugend dar, daß wir uns auf dem Weg von der Schriftkultur zur Bilderkultur befinden. Sprache als Medium der Kommunikation verliert immer mehr an Bedeutung, die Sprachkompetenz sinkt, Bilder beherrschen unser Leben.

Das mag nun sehr verallgemeinernd und überzogen klingen, aber schauen Sie doch einmal die Kinder in Ihrer Klasse an! Wie steht es da mit der Bedeutung gesprochener und geschriebener Sprache, und vor allem: Wie steht es mit der Sprachkompetenz? Wie wichtig ist das Buch als Quelle der Unterhaltung im Vergleich zum Fernseher?

Ein Bub aus meiner Klasse, der seine Freizeit im wesentlichen vor dem Fernseher und mit Videospielen verbringt, hat die größten Schwierigkeiten zu verstehen, was ich zu ihm sage, und sich selbst sprachlich zu artikulieren. Dabei sind besonders Arbeitsanweisungen problematisch. Wenn ich sage: „Geh zum Regal und hole dir dort die grüne Schachtel mit dem Lesespiel", dann muß ich diesen Satz bereits mindestens einmal wiederholen. Kommt zu den zwei Aussagen „zum Regal gehen" und „grüne Schachtel holen" am Ende noch eine dritte, zum Beispiel „Schachtel zu mir bringen", dazu, dann ist Bernd vollständig blockiert. Ich muß ihm dann alles einzeln sagen, und er macht es der Reihe nach.

Also: Geh zum Regal. Danach: Nimm die grüne Schachtel mit dem Lesespiel. Zum Schluß: Bring das Spiel zu mir.

Nun ist Bernd sicher ein gravierender Fall, aber gerade an diesen Fällen sehen wir deutlich, in welche Richtung wir treiben. Wir haben ja bereits im vorigen Abschnitt über die Schwierigkeiten beim Hören, Horchen und Ge-horchen gesprochen.

In diesem Abschnitt steht nun das Sehen im Zentrum unserer Aufmerksamkeit. Ebenso wie uns der Lärm als akustischer Müll schädigt und beeinträchtigt, so stellt auch der optische Müll der Bilderflut, die täglich auf uns einstürmt, alles andere als eine Bereicherung dar, sondern im wahren Sinn des Wortes eine Deprivation, eine Beraubung. Der Hauptlieferant für optischen Müll ist das Fernsehen.

Das Medium ist die Botschaft (Marshall McLuhan)[6]

Daß Fernsehen den Kindern nicht guttut, wird inzwischen kaum noch bestritten. Wie schädlich es aber wirklich ist, darüber herrscht nicht einmal andeutungsweise Klarheit. Es ist ja auch sehr unbequem, den Tatsachen ins Auge zu sehen. „Was ich nicht weiß, macht mich nicht heiß", sagt schon das Sprichwort. Und eine Gefahr, die ich nicht kenne, brauche ich nicht zu bekämpfen. Dennoch täte man vielen Eltern Unrecht, wenn man ihnen unterstellte, sie würden wissentlich die Augen verschließen. Sie haben wirklich nicht die geringste Ahnung davon, was sie ihren Kindern mit Fernsehen antun. Und – Hand aufs Herz – fällt Ihnen zum Thema Fernsehen auf Anhieb mehr an Problemen ein als die Schlagworte „Unkonzentriertheit, Hyperaktivität und Aggressivität"? Wahrscheinlich auch nicht. Es ist einfach so, daß zwar jeder weiß, daß da Probleme vorhanden sind, daß aber sowohl qualitativ als auch quantitativ auf viel zu schmaler Basis informiert und argumentiert wird.

Mit „qualitativ" meine ich, daß immer nur mit einigen wenigen Schlagworten – siehe oben – operiert wird, statt umfassend über die möglichen Schäden aufzuklären. Mit „quantitativ" meine ich, daß man viel zu selten und mit viel zu geringer Breitenwirkung über die Thematik spricht. Zur quantitativen Verbesserung können Sie beitragen, indem Sie bei Ihren Elternabenden über die mit dem Fernsehen verbundenen Gefahren sprechen. Daß Sie auch qualitativ gut gerüstet sind, dafür sollen die folgenden Abschnitte sorgen.

Mich macht es immer ganz krank, wenn es bei Debatten über das Fernsehen lediglich darum geht, welche Sendungen für Kinder geeignet sind und welche nicht. Niemals wird jedoch darüber gesprochen, ob das Fernsehen als Tätigkeit überhaupt für Kinder in Frage kommen sollte. Marshall McLuhan sagt: „Das Medium ist die Botschaft." Der Inhalt wird zwar durch das Medium transportiert, aber es macht einen gewaltigen Unterschied, ob ich ein und dieselbe Botschaft über das gesprochene oder geschriebene Wort bekomme oder über Bilder. Um den Sprachgebrauch nicht komplizierter als nötig zu gestalten, möchte ich hier einmal außer acht lassen, daß eine Bilderbotschaft ohnehin nicht dieselbe sein kann wie eine durch Sprache vermittelte. Was macht nun das Besondere des Mediums Fernsehen aus, unabhängig von den Inhalten?

Totstellreflex der Augen?

Unser Gehirn ist auf unser Überleben bedacht. Wenn mehr Eindrücke auf uns einstürmen, als wir verkraften können, dann kann unser Gehirn uns schützen. Es „schaltet ab", die Bewußtseinsschwelle wird erhöht. In drastischen Fällen, wenn der Streß so überwältigend wird, daß das Überleben des Systems in Gefahr ist, „erlöst" uns eine Ohnmacht aus einer bedrohlichen Situation.

Mir fallen in diesem Zusammenhang immer die Käfer ein, die sich durch das Totstellen vor dem Gefressenwerden schützen. Dabei ist es eigentlich nicht richtig zu sagen: „Sie schützen sich." Treffender wäre: „*Es* schützt sie." *Es* wäre hier der Überlebensmodus, der sich immer dann einschaltet, wenn wir in Gefahr sind, wobei unser Gehirn nicht unterscheidet zwischen einer Gefahr für Leib und Leben und dem Streß, der durch die Belastungen unserer Zivilisation hervorgerufen wird. Daniel Whiteside sagt hierzu: Wir reagieren heute immer noch so, wie wir es "from the caves" – aus den Höhlen – mitgebracht haben, aus einer Zeit also, in der Streß wirklich gleichbedeutend mit körperlicher Gefahr war. Nur hatten diese körperlichen Gefahren auch körperliche Reaktionen – Kampf oder Flucht – zur Folge, so daß die ausgeschütteten Hormone verarbeitet wurden, während sie bei unseren modernen Streßsituationen den Organismus überschwemmen und ihn völlig aus der Balance bringen.

Und warum reagiert unser Gehirn immer noch so, wie wir es heute gar nicht mehr brauchen können? Warum haben sich die Überlebensprogramme nicht unseren Lebensbedingungen angepaßt? Nun – für eine genetische Umprogrammierung unseres Gehirns ist ein Zeitraum von circa 100.000 Jahren erforderlich. Da müssen wir also noch einige Jährchen warten, bis wir ein „streßtaugliches" Gehirn haben. Und wenn es soweit ist, in ungefähr 90.000 Jahren – wer weiß, ob wir dann nicht längst eine andere Programmierung bräuchten?

Wie gesagt, unser Gehirn schützt sich und uns vor zu vielen Eindrücken. Dazu gibt es ein beeindruckendes Experiment des Kinderarztes Dr. Brazelton, das Marie Winn in ihrem Buch *Die Droge im Wohnzimmer* zitiert:[7]

> „Wir setzten eine Gruppe ruhig daliegender Säuglinge einem beunruhigenden visuellen Reiz aus – einer grellen Operationslampe, die in 60 Zentimeter Entfernung über ihren Köpfen angebracht war. Die Lampe wurde drei Sekunden lang angeschaltet, dann eine Minute lang abgeschaltet. Dieser Vorgang wurde zwanzigmal wiederholt. Während des ganzen Tests wurden der Herzschlag, die Atmung und die Gehirnwellen der Babys gemessen.
>
> Beim ersten Anschalten des Lichts waren die Säuglinge sichtlich beunruhigt; die Heftigkeit ihrer Reaktion verringerte sich jedoch nach mehrmaliger Wiederholung des Lichtreizes sehr rasch. Nach dem zehnten Mal waren keine Veränderungen des Verhaltens, des Herzschlags oder der Atmung mehr feststellbar. Nach dem fünfzehnten Anschalten tauchten auf dem EEG Schlafmuster auf, obwohl kein Zweifel bestand, daß ihre Augen noch Licht aufnahmen. Nach Ablauf dieses Reizgeschehens erwachten die Säuglinge schreiend und um sich schlagend aus ihrem ‚induzierten' Schlaf.
>
> Unser Experiment bewies, daß das Neugeborene nicht auf Gnade oder Ungnade seiner Umgebung ausgeliefert ist. Es verfügt über eine Art von Abschaltvorrichtung, durch die es ihm gelingt, mit beunruhigenden Reizen fertig zu werden: Es kann sich abkapseln und in einen schlafähnlichen Zustand versinken."

Brazelton setzt dieses Experiment nun in Beziehung zum Fernsehen:

> „Das Fernsehen schafft ähnlich wie das Scheinwerferlicht eine Umgebung, deren Reize das Kind bedrohen und überfluten; es kann sich ihrer nur erwehren, indem es sich über seinen Abschaltmechanismus passiver macht. Ich habe dies bei meinen eigenen Kindern ebenso beobachtet wie bei den Kindern anderer Leute. Solange sie vor dem plärrenden und flimmernden Kasten saßen und einen mit Schrecknissen verschiedenster Art gespickten Film ansahen, waren die Kinder mucksmäuschenstill, ... sie waren ‚gebannt'." (S. 29 f.)

Bei dem Versuch des Dr. Brazelton reagierten die Babys auf die Bedrohung durch die Scheinwerfer mit „Abschalten". Stellen wir uns nun einmal das rasante Tempo vor, in dem die Bilderfolgen im Fernsehen ablaufen: Circa alle drei Sekunden kommt beim Werbefernsehen und bei vielen anderen Sendungen eine neue Einstellung, mehr als tausend Bilder pro Stunde. Mehr als tausend Bilder! Ist es da nicht vorstellbar, daß die Augen der Fernsehkinder buchstäblich „in Ohnmacht fallen"? Und wenn der visuelle Input aus Gründen der Selbsterhaltung nur noch auf Sparflamme läuft, bleibt dann dieser Effekt auf die Situation Fernsehen beschränkt oder wirkt er sich auch in anderen Bereichen aus?

Die Gesellschaft für Rationelle Psychologie (GRP) in München mißt in einem Langzeitversuch an einer Versuchsgruppe von 4.000 Menschen seit über zwanzig Jahren die Reizverarbeitung der Deutschen. In einem Abstand von fünf Jahren treffen sich die Versuchspersonen in Privaträumen zu einer „Testparty". Dort werden sie mit verschiedenen Sinnesreizen konfrontiert. Während der Party sind die Testpersonen an Geräte angeschlossen, die alle möglichen psychophysiologischen Daten messen, zum Beispiel: Herz-Atem-Rhythmus, Muskelspannung, Blutdruck, Hautwiderstand, Gehirnströme und Pupillenveränderungen.

In den siebziger Jahren wurde bei diesen Versuchen plötzlich ein extremer Einbruch im Sinnesbereich des Riechens und Schmeckens festgestellt, das heißt, daß das Gehirn Reize unter einer bestimmten Schwelle, auf die es früher reagiert hatte, nicht mehr zur Kenntnis nahm. Anfang der achtziger Jahre waren dann auf einmal alle Sinnesbereiche von dieser verringerten Sensibilität betroffen. Henner Ertel von der GRP (zitiert von Matthias Kneissler in der Zeitschrift *Wiener*, Mai 1989):

> „Plötzlich waren alle Sinne beeinträchtigt. Das Gehirn weigerte sich bei einem großen Teil der Reize, in Aktion zu treten. Es wurde immer schwieriger, die entsprechenden Zentren innerhalb der Gehirnrinde zu stimulieren."

Unser Gehirn hat also einen Ausweg gefunden: Es erhöht die Wahrnehmungsschwelle so, daß uns der Dauerstreß nicht ohne weiteres erreicht. Hören und Sehen brauchen den „Superthrill", um überhaupt noch stimuliert zu werden.

Weil es sich hier aber nicht um ein genetisches Programm (siehe oben), sondern um eine Anpassungsreaktion auf unsere Umwelt handelt, können wir diese Entwicklung bremsen, indem wir unsere Kinder nicht unreflektiert allen zur Verfügung stehenden Reizen aussetzen. So werden auch die sehr unterschiedlichen Reizschwellen, die wir bei den Schulkindern feststellen können, erklärbar: Sie bilden die konkrete Antwort des einzelnen auf die individuelle Belastung. Erlauben wir den Augen unserer Kinder, aus ihrer Ohnmacht aufzuwachen, und gehen wir behutsam mit optischen Reizen um: *Mehr muß nicht immer mehr sein!*

Fernsehen: Trance oder Trip?

Da es beim Thema Entspannung auch um die Fähigkeit geht, sich voll konzentriert in eine Sache zu versenken, und da die so offensichtliche „Versunkenheit" fernsehender Kinder vielleicht zu falschen Schlüssen verleiten könnte, scheinen mir hierzu noch weitere Ausführungen wichtig.

In unserer Nachbarschaft gab es einen Buben, der genauso alt war wie unsere Tochter Maxi. Uwe durfte von klein auf fernsehen, soviel er wollte. An ihm fiel mir immer die totale Entrücktheit auf, wenn er vor dem Fernseher saß: Der Unterkiefer hing herab, die Gesichtszüge waren schlaff und unbewegt, der Blick glasig, der Körper zusammengesunken. Er reagierte nicht auf Außenreize und mußte entweder sehr laut angesprochen oder direkt berührt werden, damit man ihn überhaupt erreichen konnte. Wahllos schaute er alles an, was gerade lief: politische Sendungen, Spielfilme, Krimis aller Art, Werbefernsehen usw.

Daß Uwe kein Ausnahmefall ist, zeigen mir die Reaktionen vieler Eltern, wenn ich in Vorträgen diese Symptome aufzähle. Auch Marie Winn berichtet darüber:

> „Immer wieder schildern Eltern, oft mit beträchtlicher Sorge, den tranceartigen Zustand, in den ihre Kinder beim Fernsehen geraten. Der Gesichtsausdruck des Kindes verändert sich. Der Kiefer ist entspannt und hängt leicht geöffnet herab; die Zunge berührt die Schneidezähne (soweit vorhanden). Die Augen machen einen glasigen, leeren Eindruck. In Anbetracht der unbegrenzten Vielfalt kindlicher Persönlichkeiten und Verhaltensmuster staunt man um so mehr, wie sehr sich der Bewußtseinszustand der Kinder während des Fernsehens zu gleichen scheint." (S. 28)

Dieser tranceartige Zustand macht vielen Eltern Sorgen. Andererseits haben gerade die Ruhe und Passivität, in der die Kinder vor dem Fernseher sitzen, etwas sehr Verlockendes – verschaffen sie doch manchen überforderten Müttern die dringend benötigte Ruhepause. Diese Ruhe ist jedoch ein Danaergeschenk, denn sie kostet einen viel zu hohen Preis. Was es dazu zu sagen gäbe, würde allerdings den Rahmen dieses Buches sprengen. Hier geht es ja in erster Linie um eine Bestandsaufnahme kindlicher Defizite aus der Sicht der Schule und um Möglichkeiten für Lehrer und Erzieher, mit den daraus resultierenden Schwierigkeiten umzugehen.

Es scheint also beim Fernsehen ein tranceartiger Zustand aufzutreten. Ein weiteres Symptom sollte uns zu denken geben: Nach dem Fernsehen haben die Kinder regelrechte Anfälle von Aktivität, Aggressivität, schlechter Laune und Reizbarkeit. Auch das wird von vielen Eltern bestätigt. Da dieses „Auftauchen von Reizbarkeit und Fehlverhalten nach dem Fernsehen" (Marie Winn) signifikant ist, also nicht nur vereinzelt und zufällig auftritt, sollten wir uns fragen, ob nicht ein bestimmter Sinn dahintersteckt.

Wie ist es denn sonst, wenn Kinder einmal auffallend übellaunig und gereizt sind? Bei meiner Tochter handelte es sich in solchen Fällen immer um irgendeine Krankheit, die kurz danach zum Ausbruch kam. Die schlechte Laune sollte dann vielleicht signalisieren: Mir geht es nicht gut, behandelt mich schonend. Hierzu wieder Marie Winn:

> „Soll die Reizbarkeit nach dem Fernsehen den Eltern signalisieren, daß das Kind müde ist und Ruhe braucht? Warum halten die Eltern dann das Fernsehen für eine beruhigende, entspannende Beschäftigung und ermutigen ihre übermüdeten Sprößlinge noch dazu, sich vor dem Bildschirm niederzulassen?" (S. 37)

Eine weitere Möglichkeit gibt es noch, den reizbaren Zustand nach dem Fernsehen zu deuten: Er könnte ein sogenanntes Schwellensyndrom darstellen. Dieses Schwellensyndrom tritt auf beim Übergang von einem Bewußtseinszustand in einen anderen. Es ist oft nach dem Schlafen zu beobachten, beim Übergang in den Wachzustand. Viele Menschen brauchen da erst eine Weile, ehe sie ansprechbar sind. Wer kennt nicht den „Morgenmuffel", der sich durch sein Grantigsein die nötige Anlaufzeit verschafft, bevor er sich wieder in den sozialen Kontext eingliedert? Auch Rauschzustände der verschiedensten Art – seien sie nun durch Alkohol oder durch Drogen induziert – bringen einen Wechsel der Bewußtseinsebene mit sich.

Wie sollen wir nun das reizbare Verhalten der Kinder nach dem Fernsehen interpretieren? Als Zeichen dafür, daß es ihnen schlecht geht und sie sich krank fühlen? Oder – und das ist die entschieden beunruhigendere Variante – als Zeichen dafür, daß sie aus einem anderen Bewußtseinszustand zurückkehren? Und nachdem sie während des Fernsehens auf keinen Fall in einem Schlafzustand waren, taucht die Frage auf: Wo waren unsere Kinder? Auf welchem Trip haben sie sich befunden?

An dieser Stelle ist Ihnen sicher schon klar, daß es von blauäugiger Verkennung der Tatsachen zeugt, wenn im Mittelpunkt aller Fernsehdebatten die Frage steht: Welche Sendungen soll mein Kind anschauen? Was schadet und was schadet nicht? Die Antwort hierauf kann kurz und bündig erfolgen: Jede Sendung schadet, weil die Tätigkeit Fernsehen an sich schädlich ist, und zwar um so mehr, je jünger die Kinder sind.

Wir haben bisher davon gesprochen, daß durch die Bilderschwemme die Reizschwelle erhöht und damit die Wahrnehmungsfähigkeit verringert wird. (Anmerkung für Lehrer: An jeder Teilleistungsschwäche sind auch Wahrnehmungsstörungen beteiligt.) Außerdem spricht einiges dafür, daß Fernsehen die Kinder in einen anderen Bewußtseinszustand versetzt, auf einen Trip schickt. Selbst wenn das schon alles wäre, wäre es mehr als genug. Es geht aber noch weiter.

Fernsehen als Einstiegsdroge?

Das Drogenproblem hat eine gewisse Aktualität erlangt, fast könnte man sagen: Es ist „in". An den Schulen gibt es Anti-Drogen-Wochen, bei Elternabenden werden von Fachleuten Vorträge über die Drogengefahr gehalten. Selbst unsere Fußballnationalmannschaft hat den Kampf gegen die Drogen wenn auch nicht auf ihre Fahne, so doch immerhin auf ihre Trikots geschrieben. Und von amtlicher Seite wird darauf hingewiesen, wie wichtig es sei, schon an den Grundschulen prophylaktisch zu wirken. In diesem Zusammenhang taucht dann auch regelmäßig das Postulat auf, man müsse Kindern und jungen Leuten zur „Sinnfindung" verhelfen, um sie widerstandsfähiger gegen derartige Anfechtungen zu machen.

Wir sind zwar noch nicht ganz soweit, aber falls Sie beim Lesen das Gefühl haben sollten, ich sei doch etwas weit vom Wege abgekommen, möchte ich darauf hinweisen, daß wir unser Thema bereits seit geraumer Zeit umkreisen und ihm immer näher kommen. Das ist die Verbindung:

- *Kon-zentrieren* – die eigene Mitte finden – die eigene Existenz als sinnhaft empfinden

- *Selbst-bewußtsein* – kein Bedürfnis, sich von außen zu betäuben, um die Sinnleere nicht wahrzunehmen
- *mehr Freude am Leben* – verringerte Suchtgefahr.

Nun machen wir einen – übrigens gar nicht so weiten – Sprung von der Drogensucht zur Fernsehsucht. Es gibt inzwischen einige Untersuchungen, die einen Zusammenhang zwischen hohem Fernsehkonsum und gesteigerter Suchtanfälligkeit herstellen. Das ist eigentlich auch ganz logisch, wenn wir uns vor Augen halten, daß für Süchte aller Art unsere rechte Gehirnhälfte „zuständig" ist. Das sehr häufige oder gar süchtige Fernsehen wiederum führt zu einer Überstimulierung dieser Hemisphäre, die dann für weitere Süchte empfänglich bleibt. Damit ist ein Thema angesprochen, das in einem Buch über Meditation in der Schule auf keinen Fall fehlen darf: die Bedeutung der beiden Gehirnhemisphären.

Rechts und links – zwei Gehirne, zwei Partner

Ich finde es sehr schade, daß in der Lehrerausbildung immer noch darauf verzichtet wird, den Studenten wenigstens einige grundlegende neurophysiologische Fakten zu vermitteln. Wir sollen Kinder erfolgreich unterrichten, sollen in der Lage sein, mit Fehlverhalten zurechtzukommen und bei Lernstörungen Hilfen anzubieten. Lernen, Lernstörungen und Verhalten werden aber im Gehirn „gemacht". Auch Entspannung – der bei jeder Art von Meditation angestrebte Zustand – entsteht im Gehirn. Deshalb wäre es natürlich ein Unding, den Hauptdarsteller Gehirn überhaupt nicht ins Rampenlicht zu holen.

Wenn wir vom Gehirn schlechthin sprechen, dann meinen wir meistens den Teil, der für die höheren Gehirnfunktionen zuständig ist: die Großhirnrinde, deren Ausprägung den Menschen erst zum Menschen gemacht hat. Den folgenden Abschnitt über das Gehirn zitiere ich aus meinem Buch *Neues Lesen – Neues Lernen*:[8]

> Es ist ein klassisches Doppelorgan, und deshalb wäre es weit angebrachter, nicht von „dem" Gehirn, sondern von „den" Gehirnen zu sprechen. In seinem Aussehen hat es ziemlich viel Ähnlichkeit mit einem Walnußkern. Es besteht aus zwei Hälften, die durch das *Corpus callosum* – ein Bündel von Nervensträngen – verbunden sind und so auch miteinander kommunizieren können.
>
> Roger Sperry und sein Student Michael Gazzaniga haben in den sechziger Jahren faszinierende Erkenntnisse aus der Arbeit mit Patienten gewonnen, deren *Corpus callosum* – also die „Leitung" zwischen den beiden Gehirnhälften – in einer sogenannten Split-Brain-Operation unterbrochen wurde, um die Neigung zu epileptischen Anfällen einzudämmen. Dabei konnte erstmals experimentell nachgewiesen werden, welche Funktionen zu welcher Gehirnhälfte gehören. Ich möchte Ihnen hier das klassische Experiment mit solchen Split-Brain-Patienten schildern:

Sperry und Gazzaniga bauten einen Apparat, der es ihnen ermöglichte, mit den beiden Gehirnhemisphären ihrer Patienten getrennt zu kommunizieren. Die Person wurde vor einen Bildschirm gesetzt, auf den Worte oder Bilder projiziert werden konnten. Der Bildschirm war auf einen Tisch montiert, auf den verschiedene Gegenstände gelegt werden konnten, die die Versuchsperson greifen, aber nicht sehen sollte. Deshalb wurden sie von einer Abdeckplatte verborgen. Um den Versuch verstehen zu können, müssen Sie sich noch vor Augen halten, daß Hände und Gesichtsfeld jeweils mit der gegenüberliegenden Hemisphäre durch Nerven verbunden sind: das rechte Gesichtsfeld mit der linken, das linke Gesichtsfeld mit der rechten Hemisphäre. Ebenso ist es bei den Händen. Auf den Bildschirm wird nun links ein Wort oder Bild projiziert, zum Beispiel „Löffel". Nur im *linken Gesichtsfeld* beider Augen kann dieses Wort gesehen werden, das bedeutet: Die *rechte Hemisphäre* ist „am Ball". Die Versuchsperson ist auch in der Lage, mit der *linken* Hand unter mehreren Gegenständen den gewünschten, nämlich einen Löffel, herauszusuchen, wohlgemerkt, ohne die Gegenstände sehen zu können. Sie sind ja abgedeckt. Und nun kommt das Verblüffende: Obwohl die Versuchsperson offensichtlich das Wort oder Bild auf dem Bildschirm gesehen und danach auch den richtigen Gegenstand herausgesucht hat, antwortet sie auf Befragen, sie habe nichts gesehen und nichts ertastet.

Die Schlußfolgerung aus diesen und vielen ähnlichen Versuchen lautete: Das rechte Gehirn kann nicht verbalisieren.

Wird nun ein Wort auf die rechte Seite des Bildschirms projiziert, so kann es vom *rechten Gesichtsfeld*, also vom *linken Gehirn*, gesehen werden. Die Versuchsperson kann den Gegenstand mit der rechten – und nur mit der rechten! – Hand heraussuchen und ihn auch *benennen*.

Die Schlußfolgerung hieraus – und natürlich noch aus einer Vielzahl weiterer Versuche: Das linke Gehirn kann verbalisieren.

Einen weiteren Versuch möchte ich Ihnen nicht vorenthalten, weil er uns die total unterschiedlichen Prozesse verdeutlicht, die beim „Denken" in den beiden Hemisphären ablaufen: Die Versuchsperson mußte eine Reihe von Wörtern auswendig lernen. Auf dem Bildschirm erschien dann – rechts oder links – jeweils ein Wort, und die Versuchsperson mußte auf einen Knopf mit „Ja" oder „Nein" drücken, sobald sie wußte, ob das betreffende Wort in der Gruppe der auswendiggelernten enthalten war oder nicht.

Die Zahl der memorierten Wörter wurde nach und nach erhöht. Auch hier zeigte sich wieder etwas geradezu Faszinierendes: Wurde das Wort, das mit den memorierten verglichen werden sollte, auf die *rechte Bildschirmseite* projiziert – und rechtes Gesichtsfeld heißt *linke Hemisphäre*! –, dann erhöhte sich die Reaktionszeit, wenn sich die Gruppe der auswendiggelernten Wörter vergrößert hatte. Erschien es hingegen auf der *linken Bildschirmseite* – linkes Gesichtsfeld heißt *rechte Hemisphäre*! –, dann blieb die Reaktionszeit gleich, auch wenn sich die Menge der Wörter, mit denen es verglichen werden sollte, verdoppelte oder verdreifachte!

Während mit dem linken Gehirn anscheinend Wort für Wort im Geiste abgefragt wurde – daher die verlängerte Reaktionszeit bei vergrößerter Wörtermenge! –, schien das rechte Gehirn sozusagen „auf einen Blick" zu entscheiden, ob das entsprechende Wort in der Vergleichsmenge vorkam oder nicht.

Die Schlußfolgerung aus dieser Art von Versuchen: Die linke Hemisphäre arbeitet linear, nacheinander. Die rechte Hemisphäre arbeitet ganzheitlich, analog!

...

Wir müssen also in der Unterrichtspraxis davon ausgehen, daß wir es mit zwei Spezialisten zu tun haben. Natürlich wollen wir sie beide beschäftigen und nicht nur einen von ihnen. Das wäre ja unökonomisch. Und das sind die Fachgebiete und Arbeitsweisen unserer beiden Spezialisten:

Linke Hemisphäre:	**Rechte Hemisphäre:**
linear	ganzheitlich
logisch	empfindsam
analytisch	einfühlsam
männlich	weiblich
angespannt	synthetisch
Sprache	ganze Bilder
Logik	Gesamteindruck
Mathematik	Visualisation
abstrakte Symbole	Musik
Zahlen	Rhythmus
Buchstaben	Tanz
Regeln	Kinästhetik
Sequenzen	Raumgefühl
Rechtschreiben	Tastsinn
	Gerüche
	Entspannung

Wenn Sie nun diese Gegenüberstellung aufmerksam durchgelesen haben, dann ist Ihnen sicher sofort „ein Licht aufgegangen", welchen der beiden Gehirnspezialisten wir in unseren Schulen für gewöhnlich fast ausschließlich beschäftigen, ja geradezu überstrapazieren, und welchen wir andererseits sträflich vernachlässigen. Richtig: Die Fähigkeiten der linken Hemisphäre sind es, die in erster Linie und fast ausschließlich gefragt sind.[8]

Um den konkreten Zusammenhang zwischen unserem Thema Entspannung und den zitierten Fakten herzustellen, möchte ich noch einiges ergänzen und interpretieren.

Wir haben erfahren, daß Anspannung ein Zustand ist, der der linken Gehirnhälfte zugeordnet wird. Nun ist Anspannung ja nicht grundsätzlich etwas Schlechtes. Wir brauchen sie, wenn wir erfolgreich etwas Neues lernen wollen. Sind wir wirklich interessiert, dann sind wir „gespannt" auf etwas. Wird Spannung aber zum Dauerzustand und haben wir nicht mehr die Möglichkeit, zu entspannen und loszulassen, dann stecken wir im linken Gehirn fest. Genau das passiert mit lerngestörten Kindern. Sie plagen sich nicht zu wenig, sondern zu fest, und kommen aus diesem Zustand nicht mehr heraus. Deshalb ist es auch völlig falsch, zu einem Kind, das beispielsweise beim Lesen „steckt", Buchstaben nicht mehr erkennt, Wörter nicht zusammenlesen kann und nicht hinter den Sinn eines Satzes kommt, zu sagen: „Du mußt dich besser konzentrieren! Du mußt dich besser bemühen." Genau das tun lerngestörte Kinder ja schon im Übermaß. Sie starren auf die Seiten, bis ihnen die Augen tränen und sie gar nichts mehr erkennen können. Weit passender wäre es zu sagen: „Ach, nimm's leicht. Schau nicht so genau hin! Das wird schon!" Am besten allerdings ist es, auf Appelle überhaupt zu verzichten, denn in einer derartigen Situation bewirken sie einfach nichts. Wenn Sie jedoch über Möglichkeiten verfügen, Kinder aus diesem angespannten, gestreßten Zustand herauszuholen, dann können Sie wirklich helfen. Sie werden in diesem Buch neben verschiedenen Möglichkeiten für Entspannungsübungen auch einige einfache Techniken für solche Fälle kennenlernen.

Neben den zu sehr angespannten, gestreßten „Linkshirnkindern" gibt es auch solche, die in der rechten Hemisphäre „feststecken". Das sind die Hyperaktiven, die Zappelphilipps, die keine Sekunde auf einem Fleck bleiben können. Zur rechten Hemisphäre gehören Bewegung, Körpergefühl, Grobmotorik. Nun wird manchmal die Meinung vertreten, hyperaktive Kinder hätten eben zuviel Energie. Mitnichten. Das Gegenteil ist der Fall. Hier läuft der gleiche Mechanismus ab, wie wir ihn alle von Kindern kennen, die zu lange aufgeblieben sind und trotz – genaugenommen ist es gerade wegen – ihrer Übermüdung völlig überdreht sind. Dieses Überdrehen ist so etwas wie ein Zusammenraffen der letzten Energiereserven, um einen Zusammenbruch zu verhindern. Kommt Ihnen das unwahrscheinlich vor? Dann lassen Sie sich gesagt sein, daß etwa die Hälfte aller hyperaktiven Kinder mit einem schweren *Aufputschmittel* – mit Ritalin – *beruhigt* wird.

Hyperaktive Kinder haben also zuwenig Energie, und wenn es uns gelingt, positiv und ausgleichend auf ihren Energiehaushalt einzuwirken, wird auch ihr Verhalten ausgeglichener. Daß Entspannungsübungen hier genau an der richtigen Stelle ansetzen, muß eigentlich nicht besonders betont werden. Entspannung gehört in die rechte Gehirnhemisphäre.

Meditationsübungen, wie Sie sie weiter hinten beschrieben finden, regen das rechte Gehirn an, ohne zu überreizen, und führen zu einem Ausgleich zwischen rechter und linker Gehirnhälfte. Deshalb nützen sie sowohl den zu sehr links- als auch den zu sehr rechtshirnbetonten Kindern.

Was sind denn das für Kinder? Die allgegenwärtige Aggressivität

In meine letzte erste Klasse kam – als zweiunddreißigstes Kind! – im November ein neuer Schüler. Oliver hatte drei ältere, bereits erwachsene Geschwister. Die Mutter hatte sich vor einigen Jahren von seinem Vater getrennt und lebte nun mit einem anderen Mann zusammen. Die Familie war zunächst in einen Wohnwagen auf dem Campingplatz des Nachbarortes gezogen, bevor sie in unserem Schulsprengel eine Wohnung fand.

Bei einem Telefongespräch erzählte mir Olivers ehemalige Lehrerin, er habe die anderen Kinder so brutal verprügelt, daß sich einige von ihnen nicht mehr in das Klassenzimmmer gewagt, sondern auf dem Pausenhof versteckt hätten. Ich dachte mir das, was sich wohl jeder Lehrer in solch einer Situation denken würde: „Na servus! Muß ausgerechnet ich so einen Typen bekommen!" Es dauerte auch nicht lange, bis uns Oliver eine Kostprobe – allerdings die erste und letzte! – dessen lieferte, wozu er fähig war:

Er ärgerte sich beim Ausziehen in der Garderobe über Andi und versetzte ihm einen Handkantenschlag an die Nase und einen Stoß mit dem Knie in die Hoden. Als ich dazukam, saß Andi, der sichtlich einen Schock hatte, blutüberströmt am Boden. Die anderen Kinder waren gelähmt vor Entsetzen. So etwas war bei uns noch nicht vorgekommen! Ich kümmerte mich natürlich zuerst um Andi, holte ihn in das Klassenzimmer, wusch ihm das Blut ab und beruhigte ihn. Danach wendete ich mich Oliver zu, um zu erfahren, was denn los gewesen sei. Ich schimpfte ihn nicht, sondern bat ihn ganz ruhig, mir den Hergang zu erzählen. Das überforderte ihn sichtlich. Hätte ich ihn angeschrien, mit ihm gezankt oder ihn gar geschlagen, so hätte er dagegen seine bewährten Abwehrmechanismen gehabt. Aber daß er sich verbal äußern und Rechenschaft ablegen sollte, das bedeutete eine ernsthafte Konfrontation mit seinem Verhalten, und der war er nicht gewachsen. Er begann plötzlich und wie auf Kommando zu heulen. Er wimmerte geradezu, hielt sich die Hände vor das Gesicht, bog und krümmte sich. Natürlich half ihm das nichts, er mußte mir Rede und Antwort stehen.

Im Laufe der näheren Bekanntschaft mit Oliver zeigte sich, daß dieses Verhalten für ihn symptomatisch war. Immer, wenn etwas unangenehm zu werden drohte, weinte er oder leugnete, etwas getan zu haben. Es überrascht Sie sicher nicht zu hören, daß Oliver seine ganze Freizeit vor dem Fernseher und mit Telespielen verbringt.

Sie wollen sicher wissen, wie es mit ihm weiterging und ob es gelang, ihn zu „entschärfen". Er wurde nie ein pflegeleichtes Kind, hörte aber auf, seine Mitschüler zu prügeln und störte auch im Unterricht nicht mehr. Allerdings wich er jeder Arbeit aus. Bei den Entspannungsübungen war er von Anfang an ganz still. Inzwischen ist er nicht mehr bei uns. Die Familie ist vor kurzem umgezogen.

Oliver war gewiß ein „harter Bursche", aber Kinder wie er können in jeder Klasse sitzen. Alle, die in der Schulpraxis stehen, müssen feststellen, daß Brutalitäten, körperliche Angriffe, aggressives Verhalten mehr oder weniger zum Schulalltag gehören, und zwar nicht nur an Haupt-, sondern ganz entschieden und immer häufiger auch an Grundschulen und sogar an Kindergärten. Eine Geschichte aus meinem familiären Bereich will ich noch beisteuern, weil sie sehr symptomatisch für eine besorgniserregende Entwicklung auf seiten der Lehrer ist.

Die Tochter meiner Cousine geht in die zweite Klasse. Nicole ist ein stilles, liebes Mädchen, das sich gegenüber Raufbolden gar nicht zur Wehr setzen kann. Vor einigen Wochen nun, als sie abends in der Badewanne saß, glaubte meine Cousine, ihren Augen nicht trauen zu können: Das Kind hatte blaue *Würgemale* am Hals! Auf Befragen kam heraus, daß ein bestimmter Junge aus ihrer Klasse, bekannt für sein aggressives Verhalten, sie gewürgt hatte. Als der Vorfall der Lehrerin gemeldet wurde, kam als Reaktion sinngemäß: „Ja, wissen Sie, was soll ich denn machen? Ich bin schon ganz fertig. Da sind ein paar so schlimme Kinder in der Klasse!" ...

Glauben wir der Lehrerin, daß sie „ganz fertig" ist. Gestehen wir ihr auch zu, daß es wirklich nicht so leicht ist, da etwas zu unternehmen. Dennoch: So einfach können wir uns die Sache nicht machen!

Wir sind uns sicher alle darüber einig, daß die Entwicklung derzeit unbefriedigend ist:

- Aggressionen, destruktives und undiszipliniertes Verhalten nehmen immer stärker zu.
- Einsicht und Unterstützung „von oben" fehlen, wofür allein die viel zu großen Klassen ein beredtes Beispiel liefern.
- Der einzelne Lehrer wird mit seinen Problemen alleingelassen.

Aber hier muß auch sehr deutlich gesagt werden: Das einzelne Kind hat ein Recht auf Schutz vor aggressiven Übergriffen und ein Recht darauf, ohne Angst zur Schule zu gehen.

Ich will hier nicht Lehrerschelte betreiben. Erstens wäre das so allgemein und undifferenziert nicht angebracht, zweitens würde es nichts nützen, und drittens sind Sie, die Sie dieses Buch lesen, die falschen Adressaten für so etwas. Sie haben sich ja offensichtlich entschlossen, den Problemen zu Leibe zu rücken.

Was uns die Geschichte von Nicole und ihrer Lehrerin sehr deutlich zeigt, ist die Hilflosigkeit, mit der viele Kollegen kindlicher Aggressivität gegenüberstehen. Sicher können wir nichts oder nur sehr wenig tun, um die familiäre und außerschulische Umwelt unserer Schüler positiv zu beeinflussen, aber uns deshalb generell machtlos zu fühlen, dafür gibt es keinen Grund.

Es ist auch gar nicht gut für unser Selbstwertgefühl und unsere psychische Stabilität, die Dinge so zu sehen. Ein Lehrer, der sich selbst als ohnmächtig erlebt, kann sich nicht wohlfühlen. Daß der Lehrer in seiner Klasse sich aber wohlfühlt, ist die *conditio sine qua non.* Genauso wie ein Kind ein Recht darauf hat, ohne Angst zur Schule gehen zu können, haben Sie ein Recht darauf, Freude und Erfüllung in Ihrem Beruf zu finden. Das ist ein Gesichtspunkt, der für gewöhnlich viel zu kurz kommt. Uns Lehrern wird immer erzählt, was wir alles zu tun hätten, welche

Defizite der Kinder wir auszugleichen hätten, wo wir kompensatorisch wirken müßten usw. Da werden wir zuständig gemacht dafür, daß die Kinder sich die Zähne putzen, umweltbewußt werden, das Radfahren lernen, sich im Verkehr richtig verhalten, eifrig beim Schulsparen mitmachen et cetera, et cetera. Und wir sind gutartig genug, auf alle diese Forderungen einzugehen, uns willig vor den Karren spannen zu lassen und dauernd hinter der Erfüllung irgendwelcher Ziele herzuhetzen, die wir dann doch nie in ihrer Gesamtheit als erledigt abhaken können.

Deshalb möchte ich noch einmal betonen: Machen Sie Schule so, daß *Sie* sich wohlfühlen. Dabei brauchen Sie überhaupt kein schlechtes Gewissen zu haben, ganz im Gegenteil! Denn nur, wenn es *Ihnen* gutgeht, kann es auch den Kindern gutgehen. Und was können Sie dazutun, daß es Ihnen gutgeht? Es hat auf alle Fälle wenig Sinn, über die zweifellos unbefriedigenden Zustände zu lamentieren. Nehmen Sie die Dinge erst einmal, wie sie sind, und machen Sie sich dann daran, sie zu ändern. Damit sind wir wieder bei unserem Thema, denn gerade meditative Übungen haben sich sehr bewährt, wo es um den konstruktiven Umgang mit Aggressionen geht. Beispiele aus meiner eigenen Praxis finden Sie weiter hinten.

Das Professorenehepaar Franz und Ulrike Petermann hat ein bemerkenswertes Buch veröffentlicht, in dem berichtet wird, wie autogenes Training bei der Therapie aggressiver Kinder und Jugendlicher eingesetzt wird.[9] Sicher sind Entspannungsübungen kein Zaubermittel, aber sie stellen eine wichtige Möglichkeit dar, das soziale Klima in der Klasse zu verbessern und den Aggressionspegel zu senken.

Zusammenfassung

Bisher ging es um das Warum für den Einsatz meditativer Übungen in der Klasse. Bevor ich mich nun dem Wie zuwende, möchte ich die Gründe noch einmal zusammenfassen.

- Immer mehr Kinder können nicht mehr zuhören, horchen und ge-horchen.
- Das Überschwemmen mit Bildern von außen – zum Beispiel durch Fernsehen – verhindert das Entstehen eigener Bilder im Inneren.
- Die Kinder haben heute mehr Zerstreuung, als ihnen guttut. Was ihnen fehlt, ist die Sammlung.
- Unsere Schüler sind zunehmend suchtgefährdet.
- Lernstörungen und Hyperaktivität sind an der Tagesordnung.
- Aggressives Verhalten macht uns immer mehr zu schaffen.

Entspannungsübungen ...
... fördern das Hörenkönnen;
... fördern die Fähigkeit, innere Bilder zu produzieren;
... helfen den Kindern, sich zu sammeln;

… verstärken die psychische Stabilität und helfen bei der Sinnfindung, sind somit auch ein Beitrag zur Suchtprophylaxe;
… wirken ausgleichend auf die beiden Gehirnhälften;
… reduzieren Hyperaktivität;
… vermindern Aggressionen.

Kapitel 2

Vom Warum zum Wie

Konzentrierte Lehrer – konzentrierte Kinder

Eine sehr engagierte und für alles Neue offene Kollegin an meiner Schule bat mich unlängst, mit ihrer Klasse meditative Übungen durchzuführen, bei denen sie hospitieren könne, damit sie einmal Gelegenheit habe zu sehen, „wie's gemacht wird". Das machten wir dann für mehrere Wochen einmal pro Woche. Dabei war es möglich, die für gewöhnlich sehr unruhige Klasse zur Ruhe zu bringen; ja, gerade ein Bub, der sonst immer dazwischenrief, in der Pause mit den anderen raufte und überhaupt problematisch war, ließ sich in die Entspannung direkt hineinfallen und war völlig „weg".

Meine Kollegin beobachtete sehr genau, was ich tat, um dieses Resultat zu erzielen, und sie stellte fest, daß sie bisher ganz unbewußt einige Fehler gemacht hatte, die geradezu verhindert hatten, daß die Kinder ruhig wurden.

Wenn ich das Signal „Ruhe und Sammlung" ausstrahlen will, dann setze oder stelle ich mich immer ruhig vor die Klasse, verschränke die Arme, rede langsam, wenig und mit tieferer Stimme als sonst. Ich appelliere auch nicht an die ganze Klasse, sondern ermahne unruhige Kinder einzeln.

Manche Lehrer machen intuitiv einfach das Richtige und haben damit natürlich Erfolg. Die Begründung, warum das oben beschriebene Verhalten „klappt", liefert uns das Neurolinguistische Programmieren (NLP).[10]

Die Begründer dieser Richtung, John Grinder und Richard Bandler, fragten sich, warum manche Therapeuten um so viel erfolgreicher arbeiteten als andere. Sie waren der Meinung, deren Erfolgsrezept müsse sich durch genaues Beobachten des jeweiligen Vorgehens herausfinden lassen und sei dann für jeden zugänglich. Sie schauten viele hundert Stunden Videoaufzeichnungen von Therapiesitzungen mit Milton Erickson, Virginia Satir und Fritz Perls an und stellten wirklich fest, daß gewisse Einzelschritte sich wiederholten. Sie extrahierten diese Schritte und schufen Modelle für erfolgreiche Kommunikation und Verhaltenssteuerung.

NLP liefert gerade uns Lehrern viele nützliche Tips für den Unterrichtsalltag. So müssen wir uns darüber klarwerden, daß bestimmtes Verhalten an „Anker" geknüpft werden kann. Das Wort „Anker" sagt uns schon: Hier wird etwas festgemacht. Wenn ich immer dann, wenn ich Stille in der Klasse haben will, selber ruhig dastehe oder noch besser sitze, wenn ich meine Stimme immer auf die gleiche

Weise absenke in eine tiefere Frequenz, wenn mein Ruhig-Dastehen auch noch immer an derselben Stelle im Klassenzimmer erfolgt, dann bildet das alles zusammengenommen für die Kinder einen Anker für Ruhigsein. Je öfter das wiederholt wird, desto fester sitzt der Anker. Schließlich brauche ich gar nichts mehr zu sagen, sondern mich nur an die bewußte Stelle ruhig mit verschränkten Armen hinzusetzen, und alle reagieren entsprechend. Der Anker wirkt.

Meine Kollegin aber war, wie sie selber sagte, immer nervös auf- und abgegangen, wenn sie darauf wartete, daß die Kinder endlich still würden. Weil sie sich öfter ärgerte, daß das so lange dauerte, ermahnte sie dann auch noch laufend, und zwar mit einer Stimme, die wegen des Ärgers eher höher als tiefer wurde. Sie hat damit auch Anker gesetzt, aber gerade die verkehrten: Das nervöse Auf- und Abgehen und die erhöhte Stimme ließen die Kinder eben nicht zur Ruhe kommen, und mit jeder Wiederholung verstärkte sich dieser Anker, an dem nicht Ruhe und Sammlung, sondern Unruhe und Hektik befestigt waren. Als der Kollegin diese Zusammenhänge klarwurden, trainierte sie sich ein anderes Verhalten an. Mit ihrer jetzigen Klasse ist sie sehr viel erfolgreicher beim Herstellen einer ruhigen Arbeitsatmosphäre und sie wundert sich, wie einfach auf einmal manches geht, was sie früher soviel Nerven kostete.

Wenn Sie in Ihrer Klasse Ruhe, Konzentration und Sammlung erreichen wollen, müssen Sie also die entsprechenden Anker setzen:

- Stellen oder setzen Sie sich selber ruhig an eine bestimmte Stelle im Raum, am besten vorne in der Mitte.
- Halten Sie Ihren eigenen Körper ruhig, verschränken Sie am besten die Arme.
- Senken Sie Ihre Stimme auf eine tiefere Frequenz als gewöhnlich.
- Sprechen Sie wenig und langsam.
- Wenn Kinder noch unruhig sind, dann ermahnen Sie sie einzeln. Nennen Sie dabei nur die Namen, verzichten Sie auf überflüssige Belehrungen.

Und denken Sie vor allem immer daran: Der Konzentration der Kinder muß die Konzentration des Lehrers vorausgehen!

Konzentration als Unterrichtsprinzip

Sind Sie manchmal unzufrieden, weil Sie finden, es sei zu laut in Ihrer Klasse, die Kinder seien zu unruhig und zu wenig konzentriert? Sehr gut! Nun werden Sie sich vielleicht etwas irritiert fragen, was daran gut sein soll. Gut ist Ihre Unzufriedenheit, denn sie ist der erste und unbedingt notwendige Schritt zum Einleiten von Veränderungen. Wer unzufrieden ist und es sich auch erlaubt, seine Unzufriedenheit bewußt wahrzunehmen, wird eher geneigt sein, etwas anders zu machen als bisher.

Es gibt jedoch viele Lehrer, die sich das nicht erlauben und die geradezu darauf bestehen, in ihrem Beruf rundherum zufrieden zu sein. Sie wollen auch das besorgniserregende Ansteigen der kindlichen Aggressivität und das Vorhandensein gravierender Lernstörungen nicht wahrhaben. Das ist die geradezu klassische Ausprägung dessen, was Fritz Perls „Skotomisierung" nennt.[11] Ein Skotom ist ein blinder Fleck in der Wahrnehmung, der sowohl körperlich als Sehstörung des Auges wie auch psychisch als Unvermögen, etwas zu sehen, auftreten kann. Die Weigerung, einen Übelstand als solchen zu erkennen, ist ein wichtiger Abwehrmechanismus, der es dem Betroffenen ermöglicht, ein Verhalten und Gewohnheiten beizubehalten, die eigentlich längst geändert werden müßten, weil sie ihren Zweck nicht mehr erfüllen oder sogar schädlich geworden sind. Der Mechanismus ist folgender: Wenn es nichts gibt, was für mich unerträglich ist, dann habe ich doch eigentlich gar keinen Grund, etwas zu ändern. Also sehe ich nicht, was mich belastet und kaputtmacht, dann kann ich es beibehalten.

Daß diese Rechnung nicht aufgeht, wissen wir alle. Dennoch hat es keinen Zweck, hier missionieren zu wollen. Wer für Veränderungen offen ist, wird das zu erkennen geben. Wer davor Angst hat, wird sich auf alle Fälle und mit allen Mitteln dagegen sperren. Deshalb also finde ich es so positiv, wenn Sie zur Unzufriedenheit fähig sind. Was können Sie nun tun, um Konzentration zu einem Unterrichtsprinzip werden zu lassen?

Es genügt sicher nicht, „die" Konzentration schlechthin – ohne spezifischen Kontext – zu üben, wie es bei den gängigen Spielen zur Steigerung der Konzentrationsfähigkeit gehandhabt wird. Hier kommt das einseitig linkshirnige Denken zum Vorschein, das der Meinung ist, fehlende Konzentration könne genauso isoliert antrainiert werden, wie man ein rostiges Scharnier an einem ansonsten intakten Gerät ölt.

So einfach ist die Sache nicht. Um erfolgreich zu sein, müssen wir immer das Ganze im Auge haben. So unglaublich es nämlich auf Anhieb klingt: *Konzentrieren kann sich jeder, auch das unkonzentrierteste Schulkind – es kommt nur darauf an, wobei und worauf!*

In einer meiner letzten Klassen hatte ich einen extremen Tagträumer. Gerhard konnte zehn Minuten lang gebannt ein Staubkörnchen beobachten, das, von einem Sonnenstrahl beleuchtet, über der Sitzgruppe schwebte. Er konnte völlig an seine Aufgabe hingegeben mit einem Klumpen Plastilin arbeiten. Er war grundsätzlich also durchaus in der Lage, sich zu konzentrieren. Aber er hatte diese Konzentrationsfähigkeit nicht „auf Kommando" zur Verfügung. Was hätte ihm also ein isoliertes, von den schulischen Alltagsaufgaben losgelöstes Trainieren einer Fähigkeit geholfen, die er ja bereits besaß? Er mußte lernen, diese Fähigkeit auch dort einzusetzen, wo er sollte, und nicht nur dort, wo er spontan wollte. Das erreicht nur ein ganzheitliches Vorgehen.

Deshalb also meine Forderung: Konzentration als Unterrichtsprinzip. Daß Sie als Lehrer mit Ihrem Verhalten wesentliche Anker setzen, haben Sie bereits im vorigen Abschnitt erfahren. Hier geht es weiter mit einer Reihe von Möglichkeiten, wie sich Anker für ruhiges, konzentriertes Arbeiten durch den Unterrichtsvormittag ziehen können.

Das Klassenzimmer als Anker

„Im Anfang liegt schon das Ende", sagt uns die Weisheit des Ostens. Wenn wir es dulden, daß unsere Schüler vor Unterrichtsbeginn auf den Gängen oder gar im Klassenzimmer herumrennen und schreien, so daß wir sie beim Läuten geradezu mit dem Lasso einfangen müssen, dann brauchen wir uns nicht zu wundern, wenn sie nicht die Disziplin und Aufmerksamkeit an den Tag legen, die wir uns wünschen. Machen Sie das Klassenzimmer zu einem Anker für ruhiges und rücksichtsvolles Verhalten. Stellen Sie mit den Kindern gemeinsam Regeln auf, die im Zimmer gelten, und lassen Sie einen Verstoß gegen diese Regeln nicht zu.

Mit den Kindern gemeinsam Regeln aufstellen heißt allerdings nicht, daß Sie darüber abstimmen sollten, was im Klassenzimmer erlaubt ist und was nicht. Vielmehr sollten Sie im Gespräch klären, was für ein positives Arbeitsklima nützlich oder schädlich ist. Wichtig ist, daß Sie alles, was Sie hinterher von den Kindern verlangen, begründen. So eine Begründung kann auch sehr persönlicher Natur sein: Es ist Ihr gutes Recht, bestimmte Dinge einfach deshalb zu verweigern, weil Sie sie nicht ertragen. Ich bin zum Beispiel absolut allergisch gegen Pfeifen im Klassenzimmer, auch wenn Pause ist. Das sage ich den Kindern, und sie akzeptieren es auch. Wenn Sie eine erste Klasse haben, ist es am Anfang sicher so, daß Sie die Regeln einfach vorgeben. Seien Sie aber auch dann immer bereit zu erklären, warum Sie etwas so und nicht anders wollen.

In meiner Klasse sieht der Unterrichtsanfang so aus: Ich bin bereits vor den ersten Schülern da, etwa eine halbe Stunde vor Unterrichtsbeginn. Die Kinder treffen nach und nach ein. Sie kommen in die Klasse und gehen zunächst an ihren Platz. Dann holen sie sich aus einer Hängeregistratur die Mappe mit ihrer Freiarbeit. Wer Lust hat, kann auch in dem Buch weiterlesen, das jeder immer unter seiner Bank hat, zu einer Geschichte in der Lesemappe etwas malen, ein Gedicht lernen usw. Wer neu dazukommt, wird natürlich begrüßt, es werden auch einige Worte gewechselt, doch dann macht sich wieder jeder an seine Arbeit.

Wichtig ist, daß die Kinder, wenn sie das Zimmer betreten, in den „Modus Schulkind" hineinrutschen, und das erreichen Sie eben durch klare, konsequent eingehaltene Regeln. Im NLP nennt man das: Ein Anker wird „gefeuert". Hier einige Beispiele für die Regeln, die in unserem Klassenzimmer gelten und mit denen ich gute Erfahrungen gemacht habe:

- Wer morgens ins Zimmer kommt, sucht sich eine Beschäftigung.
- Es wird gegangen statt gelaufen.
- Wer etwas sagen will, meldet sich.
- Wer bei der Freiarbeit Hilfe braucht, läuft nicht heraus zu mir, sondern bleibt an seinem Platz und hebt die Hand.
- Wenn Material weggeräumt und neues hervorgeholt wird, geschieht das, ohne zu reden.
- Jede Arbeitsanweisung wird erst zu Ende angehört, bevor angefangen wird zu kramen.
- In der Eßpause setzen wir uns in einem Kreis auf dem Boden zusammen.

Diese Regeln sollen aber beileibe nicht als Versuch aufgefaßt werden, Ihnen etwas aufzudrängen. Sie sind für *mich* gut, deshalb kann ich Sie den Kindern auch überzeugend vermitteln. Sie müssen selbst entscheiden, ob Sie etwas davon übernehmen wollen oder nicht. Wichtig ist nur: Das Betreten der Klasse – besser noch des Schulhauses – soll den Kindern signalisieren: „Jetzt übernehme ich die Rolle ‚Schulkind', und dafür gelten bestimmte Regeln."

Je konsequenter auf die Einhaltung der Regeln geachtet wird, desto mehr automatisiert sich dieser Vorgang. Wenn jedoch – wie man es in vielen Klassen beobachten kann – das Betreten des Klassenzimmers verbunden ist mit Herumschreien, Die-Mappe-auf-den-Platz-Werfen, Andere-Kinder-Anrempeln, dann wird das Klassenzimmer zu einem Anker für undiszipliniertes, störendes Verhalten. Was das bedeutet, brauche ich ja nicht näher zu erläutern.

Der Sitzplatz als Anker

Genauso wie im ungünstigen Fall das Klassenzimmer ein Negativanker werden kann, ist das auch beim Sitzplatz eines einzelnen Schülers möglich. An dem Platz können verankert sein: Mißerfolge, Frustrationen, Angst vor Versagen, aber auch die Gewohnheit, gegen Regeln zu verstoßen, dazwischenzurufen usw. Deshalb kann es manchmal hilfreich sein, schwierige Schüler im Zusammenhang mit anderen gezielten Maßnahmen auf einen neuen Platz zu setzen.

Inseln der Stille

Vor vielen Jahren, als ein Begriff wie „Meditation" im Zusammenhang mit Schule noch nirgends aufgetaucht war, unterrichtete ich für ein Jahr an einer kleinen Landschule. Im Schulhaus befand sich auch eine Lehrerwohnung, die von einer bereits pensionierten Kollegin bewohnt wurde. Diese Kollegin freute sich immer, wenn ich sie bat, doch in ihr ehemaliges Klassenzimmer hereinzuschauen und sich anzusehen, was ich mit den Kindern machte. Da sie sehr liebenswert war und auch interessant von ihrer eigenen Arbeit zu erzählen wußte, tat ich das gerne. Dabei bekam ich so manchen nützlichen Hinweis. So sagte sie einmal: „Wissen Sie, und wenn es mir zu laut geworden ist, dann hab ich eine Stecknadel genommen und gesagt: ‚Kinder, jetzt wollen wir einmal schaun, ob ihr alle hören könnt, wie diese Nadel auf den Boden fällt.' Dann war es gleich wieder still."

Hier klingt wieder die Wichtigkeit des Horchens an, über die ich gleich am Anfang gesprochen habe. Dieses Horchen aber ist nichts anderes als eine kleine Meditation, ein Augenblick der Besinnung, eine Insel der Stille. Zen-Mönche horchen auf die Leere zwischen zwei Tönen oder auf das Verklingen eines Gongs.

Sie sehen also: Vieles, was so modern klingt und als „letzter Schrei" – leider oft auch ziemlich marktschreierisch – angeboten wird, war schon lange vorher da, verborgen, bescheiden, unauffällig, aber es war da. Deshalb gibt es auch keinen Grund, vor dem Einführen meditativer Elemente in den Unterricht zurückzuschrecken, weil man das als zu kühn und avantgardistisch empfindet. Stille und

Konzentration gehören zusammen. Ich kann mich nicht voll auf etwas einlassen, wenn ich gleichzeitig mit dem Nachbarn rede, mit den Fingern schnipse, den Stuhl umwerfe und mit dem Radiergummi schieße.

Was die Kollegin mir über ihre Erfahrung mit dem Fallenlassen der Nadel berichtete, setzte ich gleich in die Tat um, allerdings etwas abgeändert und auch nicht dann, wenn es in der Klasse gerade unruhig war, sondern mehr „prophylaktisch“, als regelmäßige Übung der Stille, wie sie auch an den Montessorischulen durchgeführt wird. Das wußte ich aber damals noch nicht. Ich nahm eine Stoppuhr und sagte: „Jetzt wollen wir sehen, ob wir alle miteinander zwei Minuten ganz still sein können. Setzt euch bequem hin, verschränkt die Arme, stellt die Füße nebeneinander auf den Boden.“ Ich setzte mich auf meinem Stuhl direkt vor die Klasse, saß also nicht hinter dem Pult. Dann verschränkte auch ich die Arme, stellte die Stoppuhr an und blieb mit den Kindern zusammen zwei Minuten ganz still.

Diese stille Zeit wurde von den Kindern sehr bald als äußerst wohltuend empfunden, und sie fragten mich regelmäßig (auf gut bayrisch): „Fräulein, wann derf ma wieder staad sei?“ Wenn in den Lauf eines Unterrichtsvormittages immer wieder Zeiträume der Stille – seien sie auch noch so kurz – eingebaut werden, wirkt sich das äußerst positiv auf das gesamte Konzentrationsniveau aus. Sie müssen diese Möglichkeit nur einmal gezielt ins Auge fassen, dann werden Sie sehen, daß sich viele Gelegenheiten dafür bieten.

Ich zähle Ihnen wieder einige Beispiele für meine „Inseln der Stille“ auf:
- Wenn ein Arbeitsauftrag erteilt oder etwas erklärt wird, achte ich sehr darauf, daß alle Kinder still sind. Ich „feuere“ den Anker für Aufmerksamkeit (siehe S. 33 f.) und spreche wirklich erst dann, *wenn alle zuhören.*
- Stillarbeit (Schreiben, Rechnen) wird wirklich still erledigt. Dabei spiele ich Barockmusik. Das wirkt sehr harmonisierend und ausgleichend.
- Wenn ich noch etwas Wichtiges sagen muß, während die Kinder schon bei der Arbeit sind, haben wir ein „Signal“ für sofortige Aufmerksamkeit: Ich sage „eins, zwei, drei“, und bei „drei“ muß jeder alles stehen- und liegenlassen, was er gerade macht. Kinder, die am Freiarbeitsregal oder gerade in der Klasse unterwegs sind, bleiben dann einfach ruhig stehen und hören zu. Das hat große Ähnlichkeit mit der Stilleübung der Montessoripädagogik. Ich sage dann kurz, was nötig ist, und die Arbeit geht wie vorher weiter.
- Wir machen täglich verschiedene Übungen aus der Kinesiologie, unter anderem auch solche, die der Verbesserung der Arbeitshaltung und dem Abbau von Streß dienen. Über diese Übungen werde ich in dem Abschnitt über Kinesiologie noch ausführlicher sprechen (s. S. 40 ff.).

Arbeiten bei Musik

Über das Arbeiten mit Musik möchte ich noch einiges sagen. Wir wissen aus dem Superlearning, daß langsame Barockmusik günstig ist, um einen entspannten Zustand zu erreichen. Diese Erkenntnis können wir uns auch im „ganz gewöhnlichen“ Unterricht zunutze machen. Gerade bei der Stillarbeit kommt es ja darauf an, auch die unruhigen und zappeligen Kinder zur Ruhe zu bringen: erstens, damit sie die anderen nicht stören, und zweitens, damit sie selber zum Arbeiten kommen. Ich habe festgestellt, daß Musik ausgleichend wirkt und das Lernklima verbessert.

Alfred Tomatis, der die Klangtherapie entwickelte (s. S. 14ff.), hat festgestellt, daß hohe Frequenzen dem Gehirn Energie liefern und die Schäden, die durch tiefe Frequenzen verursacht wurden, ausgleichen können. Seine Erkenntnisse entstanden in der Arbeit mit Sängern, die wegen Stimmproblemen ärztliche Hilfe suchten, da ihnen die Gesangspädagogik nicht helfen konnte. Außerdem hatte er nach dem zweiten Weltkrieg für die französische Luftwaffe den Zusammenhang zwischen Lärmeinwirkung und Gehörschädigungen untersucht. Dabei stellte er fest, daß Veränderungen im Gehör sich auch in der Stimme zeigen. Wenn also ein Hördefizit in einem bestimmten Frequenzbereich vorliegt, dann schwingen diese Frequenzen in der Stimme nicht mehr als Obertöne mit.

Obertöne sind Teilschwingungen eines Grundtons, einer Grundschwingung; ihre Frequenz ist ein ganzzahliges Vielfaches der Grundfrequenz. Obertöne bestimmen die Klangfarbe von Instrumenten. So hat zum Beispiel eine Flöte nur die Obertöne, die ein geradzahliges Vielfaches der Grundfrequenz ausmachen, während bei einer Klarinette die ungeradzahligen Obertöne stärker vertreten sind.

Es leuchtet ein, daß eine Stimme an Ausdruckskraft und Klangfarbe verliert, wenn das Spektrum der mitschwingenden Obertöne abnimmt. Ist Ihnen schon einmal aufgefallen, daß viele lerngestörte Kinder, vor allem solche, denen das Lesen schwerfällt, ziemlich monotone, „flache“ Stimmen haben?

Leseschwäche hängt unter anderem auch damit zusammen, daß das Feedback über das Ohr ungenügend ist. Diese Kinder hören sich selbst nicht richtig lesen. Und da jedes Lesen, auch das stille Lesen des fortgeschrittenen Lesers, über das Ohr geht – wir hören unserer inneren Stimme zu – wird verständlich, warum Defizite im Hörbereich und Leseschwierigkeiten zusammenhängen.

In der Klangtherapie werden diese Defizite dadurch ausgeglichen, daß den Patienten gefilterte Tonbandaufnahmen über Kopfhörer vorgespielt werden, in denen die im Gehör zu schwach vertretenen Frequenzbereiche verstärkt und die zu stark vertretenen gedämpft werden. Als Material für die Tonbandaufnahmen diente Tomatis zum einen die eigene Stimme der Patienten und zum anderen Musik, und zwar bevorzugt die Musik von Mozart.

Wenn Sie sich in Ihrer Klasse die positiven Wirkungen überwiegend hochfrequenter Musik zunutze machen wollen, dann können sie zu Violin- oder Flötenkonzerten greifen. Sie haben auch die Möglichkeit, CDs mit gefilterten Musikaufnahmen zu kaufen, die als „Klangtherapie“ im Handel sind.[12] Frau Sabina Manassi, die als Tomatis-Schülerin das Institut für Audio-Psycho-Phonologie in Zürich leitet, vertritt zwar den Standpunkt, diese Aufnahmen hätten mit der von Tomatis geschaffenen Klangtherapie nichts gemein. Doch da wir in der Klasse weder Psychotherapie noch Gehörtherapie machen und es uns ja nur auf eine allgemeine Wirkung ankommt, können wir sie ruhig verwenden.

Folgende Kriterien sollten Sie also bei der Musikauswahl für die stille Arbeit bedenken:

- Langsame Barockmusik wirkt entspannend und beruhigend.
- Mozarts Musik ist Musik mit hoher Lebensenergie.
- Musikstücke mit hochfrequenten Instrumenten (Flöten- und Geigenmusik) wirken anregend und energiespendend auf das Gehirn, gleichen außerdem die negativen Wirkungen tiefer Frequenzen aus.
- Sollten Sie einen CD-Player in der Klasse haben: Klangtherapie-CDs enthalten Musik, bei der die hohen Frequenzen verstärkt und tiefere Frequenzen herausgefiltert wurden.

Kinesiologie hat nichts mit Chinesen zu tun

Vor einer Reihe von Jahren kam mir auf einer Tagung der evangelischen Akademie in Tutzing ein Buch über Kinesiologie in die Hand, das mir bis dahin völlig unbekannte Möglichkeiten eröffnen sollte, Disziplin, Konzentration und Lernfähigkeit meiner Schüler zu fördern. Schon beim Durchblättern faszinierte es mich, und so bestellte ich es mir auch gleich, als ich wieder zu Hause war. Es war *EK für Kinder* von Dr. Paul Dennison.[13] Darin geht es um Lernförderung durch bestimmte Übungen und Bewegungen. Obwohl mich die Illustrationen gar nicht ansprachen und ich auch die im Buch enthaltene Information nur teilweise verstand, weil mir das entsprechende Hintergrundwissen fehlte, wollte ich mich unbedingt näher mit der Sache befassen. So besuchte ich bald einen Kinesiologiekurs und war damit auf ein Wissensgebiet gestoßen, das mich bis heute nicht mehr losgelassen hat.

Doch bevor ich nun davon erzähle, wie einzelne kinesiologische Übungen in der Schule eingesetzt werden können, um Arbeitsverhalten und Konzentrationsfähigkeit positiv zu beeinflussen, möchte ich kurz auf die Frage eingehen: Was ist Kinesiologie eigentlich? In dem Wort steckt „kinetisch", das bedeutet laut Duden: bewegend, auf die Bewegung bezüglich. Und so war denn auch jemand, der beruflich mit der Bewegungsfähigkeit des menschlichen Körpers zu tun hat, nämlich der Chiropraktiker George Goodheart aus Detroit, der „Stammvater" der Kinesiologie.

George Goodheart stellte in den sechziger Jahren fest, daß jedem großen Körpermuskel ein bestimmtes Organ zugeordnet ist und daß eine Schwäche in dem Muskel für gewöhnlich ein Energieproblem in dem betreffenden Organ anzeigt. Wenn er nun mit verschiedenen Methoden den Muskel wieder stärkte, verbesserte sich auch die Organfunktion. Das war die Geburtsstunde der Kinesiologie, der Lehre davon, wie wir über Bewegungen Informationen vom Körper erhalten können und wie wir – zum Teil ebenfalls über Bewegungen, aber auch über andere Methoden – Körper und Gehirn „umerziehen" können.

Es fällt mir schwer, hier nicht näher auf die Hintergründe einzugehen, aber das würde den Rahmen dieser Arbeit sprengen. Ich habe in anderem Zusammenhang[14] genauer beschrieben, wie Kinesiologie gezielt zum Abbau von Lernstörungen eingesetzt werden kann. Hier möchte ich mich auf einige einfache und dennoch sehr nützliche Übungen beschränken, die Sie problemlos in Ihrer Klasse einsetzen können und die, wie mir immer wieder von Kolleginnen berichtet wird, die Arbeitsatmosphäre ganz erheblich verbessern.

Paul Dennison hat in seiner Arbeit mit lern- und verhaltensgestörten Kindern eine Reihe von Übungen zusammengestellt, die helfen, die Lernfähigkeit zu verbessern, Hyperaktivität und störendes Verhalten abzubauen und einen harmonischen Energiefluß zu fördern. Wenn Sie nun in Ihren Unterrichtsvormittag täglich eine „Insel der Stille" einbauen, vielleicht auch noch öfter mit Musik arbeiten und die nachstehend beschriebenen Übungen durchführen, dann haben Sie ein äußerst günstiges Umfeld für Entspannungsübungen geschaffen. Damit meine ich natürlich nicht, daß Sie alles genauso machen müssen, wie ich es vorschlage! Suchen Sie sich aus, womit Sie sich wohlfühlen und was Ihnen liegt.

Das A und O: die *Überkreuzbewegung*

Wir wissen, daß von jeder Gehirnhälfte Gesichtsfeld, Ohr und die Muskeln der gegenüberliegenden Körperseite kontrolliert werden. Wenn wir nun gleichzeitig die rechte Hand und das linke Bein bewegen, dann werden die rechtsseitigen Bewegungen von der linken Hemisphäre und die linksseitigen von der rechten veranlaßt. Die Bewegungsimpulse überkreuzen sich.

Dieser neurologische Überkreuzfluß wird vom Kleinkind durch das Krabbeln gebahnt, wo ja rechter Arm und linkes Bein, linker Arm und rechtes Bein gemeinsam bewegt werden. Er soll automatisiert sein und ganz natürlich, ohne bewußte Anstrengung erfolgen. In diesem Fall wird das gesamte Bewegungsmuster von der rechten Gehirnhälfte gesteuert, die ja für Bewegungen und Körpergefühl zuständig ist, und wir verfügen über ein beidseitig integriertes, bilaterales Bewegungsmuster.

Nicht über dieses integrierte Muster verfügen die Menschen, die als kleines Kind gar nicht oder zu wenig krabbelten. Aber auch Menschen, die grundsätzlich integriert sind, regredieren unter Streß und rutschen – neurologisch gesehen – eine Stufe tiefer in den sogenannten homolateralen oder einseitigen Modus. Das heißt, daß sie ihre bewußte – linke – Hemisphäre für die Koordination der Bewegungen benutzen und nicht die rechte, unbewußte. In diesem „abgeschalteten" Zustand haben sie nur einen Teil ihrer Fähigkeiten zur Verfügung. Es ist der Zustand, in dem die meisten lern- und verhaltensgestörten Kinder sich fast permanent befinden.

Überkreuzbewegungen, am besten nach Musik, helfen diesen Kindern, ihr Energieniveau auszugleichen. Das wiederum fördert ein positives Lernklima in Ihrer Klasse. Die zusätzliche Möglichkeit, vor dem Turnen Akupunkturpunkte zu rubbeln, lasse ich hier außer acht, weil es in diesem Buch nicht um das Behandeln von Lernstörungen geht, sondern mehr um die allgemein aufbauende Wirkung der verschiedenen Übungen.

Überkreuzbewegungen sind all jene, bei denen gleichzeitig rechte und linke Körperseite und obere und untere Körperhälfte aktiviert werden. Das ist der Fall, wenn der rechte Arm – rechts und oben – und das linke Bein – links und unten – gleichzeitig bewegt werden.

Hier die Grundübungen:

Rechte Hand berührt linkes Knie,
linke Hand berührt rechtes Knie usw.

Verschiedene Varianten sind möglich, damit die tägliche Gymnastik nicht eintönig wird. Wichtig ist nur, daß der jeweils unbeschäftigte Arm zurückschwingt, damit die Bewegung wirklich über Kreuz ausgeführt wird.

Die Beine sollten auch schwungvoll und nicht „lahm" gehoben werden. Wenn Sie nach Musik turnen, macht es Spaß und geht leichter. Ich nehme am liebsten Kassetten mit Kindertänzen und englischen Kinderliedern – sie sind irgendwie schmissiger als die deutschen.

Die *Liegende Acht* gibt Energie

Rechte und linke Gehirnhälfte sind verbunden durch das *Corpus callosum*, ein Bündel von 300 Millionen Nervenfasern, über das Informationen aus der einen Hemisphäre der anderen zukommen und umgekehrt. Um erfolgreich und streßfrei lernen zu können, brauchen wir beide Gehirnhälften zur gleichen Zeit und nicht nur abwechselnd die eine oder die andere.

Wenn wir nun lesen oder schreiben, so beginnen wir auf der linken Seite des Blattes, im linken Gesichtsfeld. Die rechte Gehirnhälfte führt und steuert die Augenbewegungen. In der Mitte überlappen die Sehbereiche der beiden Augen einander. Hier kommt es – wie bei einem Staffellauf – zur Stabübergabe, oder sagen wir besser: Es sollte dazu kommen. Wenn im rechten Gesichtsfeld gearbeitet wird, sollte das linke Gehirn die Führung übernehmen. Dafür müssen im Mittelfeld zunächst beide Augen gleichwertig zusammenarbeiten und die Informationen beider Hemisphären zusammenfließen zu einem Bild. Das läßt sich wieder gut mit einem Staffellauf vergleichen, bei dem der nächste Läufer ja auch ein Stück mit demjenigen läuft, der den Stab abgibt, und erst dann alleine weiterläuft, wenn die Übergabe geklappt hat.

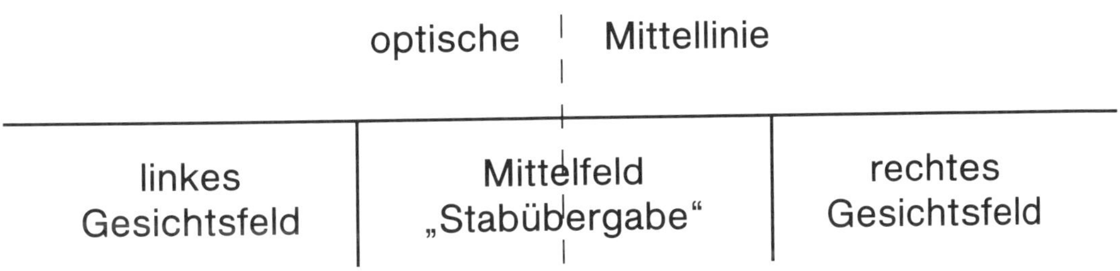

Menschen, die grundsätzlich oder auch wegen einer akuten Streßsituation nicht integriert sind, haben jedoch gerade mit dieser Koordination Schwierigkeiten, weil ihnen nur eine einseitige Arbeitsweise zugänglich ist. Die Folge ist also wieder ein Abschalten, dieses Mal an der Mittellinie einer Zeile, mit darauffolgender Verwirrung, die sich unterschiedlich äußern kann: Entweder werden Buchstaben falsch geschrieben, oder Gelesenes wird nicht oder nur schlecht verstanden und eingeprägt. Es kann auch sein, daß die Schrift gegen Mitte der Zeile zu regelrecht zerfällt oder Buchstaben spiegelbildlich geschrieben oder gelesen werden. Wie auch immer: Die auftretende Verwirrung vergrößert den bereits vorhandenen Streß, und das bedeutet bei Kindern oft, daß sie zappelig und unruhig werden und im Unterricht stören.

Die folgende Übung kann deshalb sehr gut vor dem Schreiben eingesetzt werden, um eine ruhige und ausgeglichene Stimmung in der Klasse zu erzeugen. Sie ist aber unabhängig davon immer sehr wohltuend. Wenn Sie Ihre Schüler dabei beobachten, wird Ihnen auffallen, daß diejenigen, die Lernprobleme haben, auch die Liegende Acht nicht richtig oder gar nicht können. Das wird Sie dann vielleicht dazu motivieren, sich über den hier hergestellten Zusammenhang hinaus mit Kinesiologie zu beschäftigen. Doch nun zuerst zu der Achterübung:

Die Liegende Acht muß in der gezeigten Richtung, *in der Mitte immer nach oben* und am Rand abwärts, nachgefahren werden, denn eine Abwärtsbewegung in der Mitte ist energieschwächend. Diese Möglichkeiten haben Sie:

Liegende Acht in der Luft

... mit der rechten Hand
... mit der linken Hand
... mit beiden Händen

Liegende Acht auf einem Blatt Papier nachfahren

... mit der rechten Hand
... mit der linken Hand
... mit beiden Händen

Liegende Acht mit den Augen

Beide Hände werden so aneinandergelegt, daß die Daumen und Zeigefinger ein dreieckiges Guckloch bilden. Dieses Guckloch wird in einem Abstand von circa 20 Zentimeter vor die Augen gehalten. Kopf und Oberkörper beschreiben die Liegende Acht. Dabei schauen beide Augen dauernd durch das Guckloch.

Liegende Acht mit den Ohren

Ein Arm wird am Ohr „festgeklebt". Kopf, Nacken und Schultern bleiben unbeweglich. Der Oberkörper wird nach vorne gebeugt und so geschwungen, daß der ausgestreckte Arm eine Liegende Acht beschreibt. Dabei schauen die Augen am ausgestreckten Arm entlang in die Ferne.

Die *Cook-Energieübung* gleicht Energien aus und fördert eine positive Einstellung zum Lernen

Diese Übung hat nichts mit Kochen zu tun, sondern sie heißt so nach ihrem Erfinder. Und hier ihr theoretischer Hintergrund:

Wir wissen aus der chinesischen Akupunkturlehre, daß es in unserem Körper verschiedene Meridiane gibt, die so etwas wie „Energieleitungen" sind. Ist nun der Energiefluß in einem oder mehreren Meridianen blockiert, dann kommt es einerseits zu Staus, andererseits aber auch zu Energieüberschüssen. Wir sind eben aus dem Gleichgewicht. Das kann sich auf verschiedene Weise bemerkbar machen.

In unserem Zusammenhang ist besonders von Interesse, daß unausgeglichene Kinder oft zappelig und unkonzentriert sind, nicht die rechte Arbeitshaltung zeigen und schwer zur Ruhe zu bringen sind – eben wegen ihrer Unausgeglichenheit. Gerade wenn es darum geht, in der Klasse eine ruhige, positive Arbeitsatmosphäre zu schaffen, ist diese Übung von großem Wert. Sie gleicht den Energiefluß in den Meridianen aus und wirkt deshalb harmonisierend.

Die Übung besteht aus zwei Teilen. Zuerst werden die unteren, dann die oberen Meridiane ausgeglichen.

Erster Teil:

Dafür gibt es zwei Möglichkeiten. Bei der Arbeit mit der ganzen Klasse bevorzuge ich die einfachere Variante. Wir sitzen mit gekreuzten Knöcheln. Die Hände verschlingen wir folgendermaßen: Arme ausstrecken, an den Handgelenken kreuzen, Handflächen nach innen drehen, gegeneinanderlegen, Finger verschränken. Die verschränkten Hände erst nach innen, dann nach oben drehen. Wir schließen die Augen, legen die Zunge an den Gaumen hinter die Zähne und atmen tief durch. So bleiben wir eine Minute ruhig sitzen.

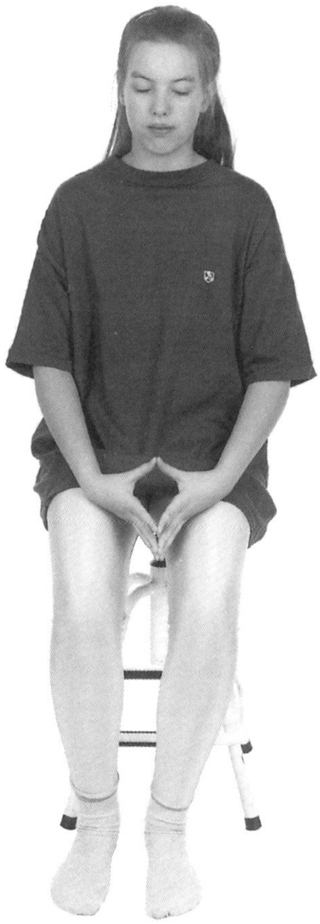

Zweiter Teil:

Wir stellen die Füße nebeneinander auf den Boden. Die Hände legen wir so aneinander, daß sich nur die Fingerspitzen berühren. Wir schließen wieder die Augen, legen die Zunge an den Gaumen und atmen tief durch. Auch in dieser Position bleiben wir eine Minute ruhig sitzen.

Das Berühren der *Streßpunkte* baut Streß ab

Ein wichtiges Ziel des autogenen Trainings ist der Streßabbau. Deshalb wird es mit großem Erfolg bei allen Störungen des vegetativen Nervensystems eingesetzt. In der Schule sind Kinder oft mit Streßsituationen konfrontiert: wenn sie etwas nicht können; wenn sie von sich selbst zuviel verlangen; wenn sie zu lange sitzen müssen; wenn in einem Lernstil unterrichtet wird, der nicht zu ihrem eigenen paßt; wenn es Streit mit anderen Kindern gibt usw. Auch die Lehrer stehen oft unter beachtlichem Streß: wenn die Kinder undiszipliniert sind, wenn die Zeit „davonläuft", wenn es mit einzelnen Schülern Probleme gibt, wenn Unstimmigkeiten im Kollegium auftreten …

Für diese Fälle gibt es eine sehr einfache kinesiologische Übung, die uns hilft, akuten Streß abzubauen, die aber auch ohne besonderen Anlaß wohltuend und harmonisierend wirkt: das Berühren der Streßpunkte. Ich finde es wichtig, Ihnen zu erklären, *warum* diese Übung so wirksam ist, dann bekommen Sie wahrscheinlich eher Lust, sie auch auszuprobieren, als wenn sie Ihnen nur isoliert und ohne die Zusammenhänge beschrieben wird. Dazu ist ein kleiner Exkurs nötig:[15]

> „Der Chiropraktiker Dr. Bennett entdeckte in den dreißiger Jahren, daß es zu allen Organen Reflexpunkte am Kopf gibt und daß ein Berühren dieser Punkte die Blutzufuhr zu den entsprechenden Organen steigert. … Und noch etwas müssen Sie wissen, um verstehen zu können, warum das Berühren dieser Punkte so ausgleichend wirkt. Wir haben bisher immer von der Integration der rechten und linken Gehirnhälfte gesprochen. Hier sollen Sie nun etwas über die Funktionen von Vorderhirn und Hinterhirn erfahren.

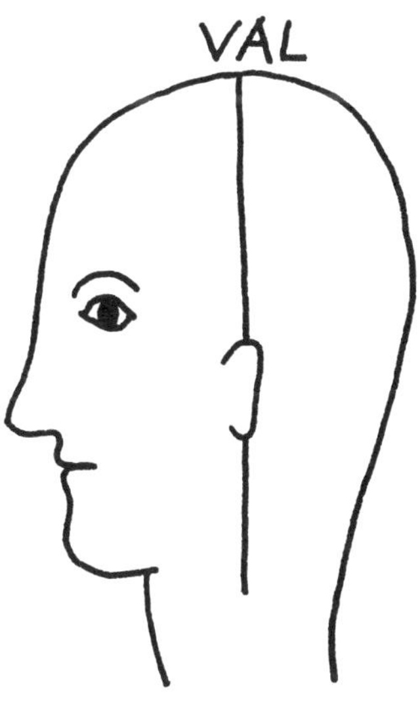

Wenn Sie sich eine vertikale Linie denken, die in der Mitte eines Ohres hochgeht, über den Kopf – wie ein Kopfhörer – hinüberreicht und auf der anderen Seite in der Mitte des Ohres wieder hinunterführt, dann haben Sie die Vertikale Aurikularlinie, die VAL, wie sie abgekürzt heißt. Vor der VAL liegt das Vorderhirn, dahinter das Hinterhirn.

Wir schenken unsere Aufmerksamkeit hier nur den Bereichen, um die es im Zusammenhang mit Streß geht. Da haben wir vor der VAL – direkt hinter der Stirn – die Zone für Bewußtes Assoziatives Denken: ZBAD. Ich benutze lieber die englische Abkürzung CAT –

Conscious Associational Thinking Area –, die finde ich gehirnfreundlicher.

CAT ist vorurteilslos, kennt keine Meinungen, Einschränkungen und Wertungen, ist im Hier und Jetzt, ohne vergangene oder aktuelle Emotionen. Mit CAT erfahren wir die Realität, wie sie ist, und wir können das Beste daraus machen, ohne durch vergangene Erfahrungen gehemmt oder in unserem Aktionsspielraum beschnitten zu werden.

Wenn CAT künstlich stimuliert wird, dann sehen die Versuchspersonen Licht. Und so müssen wir uns das vorstellen: Wenn wir CAT benutzen können, geht uns oft ein Licht auf! Leider ist uns jedoch der Zugang zu dieser Gehirnregion nur selten uneingeschränkt möglich. Sonst wäre es ja ganz leicht, unser Verhalten einfach aufgrund von Einsichten und Erkenntnissen so zu ändern, wie es für uns das beste ist.

Unter emotionaler Belastung kommt es jedoch zu einem ‚Kurzschluß', der Zugang zum Vorderhirn ist uns versperrt, und wir agieren aus dem Hinterhirn. Dort sitzen unsere ‚aus den Höhlen' mitgebrachten Verhaltensmuster, zum Beispiel die Kampf-oder-Flucht-Reaktion, die bei Streß auftritt:

- Die periphere Durchblutung wird schlechter, das Blut dicker, beides für den Fall einer Verletzung, damit erstens nicht soviel Blut verloren wird und es, wenn doch, zweitens schneller gerinnt.
- Die Hauttemperatur sinkt, Hände und Füße werden kälter.
- Blut wird in die langen Körpermuskeln und in die Lungen gepumpt, damit wir schnell fliehen können.
- Hormone werden ausgeschüttet, die den Körper in Alarmbereitschaft versetzen, die Arterien zusammenziehen, das Herz schneller schlagen lassen.
- Die Zahl der weißen Blutkörperchen steigt, für den Fall, daß Infektionen bekämpft werden müssen.
- Die Pupillen erweitern sich, um das Blickfeld zu vergrößern.
- Die Nebennierenrinde produziert Kortikoide, die bewirken, daß die Thymusdrüse schrumpft, die Lymphknoten atrophieren, Entzündungsreaktionen gehemmt werden und Zucker zur Bereitstellung von Energie produziert wird."[16]

Da Streßreaktionen unspezifisch sind, spielt es keine Rolle, ob wir wirklich einer körperlichen Gefahr ausgesetzt sind oder ob diese körperlichen Reaktionen völlig unnötig, ja sogar schädlich sind.

Nun ist unser Körper überschwemmt und vergiftet von Streßhormonen, ohne daß wir diese durch Bewegung, Kampf oder Flucht abbauen, und es kommt zu einer Situation, die wir alle kennen: Wir haben zunächst

einmal *totale Mattscheibe*! Alles ist wie weggeblasen, wir erinnern uns nicht einmal an die selbstverständlichsten Dinge.
Das ist der ideale Zustand, um bei einer Prüfung durchzufallen!"

Wenn wir nun die entsprechenden Reflexpunkte auf unserer Stirn berühren, stimulieren wir dadurch die Blutzufuhr zum Vorderhirn, zu CAT, und verschaffen uns so wieder Zugang zu ruhigem, klarem Denken ohne Vorurteile und Emotionen. Diese Streßpunkte (bei Paul Dennison: „Positive Punkte") finden Sie, wenn Sie von der Mitte der Augenbrauen senkrecht hochgehen, ungefähr auf halber Höhe zwischen diesen und dem Haaransatz, direkt auf den Stirnbeinhöckern. Sie sind bei den meisten Menschen leicht zu ertasten, weil sie wirklich etwas herausstehen.

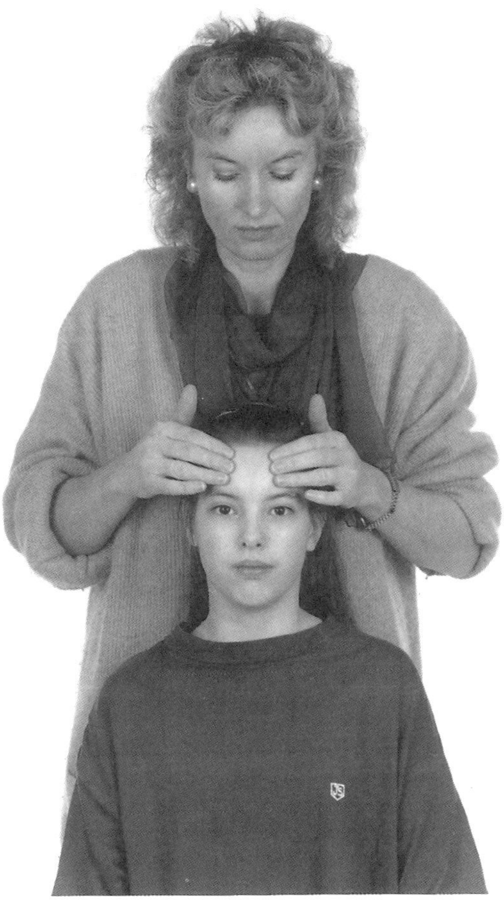

Das Berühren der Streßpunkte können Sie bei den Kindern anwenden. Dazu legen Sie auf jeden der beiden Stirnbeinhöcker einige Fingerkuppen, während das Kind ruhig und tief durchatmet. Die Luft soll nämlich auf keinen Fall angehalten werden.

Unter den Fingerkuppen werden Sie ein leichtes Pulsieren fühlen. Je größer der Streß, desto unterschiedlicher pocht es auf den beiden Seiten. Wenn Kinder sehr erregt sind, klopft und tobt es geradezu in der Stirn. Sie können den seelischen Aufruhr also tatsächlich unter Ihren Fingern spüren. Eine Harmonisierung ist dann erreicht, wenn die Pulse auf beiden Seiten synchron schlagen. Das geht in den meisten Fällen sehr schnell und dauert weniger als eine Minute. Es kann aber auch schon einmal – in Ausnahmefällen – bis zu zehn Minuten dauern.

Wenn eine bestimmte Situation „entschärft" werden soll, ist es gut, während des Haltens der Streßpunkte mit dem Kind darüber zu sprechen. Ich zeige den Kindern bereits in der ersten Klasse, wie sie ihre Streßpunkte selber halten können. Das machen wir dann oft einmal zwischendurch, nach der Pause oder am Ende eines Schultages.

Pink is beautiful – das rosarote Papier

Vor einigen Jahren las ich im Zusammenhang mit der Beschreibung für eine sehr schöne und wirkungsvolle Meditation von der Möglichkeit, mit dem Anschauen der Farbe Rosa eine beruhigende und aggressionsmindernde Wirkung zu erzielen. Daß Farben die Psyche beeinflussen, ist ja eine bekannte Tatsache. Und weil ich gerade zu der Zeit einige sehr aufgedrehte Schüler in meiner Klasse hatte, beschloß ich, gleich die Probe aufs Exempel zu machen. Ich kaufte rosarotes Tonpapier und klebte es an die Wand hinter meinem Pult. Dann brauchte ich gar nicht lange zu warten, bis Gerhard, eine meiner „Nervensägen", wieder anfing, auf seinem Platz herumzuhampeln und alle anderen zu stören. Ich setzte ihn auf einen Stuhl hinter mein Pult und sagte ihm, er solle das rosarote Papier anschauen. Der Unterricht ging weiter, ich beschäftigte mich mit der Klasse und hatte Gerhard auf seinem Platz vor dem rosaroten Papier bald völlig vergessen. Als es zur großen Pause geläutet hatte, gingen alle hinaus. Mich durchfuhr ein richtiger Schreck, als hinter meinem Pult plötzlich ein völlig entrückter Gerhard auftauchte und mich mit einem seligen Lächeln fragte, ob er jetzt auch in die Pause gehen solle.

Mein erster – etwas absurder – Gedanke war: „Den hab ich jetzt kaputtgemacht." Das war so gar nicht der überdrehte, immer herumkaspernde Bub, den ich kannte. Er machte wirklich einen völlig entrückten und seligen Eindruck, so übertrieben Ihnen das vielleicht vorkommen mag, aber ich kann es nicht anders nennen. Ich habe einige Zeit darüber nachgedacht, was wohl Gerhard so beeindruckt haben mag. Die einzige Erklärung, die mir einfiel, war die, daß er es wohl zum ersten Mal erlebte, ruhig und *in sich* zu sein, statt immer zappelig und *außer sich*. Dafür spricht auch die Tatsache, daß er sich in der Folgezeit zu einem regelrechten Meditationskünstler entwickelte, der die tägliche Übung besonders gerne durchführte und sich dabei auch vollkommen konzentrieren konnte.

Ich habe seither das rosarote Papier immer wieder verwendet und oft festgestellt, daß es eine sehr positive Wirkung auf überdrehte Kinder hat. So extrem wie damals Gerhard hat aber keiner meiner Schüler mehr reagiert. Doch gerade aus außergewöhnlichen Erfahrungen können wir viel für den gewöhnlichen Alltag lernen, und so wollte ich Ihnen auch dieses Erlebnis nicht vorenthalten. Vielleicht haben Sie jetzt Lust bekommen, das rosarote Papier auszuprobieren. Besonders gut eignet sich dafür ein warmes, kräftiges Rosa. Ich schneide das Tonpapier (DIN-A2-Format) kreisförmig zu, weil der Kreis noch zusätzlich stabilisierend wirkt.

Sie werden feststellen, daß sich diese Übung für einige Kinder sehr gut, für andere aber wieder gar nicht eignet. Doch ein Versuch lohnt sich bestimmt, denn je mehr Möglichkeiten Sie in Ihrer „Trickkiste" haben, desto erfolgreicher können Sie im Einzelfall reagieren. Und in unserem Beruf gibt es ja „das Richtige" schlechthin sowieso nicht; das weiß jeder, der schon einmal eine „tolle" Stunde in verschiedenen Klassen ausprobieren wollte. Wie sagt doch das Sprichwort: „Was dem einen sin Ul, ist dem andern sin Nachtigall."

Zusammenfassung

Ich habe Ihnen eine Reihe von Möglichkeiten aufgezählt, wie Sie Ruhe und Konzentration in Ihrer Klasse fördern und so den Boden für den Einsatz von Entspannungsübungen bereiten können. Wieviel davon Sie übernehmen wollen, liegt natürlich bei Ihnen. Grundsätzlich gilt: Sie müssen sich wohlfühlen, wenn Sie etwas ändern.

Damit Sie alles auf einen Blick vor Augen haben, stelle ich das Wichtigste hier noch einmal zusammen:

- Das Lehrerverhalten soll Anker für Ruhe und Konzentration setzen.
  Achten Sie auf Ihren Körper und Ihre Stimme,
  ermahnen Sie unruhige Kinder einzeln,
  sprechen Sie wenig.
- Das Klassenzimmer kann zu einem Anker für Ruhe und Konzentration werden.
  Stellen Sie Regeln auf, die im Zimmer immer gelten, auch vor Unterrichtsbeginn.
- Konzentration kann nicht isoliert geübt werden. Sie muß ein Unterrichtsprinzip sein.
- Bauen Sie Inseln der Stille in Ihren Vormittag ein:
  eine Minute still sein,
  eine Nadel auf den Boden fallen hören,
  Stillarbeit wirklich still erledigen,
  erst dann etwas erklären, wenn alle zuhören,
  ein Signal für „sofortige Aufmerksamkeit" einführen.
- Nutzen Sie die beruhigende und konzentrationsfördernde Wirkung von Musik.
- Setzen Sie kinesiologische Übungen ein:
  Überkreuzbewegungen und Übungen mit der Liegenden Acht zur allgemeinen Harmonisierung

Cook-Energieübung für eine positive Arbeitshaltung
Berühren der Streßpunkte zum Streßabbau

- Denken Sie an die Möglichkeit mit dem rosaroten Papier.

Kapitel 3

Die ersten Übungen

Weniger ist oft mehr

Geht es Ihnen auch so, daß Sie in der Begeisterung für eine Sache oft dazu neigen, des Guten zuviel zu tun, und gar nicht merken, daß Sie andere vielleicht überfordern? Ich habe jedenfalls diese Schwäche ganz entschieden. Da ich das aber weiß, achte ich ganz bewußt darauf, die Kinder behutsam und schrittweise an Neues oder Außergewöhnliches heranzuführen. Das hat den großen Vorteil, daß ich – metaphorisch gesprochen – nicht mehr Bälle in die Luft werfe, als ich hinterher auch auffangen kann.

Mit Meditationsübungen betreten wir ein Feld, das für fast alle unsere Schüler *Terra incognita* ist: Stillsein, In-sich-Gehen, dabei auch noch den Körper ruhighalten, das scheint auf den ersten Blick sehr viel verlangt. Gerade deshalb ist es wichtig, daß die ersten Erfahrungen lustvoll sind. Je öfter Sie Entspannungsübungen mit der Klasse durchführen, desto mehr merken die Kinder, daß ihnen das guttut, und desto leichter fällt ihnen dann auch das Mitmachen.

Aber wir befinden uns ja zunächst noch am Anfang unserer Meditationspraxis, und hier gilt: Kurze, aber tägliche Übungen bringen am meisten. Unter kurz verstehe ich ungefähr zwei Minuten. Ob es sich um Erst- oder Viertkläßler handelt, halte ich dabei für unwichtig. Die Fähigkeit und vor allem auch die Bereitschaft, in sich zu gehen und still zu sein, nimmt ja leider nicht proportional mit dem Alter zu. Sonst hätten es Hauptschullehrer wesentlich leichter als Grundschullehrer, und jeder weiß, daß dem ganz und gar nicht so ist.

Ein Kollege, der erst kürzlich einen Volkshochschulkurs über autogenes Training besuchte, berichtete reichlich frustriert, wie störend es sei, daß es vielen Teilnehmern nicht gelinge, sich während der Entspannungsübungen ruhigzuhalten. Es ist für viele Erwachsene einfach ein Ding der Unmöglichkeit, nur dazusitzen, aufzunehmen und auf Empfang zu schalten. Die Unfähigkeit, anderen zuzuhören ist ja bekanntermaßen ein verbreitetes Übel (s. auch S. 14). Und zuhören heißt nichts anderes als auf Empfang zu schalten und darauf zu verzichten, dauernd selber zu senden.

Hier möchte ich unbedingt einen *Exkurs über das Zuhören* einfügen, den ich in diesem Zusammenhang für wichtig und nützlich halte:

Mir ist bei einigen Kollegen, die große Schwierigkeiten hatten, ihre Klassen erziehlich und disziplinär „in den Griff“ zu bekommen, aufgefallen, daß sie keine

Antenne dafür hatten, was die Kinder ihnen eigentlich sagen wollten. Da kann es dann passieren, daß ein Hilferuf losgeschickt wird, der auf völlig taube Ohren stößt und mit sicher gutgemeintem, aber pädagogisch törichtem Gerede buchstäblich niedergewalzt wird. Einige Beispiele hierfür:

Wer wird sich denn da aufregen?
Du bist doch schon ein großes Mädel!
Da brauchst du doch nicht zu weinen!
Du brauchst doch keine Angst zu haben!

Ich weiß nicht, ob *Sie* Kinder kennen, die keinen Kummer oder keine Angst mehr haben, nur weil ihnen von den Erwachsenen gesagt wird, das sei unnötig oder unpassend. Ich kenne jedenfalls keine. Ich kenne aber sehr wohl Kinder, die aus einem Gefühl der Ohnmacht und Hilflosigkeit heraus eine schreckliche Wut bekommen, die dann trotzig, bockig und aggressiv werden. Das ist eben ihre Art, sich zu wehren, und recht haben sie! Einige konkrete Erlebnisse sollen Ihnen verdeutlichen, was genau ich meine.

Der Sohn einer Verwandten hatte eine persönlich sehr sympathische, auch engagierte und fleißige Lehrerin, die aber genau den oben beschriebenen „tauben" Typ verkörperte. Das ist ja gerade das Schlimme, daß Lehrer, die erziehlich keinen Erfolg haben, im Regelfall nette, sympathische Zeitgenossen sind, die sich meist selbst gar nicht erklären können, warum sie mit den Kindern solche Schwierigkeiten haben. Diese Lehrerin nun zeigte in der gutgemeinten Absicht, ihren Schülern die – ohnehin völlig „unnötige" (siehe oben) – Angst vor dem Krankenhaus zu nehmen, im Unterricht einen Film über eine Operation.

Das führte bei einigen Schülern, auch beim Sohn meiner Verwandten, dazu, daß sie geradezu panisch reagierten. Eine verfahrene Situation. Der Fehler, den Kindern einen Film aufzudrängen, den sie allem Anschein nach nicht verkrafteten, war ja schon begangen. Offen gestanden würde ich mir niemals freiwillig einen Film anschauen, in dem eine Operation gezeigt wird. Meinen Schülern würde ich das erst recht nicht zumuten.

Was hätte nun die Lehrerin tun können, nachdem die Milch bereits verschüttet war? – Metaphorisch gesprochen: aufwischen. Im Klartext: mit den Kindern über ihre Angst reden, sie ihnen aber nicht *aus*reden; zugeben, daß man die Wirkung des Films falsch eingeschätzt habe; aus diesem Fehler lernen und ihn *nie mehr wiederholen.*

Was tat sie aber wirklich? Sie *erklärte* den Kindern, wie *unnötig* ihre Angst doch sei, und *zeigte den Film ein zweites Mal!* Wäre sie in der Lage gewesen, die Botschaft der Kinder zu verstehen, hätte das sicher nicht geschehen können. Sie war aber so beschäftigt zu *senden* – „Da braucht ihr euch doch nicht zu fürchten, ..." –, daß sie einfach nicht empfangen konnte, was ihr übermittelt werden sollte: „Wir haben Angst, hilf uns!"

Vielleicht denken Sie sich jetzt: Das ist doch ein bißchen übertrieben, solch einem Vorkommnis große Bedeutung zu geben. Das kann doch einmal passieren. Wenn das eigene Kind betroffen ist, denkt man jedoch sehr schnell anders. Der Sohn meiner Verwandten entwickelte als Folge dieses traumatischen Erlebnisses eine regelrechte Schulphobie, wollte nicht mehr in der Klasse bleiben, begann, die Lehrerin zu fürchten.

Ich hätte auch Angst, wenn ich das Gefühl hätte, jemandem ausgeliefert zu sein, der mich einfach nicht versteht, der auf meine Hilferufe gar nicht reagiert. Ängstliche Kinder brauchen starke Erwachsene, denen sie vertrauen und die in der Lage sind, sie zu beschützen. Wie kann ich jemandem vertrauen, der einfach ignoriert, daß es mir schlecht geht und ich Angst habe?

Ein weiteres Beispiel möchte ich erzählen, das aus den schulischen Erfahrungen meiner Nichte Laura stammt. Laura ist Rechtshänderin und saß in der ersten Klasse neben einer Linkshänderin, und zwar so unpraktisch, daß die Schreibhände beider Mädchen ständig in der Mitte aneinanderstießen. Es ist natürlich absolut richtig, das zu ändern und die Mädchen die Plätze tauschen zu lassen. Das dachte sich wohl Lauras Lehrerin auch, und so tauschte sie kurzerhand eines Morgens die Sachen unter den Bänken aus, ohne vorher etwas zu sagen. Als Laura dann in die Schule kam, hatte man ihr – so empfand sie es – einfach ihren Platz weggenommen. Daraufhin ging sie zur Lehrerin und sagte, sie wolle ihren Platz nicht hergeben.

Die Lehrerin verstand die eigentliche Botschaft nicht, die in etwa lautete: „Ich fühle mich in der Schule nicht sicher, wenn mir da – ohne mich zu fragen – einfach etwas weggenommen wird, was mir gehört. Ich kann dir nicht vertrauen, wenn du meine Rechte und meinen Besitz nicht respektierst."

Auch hier war der Fehler bereits begangen, denn die Lehrerin hätte selbstverständlich vorher mit Laura reden und sie fragen müssen. Wäre sie offen für die Botschaft meiner Nichte gewesen, dann hätte sie aus der Situation aber immerhin noch das Beste machen können, indem sie beispielsweise ihre Entscheidung revidiert und dann eben eine oder zwei Wochen später noch einmal einen Versuch auf freiwilliger Basis gestartet hätte.

So aber tat sie etwas sehr Ungeschicktes: Sie ignorierte völlig Lauras Panik angesichts der Tatsache, daß sie in der Schule einfach ihrer Rechte beraubt wurde, und sagte: „Das kannst du doch machen. Jetzt stell' dich nicht so an. Du mußt doch auch an die andere denken."

Dieses Erlebnis ist nur eines aus einer ganzen Reihe ähnlicher. Wundert es Sie, daß Laura bis zum Ende der zweiten Klasse in so tiefe Konflikte mit ihrer Lehrerin verstrickt war, daß sie jeden Spaß an der Schule verloren hatte, obwohl sie als lernbegierige, erwartungsfrohe und eifrige Schülerin in der ersten Klasse begonnen hatte?

Zuhören und auf Empfang schalten können ist also in mehr als einer Hinsicht von Bedeutung. Damit wir das im übertragenen Sinn können, müssen wir erst ganz vordergründig in der Lage sein zu hören. Weil das nun für die wenigsten Kinder leicht ist, soll es in kleinen Schritten geübt werden. Und damit sind wir wieder bei unserem eigentlichen Thema.

Es ist auch für Dritt- oder Viertkläßler ausreichend, wenn sie es zunächst einmal schaffen, zwei Minuten völlig still zu sein. Sie sehen ja dann selbst, ob Sie die Dauer der Übungen steigern können oder nicht. Ich verlasse mich da immer ganz auf mein Gefühl. Konzentration ist etwas, das man sehr gut spüren kann. Mühsam erzwungene Ruhe erzeugt in mir das Bild eines Topfes, in dem es brodelt und dampft und auf den man mit Gewalt einen Deckel drückt. Echte Ruhe ist wohltuend und erholsam.

Wenn Sie also merken, daß Ihre Klasse zu einigen Minuten echter Ruhe fähig ist, dann bleiben Sie einige Tage, eine Woche oder so lange, wie es Ihnen eben Spaß macht, bei dieser Dauer. Dann machen Sie die Entspannungsübung ein bißchen länger, aber immer nur um soviel, daß Sie sich wohlfühlen.

Mit Kopfkino fängt alles an

Die erste Frage, die bei den meisten Kollegen auftaucht, wenn es darum geht, daß sie mit Entspannungsübungen anfangen wollen, ist: „Was muß ich denn da genau machen?“ Es ist sicher nicht damit getan, eine fertige Phantasiereise zu nehmen, zu den Kindern zu sagen „Jetzt macht einmal alle die Augen zu“ und dann vorzulesen. Bei diesem Vorgehen ist der Mißerfolg schon programmiert. Ich kann schließlich nicht das, was die Kinder erst einmal lernen sollen, als bereits vorhanden voraussetzen, nämlich die Fähigkeit, in sich zu gehen, hinzuhören, still zu sein.

Nun glauben Sie aber bitte ja nicht, es sei sehr schwer, mit den ersten Entspannungsübungen zu beginnen. Es ist ganz im Gegenteil viel einfacher, als meist angenommen wird. Das fanden zumindest die beiden Kolleginnen an meiner Schule, in deren Klassen ich einige Stunden hielt, die an das Thema Meditation heranführten.

Zuerst einmal braucht das Kind einen Namen. Ich habe mir den Begriff „Kopfkino“ ausgedacht. Er ist bildhaft, verständlich und beschreibt genau, was wir machen: Kino im Kopf. Unter Kopfkino verstehe ich kurze und einfache Übungen mit kindgemäßen Inhalten, die in erster Linie den Zweck haben, die Kinder daran zu gewöhnen, sich mit geschlossenen Augen etwas zu denken und vorzustellen. Sollten Sie das Gefühl haben, das sei nichts für Sie, dann suchen Sie sich für den Anfang eben eine andere der beschriebenen Möglichkeiten aus. Wichtig ist nur, daß die ersten Übungen kurz und auch einfach sind. Abstraktere Inhalte – wie Schwere- und Wärmeübungen, Farbübungen, Schutzübungen – sollen erst später kommen.

Zu denjenigen Übungen in diesem Buch, in denen ich mit „gelenktem Atmen“ arbeite, möchte ich hier eine grundsätzliche Vorbemerkung machen: Mir ist bekannt, daß man solche Atemanweisungen „eigentlich“ (bei Erwachsenen) nicht geben sollte, da sie das Ent-spannen eher behindern. Allerdings sind sie nach meinen Erfahrungen für die meisten Kinder durchaus hilfreich; und wenn ein Kind *nicht* damit zurechtkommt, dann atmet es ohnehin mit seinem eigenen Rhythmus und läßt sich dadurch nicht beirren.

Ich habe mit den nachstehend aufgeführten „Kopfkinos" gute Erfahrungen gemacht. Eine Kollegin, die in diesem Schuljahr damit begonnen hat, ist ganz begeistert, weil ihre Klasse viel ruhiger und ausgeglichener geworden ist. Die Texte sollen als Vorschläge verstanden werden. Sie können beliebig gekürzt werden, wenn sie Ihnen zu lang sind. Es kommt ja auch immer darauf an, wie schnell Sie lesen, welche Pausen Sie zwischen den einzelnen Sätzen machen. Schauen Sie auf die Uhr, achten Sie auf die Stimmung in der Klasse und vertrauen Sie Ihrem Gefühl.

Alle aufgeführten Kopfkinos können einfach beendet werden, wenn die Zeit um ist oder wenn Sie es für richtig halten: Es spielt einfach keine Rolle, ob der Hase, der im Feld den Salat frißt, auch noch ein Männchen macht, bevor er davonhoppelt, ob eine oder mehrere Raupen Purzelbäume schlagen, ob das Orangenmännchen kürzer, länger oder gar nicht tanzt. Gerade die Kopfkinos mit dem Orangenmännchen sind übrigens besonders beliebt bei den Kindern.

So könnte der genaue Ablauf der allerersten Kopfkinoübung in einer ersten oder zweiten Klasse aussehen:

(In einer dritten oder vierten Klasse würde ich wahrscheinlich die ersten Sätze anders formulieren. Das käme auf die konkrete Situation an. Ich ließe mich auch da wieder von meinem Gefühl leiten.)

Das Orangenmännchen

Lehrer: Heute lernt ihr etwas, was sehr wichtig ist für euer Gehirn, damit ihr gut lernen und denken könnt. Außerdem ist es etwas, was den meisten Kindern Spaß machen wird. Wir machen uns ein Kino im Kopf drinnen, ein Kopfkino.

Dabei müßt ihr aber ganz still sein. Ihr dürft erst wieder reden, wenn das Kopfkino vorbei ist. Manchmal wird es auch lustig sein. Dann dürft ihr euch leise darüber freuen. Lautes Lachen geht aber nicht, das würde zu sehr stören. Sperrt also einmal alle zusammen euren Mund zu. Jetzt macht ihr die Augen zu...

Text der Übung:

(An den gepunkteten Stellen machen Sie immer eine kleine Pause, so lange, wie es Ihrem Empfinden nach richtig ist.)

> *Denk dir im Kopf drinnen wie auf einer großen Kinoleinwand eine schöne, runde Orange. ... Die Orange hat eine glänzende Schale und ist leuchtend orangerot. ... Wenn du die Orange in deinem Kopf drinnen gut sehen kannst, dann hebst du leise die Hand. ...*
> *Jetzt kannst du die Hand wieder herunternehmen. Die Orange in deinem Kopf duftet auch ganz herrlich. Riech' an der Orange, atme den guten Duft ein. ... Wenn du den Duft riechen kannst, dann hebst du wieder ganz leise die Hand. ... Jetzt kannst du die Hand wieder herunternehmen.*
> *Schau dir wieder genau die Orange an. Sie bekommt plötzlich zwei winzige Füßchen. ... Auf denen läuft sie hin und her, hin und her. ... Jetzt wachsen ihr auch noch zwei kleine Arme. Mit denen winkt sie dir zu. ... Auf einmal hat die Orange zwei Augen und einen großen Mund. Der Mund lacht ganz lustig. ... Die Augen zwinkern dir zu. ...*
> *Das Orangenmännchen dreht sich um und läuft davon. Es winkt dir die ganze Zeit noch lustig zu. ...*
> *Mach deine Augen wieder auf.*

Die Kinder dürfen jetzt von ihren Erfahrungen berichten, wie gut sie alles sehen konnten usw.

Die Übung mit dem Orangenmännchen ist ausbau- und wandlungsfähig. Einige weitere Möglichkeiten möchte ich noch vollständig wiedergeben, weil es gerade am Anfang praktisch ist, wenn Sie den Verlauf einfach ablesen können. Das Ziel dieses Buches ist es allerdings nicht, Ihnen nur fertige Vorlagen zu liefern, sondern Sie sollen genügend Stoff und „Know-how" vermittelt bekommen, um sich schließlich Ihre eigenen Übungen, genau passend für Ihre Klasse, auszudenken.

Das Orangenmännchen tanzt

Lehrer: Gestern haben wir ein Kopfkino gemacht. Da hast du das Orangenmännchen gesehen. Heute lassen wir es wieder kommen, aber es macht etwas anderes als gestern. Du weißt ja schon, daß du still sein mußt, solange das Kopfkino dauert. Erst hinterher darfst du wieder reden. Wir sperren jetzt also alle miteinander den Mund zu. Alle Kinder schließen die Augen.

Text der Übung:

Du hast in deinem Kopf wieder eine große Kinoleinwand, und auf der siehst du eine schöne, runde, orangerote Orange. ... Wenn du die Orange sehen kannst, hebst du ganz leise die Hand. ... Du kannst die Hand wieder herunternehmen.
Jetzt riech' an der Orange und atme tief den Duft ein: einmal ... und noch einmal ... und noch einmal. ... Wenn du den Duft riechen kannst, dann heb' leise die Hand. ... Du kannst die Hand wieder herunternehmen. Die Orange bekommt jetzt ganz winzige Füße und Arme. Schau sie dir an, wie lustig sie dasteht. ... Jetzt bekommt sie auch noch zwei Augen und einen großen Mund. ... Und da steht jetzt das Orangenmännchen. Es zwinkert dir mit einem Auge lustig zu. ... Jetzt winkt es dir. ... Plötzlich fängt es an zu tanzen, hin und her und hin und her nach dieser Musik (Lehrer singt):

Jetzt dreht es sich immer im Kreis herum, wieder nach der Musik:

Ram, tata tata, ram tata tata,
ram tam tam tam tam tam tam
tam,
ram, tata tata, ram . . . .

Und zum Schluß winkt es dir noch zu.
Mach deine Augen wieder auf.

Das Orangenmännchen und die Zitronenfrau

Heute bekommt das Orangenmännchen eine Freundin, damit es nicht immer so alleine ist. Ihr wißt ja jetzt schon ganz gut, wie das Kopfkino geht. Zuerst einmal sperren alle den Mund zu. Dann schließen alle Kinder die Augen.

Text der Übung:

In deinem Kopf hast du wieder eine große Kinoleinwand. Auf der Leinwand erscheint das Orangenmännchen. Es hat zwei winzige Arme, zwei winzige Beine, zwei Augen und einen lustigen Mund. ... Schau es dir genau an. ... Wenn du es gut sehen kannst, dann hebst du leise die Hand. ... Du kannst die Hand wieder herunternehmen.

Jetzt spaziert das Orangenmännchen auf und ab und blinzelt dir mit einem Auge zu. ... Plötzlich steht eine Zitrone neben dem Orangenmännchen, eine knallgelbe, längliche Zitrone, eine Zitronenfrau. Schau sie dir gut an. ... Wenn du die Zitrone sehen kannst, hebst du leise die Hand. ... Du kannst die Hand wieder herunternehmen.

Die Zitrone bekommt auch Beine und Arme. ... Sie geht ganz langsam und vornehm auf und ab. ... Jetzt bekommt sie noch zwei Augen und einen Mund. Aber der Mund ist nach unten gezogen, so als hätte die Zitrone ganz schlechte Laune. ... Das Orangenmännchen geht zu der Zitronenfrau und nimmt sie an den Händen. Jetzt tanzen alle beide nach unserer Melodie:

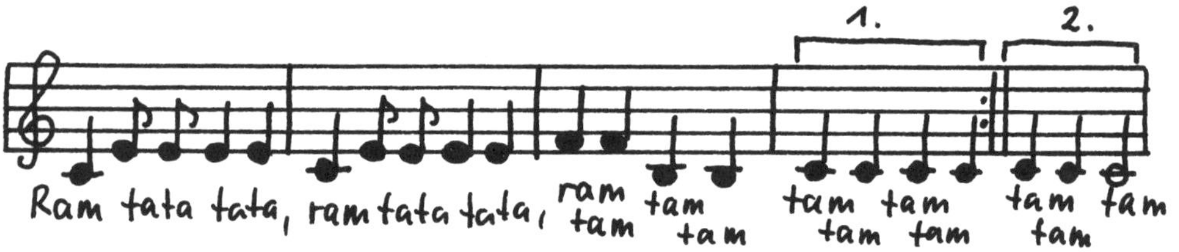

Die Zitronenfrau schaut jetzt schon viel lustiger aus. Die beiden tanzen noch einmal. Immer toller schwenkt das Orangenmännchen die Zitronenfrau herum. Immer lustiger wird die Zitronenfrau.

Jetzt winken dir beide lustig zu.
Mach deine Augen wieder auf.

Weitere Beispiele für Kopfkinos

Als Kopfkino können Sie alles nehmen, was Ihnen einfällt. Ich mag gerade für den Anfang gerne Inhalte, die die Kinder nicht aus eigener Anschauung kennen, sondern die sie sich wirklich vorstellen müssen. Hier noch einige Beispiele, die Sie nach den obigen Mustern leicht entsprechend verpacken können:

Ein großer, leuchtendgrüner Salatkopf ...

... erscheint auf der Leinwand. Auf einem Blatt klettert eine Raupe nach oben. Sie zieht sich zusammen und dehnt sich aus, zieht sich zusammen und dehnt sich aus. Ihr ganzer Körper ist mit einem feinen, weichen Pelz überzogen. Die Raupe verschwindet hinter einem Blatt. Sie beginnt zu fressen und frißt ein Loch in das Blatt. Durch dieses Loch schaut sie. Jetzt macht sie aus dem Loch heraus einen Purzelbaum und rutscht über das Blatt herunter. Viele andere Raupen kommen und machen auch Purzelbäume durch das Loch im Salatblatt.

Ein Hund ...

... erscheint auf der Leinwand. Er hat eine Brille auf der Nase. Der Hund läuft auf eine schöne, grüne Wiese und setzt sich hin. Plötzlich hat er ein dickes Buch zwischen den Vorderpfoten. Er schlägt es auf und beginnt laut zu lesen. Da kommen viele kleine Hunde, setzen sich um ihn herum und hören zu.

Meiner Erfahrung nach lieben Kinder alle Übungen, in denen Tiere vorkommen. Dafür gibt es unzählige Möglichkeiten. Ihrer Phantasie sind keine Grenzen gesetzt:

Ein Ei ...

... erscheint. Von innen pocht es gegen die Schale. Die Schale springt auf. Wir sehen den Kopf eines Kükens. Der gelbe Flaum auf dem Kopf ist ganz naß. Das Küken zappelt. Die Schale bricht weiter. Es kann jetzt herauskriechen. Es ist am ganzen Körper naß und sitzt ganz klein und zittrig da. Ein warmer Wind weht und bläst das Küken trocken. Der Flaum wird jetzt ganz dicht und wollig und gelb. Das Küken sieht aus wie ein winziger Wollknäuel. Es fängt an zu piepsen. Da kommt die große Henne. Das Küken läuft mit ihr weg.

Ein Frosch ...

... sitzt am Ufer eines Weihers. Er ist schlammfarben und hat zwei kugelrunde Augen, richtige Glotzaugen. Jetzt fängt er an zu quaken. Ein zweiter Frosch kommt, setzt sich neben ihn und quakt mit. Die beiden machen ein richtiges Froschkonzert. Dann springt der erste Frosch ins Wasser. Es macht „Platsch!" Der zweite Frosch springt auch hinein. Die beiden Frösche klettern auf Seerosenblätter, jeder auf eines. Da bleiben sie sitzen und ruhen sich aus.

Nach diesen Beispielen wissen Sie bestimmt, wie Sie ein Kopfkino gestalten können. Deshalb genügt es sicher, wenn ich Ihnen die weiteren Anregungen nur noch in Form von Stichpunkten gebe.

Bienen sammeln Nektar ...

... fliegen von Blüte zu Blüte – bekommen immer mehr Blütenstaub an ihre Höschen – fliegen schwer beladen zum Bienenstock zurück.

Ente läuft mit ihren Jungen zum Bach ...

... alle steigen ins Wasser – schwimmen lustig herum – spielen im Wasser Fangen.

Hase kommt aus dem Wald ...

... läuft in ein Feld mit lauter Salatköpfen – setzt sich hin und frißt von den Blättern – ganz schnell bewegen sich seine Lippen auf und ab – er mümmelt – er hört etwas und macht Männchen – er verschwindet wieder im Wald.

Wiese ...

... unter dem Gras bewegt sich etwas – Erde wird aufgeworfen – der Erdhaufen wird größer – ein Maulwurf schaut heraus – schwarzes, samtiges Fell – rosarote Vorderpfoten, wie kleine Schaufeln – Maulwurf verschwindet wieder unter der Erde.

Märchen und Kinderbücher liefern Stoff

Aus dem vorigen Abschnitt ist sicher deutlich geworden, daß die Inhalte der Entspannungsübungen sehr wichtig sind. Sie müssen zunächst unbedingt handlungsbetont sein. Das Stillhalten und In-sich-Gehen ist für den Anfang Ziel genug. Wenn ich in fremden Klassen, die keine derartige Praxis haben, Meditationsstunden „herzeige", dann verbinde ich die Entspannungsübung gerne mit dem Vorlesen einer Geschichte oder eines Märchens und einer passenden Aktivität wie zum Beispiel Malen, Singen oder Tanzen.

Selbstverständlich kommen auch meine eigenen Klassen in den Genuß derartiger Stunden. Was ich mit den „fremden Klassen" sagen will, ist nur, daß es bei der Einbettung in eine passende Unterrichtseinheit besonders leicht wird, eine kleine Meditation durchzuführen. Natürlich haben Sie dafür nicht jeden Tag Zeit, aber wenn Sie gelegentlich eine Musik- oder Zeichenstunde auf diese Weise gestalten, wird das bestimmt ein Gewinn für Sie und Ihre Kinder sein.

Das Märchen vom Rotkäppchen

Ich habe eine Schwäche für das Märchen vom Rotkäppchen. Wie bei allen Märchen finde ich es auch hier so tröstlich, daß alles gut ausgeht, daß das Böse am Ende vernichtet wird und das kleine Mädchen trotz seines Ungehorsams schließlich zu den Siegern gehört. Wenn ich dagegen an die Struwwelpeter-Geschichten von Heinrich Hoffmann denke, dann schüttelt es mich richtig. Was passiert da nicht alles an Scheußlichkeiten: Daumen werden abgeschnitten, Kinder verbrennen oder werden auf Nimmerwiedersehen irgendwohin in die Luft geblasen. Nein – ich halte es ganz entschieden mit den Märchen, und ich kann auch überhaupt nicht finden, daß sie grausam sind. Sie befriedigen das in den Kindern sehr stark vorhandene Bedürfnis nach Gerechtigkeit und zeigen, daß auch der Kleine, Schwache oder vordergründig „Dumme" im Leben eine Chance hat.

Deshalb macht es auch nichts, wenn Sie Märchen vorlesen, die die Kinder bereits gut kennen, im Gegenteil. Das therapeutische Element wird durch Wiederholung nur noch wirksamer. Weil ich sehr allergisch dagegen bin, daß bei der Ankündigung einer Geschichte herausgerufen wird: „Kenne ich schon!", beuge ich dem vor und sage:

> „Ihr hört jetzt ein Märchen, das ihr wahrscheinlich alle schon gut kennt. Aber Märchen sind ja nicht nur schön, wenn sie neu und unbekannt sind, ganz im Gegenteil! Je besser man sie kennt, um so schöner werden sie. Ich höre jedenfalls besonders gern meine Lieblingsmärchen, die ich schon ganz gut kenne. Und so ein Lieblingsmärchen, das ihr bestimmt auch schon oft gehört habt, werde ich euch jetzt vorlesen. Ihr braucht mir auch gar nicht zu sagen, ob ihr davon eine Kassette habt oder ein Buch oder ein Video. Ihr sollt einfach zuhören. Ich lese für euch die Geschichte vom Rotkäppchen."

Sie hätten sicher selbst ein Märchenbuch, aus dem Sie vorlesen könnten. Ich finde aber, daß es gerade dann, wenn man in ein neues Gebiet einsteigt, sehr praktisch ist, wenn man alles beisammen hat, ohne lange suchen und blättern zu müssen. Deshalb folgt hier der Text des Märchens in der Grimmschen Fassung, mit kleinen Änderungen. (Dabei wurde – wie auch bei den folgenden Märchen – nichts Grundsätzliches verändert; es wurden lediglich etwas altväterische Ausdrücke und langatmige Stellen vereinfacht, um die Handlung für alle, auch für weniger sprachgewandte Kinder verständlich zu machen.)

*

Rotkäppchen

Es war einmal ein süßes kleines Mädchen, das hatte jeder lieb, der es nur ansah. Am allerliebsten aber hatte es seine Großmutter, die wußte gar nicht, was sie dem Kind alles geben sollte. Einmal schenkte sie ihm ein Käppchen von rotem Samt, und weil ihm das so gut stand und es nichts anderes mehr tragen wollte, hieß es nur das Rotkäppchen. Eines Tages sprach seine Mutter zu ihm: „Komm, Rotkäppchen, da hast du ein Stück Kuchen und eine Flasche Wein, bring das der Großmutter hinaus; sie ist krank und schwach und wird sich daran laben. Mach dich auf, bevor es heiß wird, und wenn du hinauskommst, so geh hübsch sittsam und lauf nicht vom Weg ab, sonst fällst du und zerbrichst das Glas, und die Großmutter hat nichts. Und wenn du in ihre Stube kommst, so vergiß nicht, guten Morgen zu sagen, und guck nicht erst in allen Ecken herum." – „Ich will schon alles gut machen", sagte Rotkäppchen zur Mutter und gab ihr die Hand darauf.

Die Großmutter aber wohnte draußen im Wald, eine halbe Stunde vom Dorf. Wie nun Rotkäppchen in den Wald kam, begegnete ihm der Wolf. Rotkäppchen aber wußte nicht, was das für ein böses Tier war, und fürchtete sich nicht vor ihm. „Guten Tag, Rotkäppchen", sprach er. „Schönen Dank, Wolf." – „Wohinaus so früh, Rotkäppchen?" – „Zur Großmutter." – „Was trägst du unter der Schürze?" – „Kuchen und Wein; gestern haben wir gebacken; da soll sich die kranke und schwache Großmutter etwas zugut tun und sich damit stärken." – „Rotkäppchen, wo wohnt deine Großmutter?" – „Noch eine gute Viertelstunde weiter im Wald, unter den drei großen Eichbäumen, da steht ihr Haus, unten sind die Nußhecken, das wirst du ja wissen", sagte Rotkäppchen.

Der Wolf dachte bei sich: „Das junge, zarte Ding, das ist ein fetter Bissen, der wird noch besser schmecken als die Alte, du mußt es listig anfangen, damit du beide erschnappst." Da ging er ein Weilchen neben Rotkäppchen her; dann sprach er: „Rotkäppchen, sieh einmal die schönen Blumen, die ringsumher stehen. Ich glaube, du hörst gar nicht, wie die Vöglein so lieblich singen? Du gehst ja für dich hin, als wenn du zur Schule gingst, und dabei ist es so lustig hier draußen im Wald."

Rotkäppchen schlug die Augen auf, und als es sah, wie die Sonnenstrahlen durch die Bäume hin und her tanzten und alles voll schöner Blumen stand, dachte es:

„Wenn ich der Großmutter einen frischen Strauß mitbringe, der wird ihr auch Freude machen; es ist so früh am Tag, daß ich doch zu rechter Zeit ankomme", lief vom Wege ab in den Wald hinein und suchte Blumen. Und wenn es eine gebrochen hatte, meinte es, weiter hinaus stände eine schönere, und geriet immer tiefer in den Wald hinein.

Der Wolf aber ging geradewegs nach dem Haus der Großmutter und klopfte an die Tür. „Wer ist draußen?" – „Rotkäppchen, das bringt Kuchen und Wein, mach auf." – „Drück nur auf die Klinke", rief die Großmutter, „ich bin zu schwach und kann nicht aufstehen." Der Wolf drückte auf die Klinke, die Tür sprang auf, und er ging, ohne ein Wort zu sprechen, gerade zum Bett der Großmutter und verschluckte sie. Dann tat er ihre Kleider an, setzte ihre Haube auf, legte sich in ihr Bett und zog die Vorhänge vor.

Rotkäppchen aber war nach den Blumen herumgelaufen, und als es so viel zusammen hatte, daß es keine mehr tragen konnte, fiel ihm die Großmutter wieder ein, und es machte sich auf den Weg zu ihr. Es wunderte sich, daß die Tür aufstand, und wie es in die Stube trat, so kam es ihm so seltsam darin vor, daß es dachte: „Ei, du mein Gott, wie ängstlich wird mir's heut zumut, und ich bin sonst so gerne bei der Großmutter!" – Es rief „Guten Morgen", bekam aber keine Antwort. Darauf ging es zum Bett und zog die Vorhänge zurück. Da lag die Großmutter und hatte die Haube tief ins Gesicht gesetzt und sah so wunderlich aus. „Ei, Großmutter, was hast du für große Ohren?" – „Daß ich dich besser hören kann." – „Ei, Großmutter, was hast du für große Augen?" – „Daß ich dich besser sehen kann." – „Ei, Großmutter, was hast du für große Hände?" – „Daß ich dich besser packen kann!" – „Aber, Großmutter, was hast du für ein entsetzlich großes Maul?" – „Daß ich dich besser fressen kann." Kaum hatte der Wolf das gesagt, so tat er einen Satz aus dem Bette und verschlang das arme Rotkäppchen.

Wie der Wolf sein Gelüsten gestillt hatte, legte er sich wieder ins Bett, schlief ein und fing an, überlaut zu schnarchen. Der Jäger ging eben an dem Haus vorbei und dachte: „Wie die alte Frau schnarcht, du mußt doch sehen, ob ihr was fehlt." Da trat er in die Stube, und wie er vor das Bette kam, so sah er, daß der Wolf darin lag. „Finde ich dich hier, du alter Sünder", sagte er, „ich habe dich lange gesucht." Nun wollte er seine Büchse anlegen, da fiel ihm ein, der Wolf könnte die Großmutter gefressen haben, und sie wäre noch zu retten, schoß nicht, sondern nahm eine Schere und fing an, dem schlafenden Wolf den Bauch aufzuschneiden.

Wie er ein paar Schnitte getan hatte, da sah er das rote Käppchen leuchten, und noch ein paar Schnitte, da sprang das Mädchen heraus und rief: „Ach, wie war's so dunkel in dem Wolf seinem Leib!" Und dann kam die alte Großmutter auch noch lebendig heraus. Rotkäppchen aber holte geschwind große Steine, damit füllten sie dem Wolf den Leib, und wie er aufwachte, wollte er fortspringen, aber die Steine waren so schwer, daß er gleich niedersank und sich tot fiel.

Da waren alle drei vergnügt; der Jäger zog dem Wolf den Pelz ab und ging damit heim; die Großmutter aß den Kuchen und trank den Wein, den Rotkäppchen gebracht hatte, und erholte sich wieder; Rotkäppchen aber dachte: „Du willst dein Lebtag nicht wieder allein vom Wege ab in den Wald laufen, wenn dir's die Mutter verboten hat.“

*

Wir unterhalten uns ein bißchen über die Handlung des Märchens (muß aber nicht sein), und dann machen wir ein Kopfkino zu der Geschichte. Sagen Sie den Kindern, daß sie jetzt in den Wald gehen dürfen, in dem Rotkäppchen die vielen bunten Blumen gepflückt hat. Diese Übung dauert länger als zwei Minuten. Das klappt aber, wenn Sie vorher die Geschichte vorlesen. Anscheinend fällt im Zusammenhang mit dem Vorlesen die nachfolgende Konzentration leichter. Hier der genaue Text der Übung:

Wir machen alle die Augen zu. In deinem Kopf siehst du auf einer Leinwand eine schöne, grüne Wiese. Schau dir die Wiese genau an. Es gibt auch Blumen darauf. Wenn du die Wiese gut sehen kannst, dann hebst du leise die Hand. ... Du kannst die Hand wieder herunternehmen. Am Rand der Wiese beginnt ein großer, dunkler Wald. Du gehst über die Wiese und direkt auf den Wald zu. Jetzt bist du am Waldrand. In den Wald hinein führt ein schmaler Weg. Du gehst auf dem Weg weiter, hinein in den Wald. ... Im Wald ist es ein bißchen dämmrig, so richtig kuschelig. Du hast überhaupt keine Angst. Jetzt schaust du dich ein bißchen um. Da siehst du rechts und links vom Weg viele bunte Blumen im Moos: rote, gelbe, weiße und blaue Blumen. ... Du gehst vom Weg herunter, auf die Blumen zu. Vor dir steht eine besonders schöne, große Blume. ... Schau sie dir genau an. ... Welche Farbe hat sie? ... Riech an ihr. Du pflückst die Blume. ... Jetzt gehst du weiter zu einer anderen Blume. Die pflückst du auch. ... Du hast jetzt Zeit zum Blumenpflücken, bis du meine Stimme wieder hörst. Mach dir einen schönen bunten Strauß. ... Du hast dir einen wunderschönen Blumenstrauß gepflückt, den hältst du in der Hand. Schau ihn dir noch einmal genau an. Welche Farben haben deine Blumen? ... Wie duften sie? Riech an dem Strauß, stecke richtig dein Gesicht hinein. ... Jetzt gehst du, mit deinem Blumenstrauß in der Hand, zurück auf den Waldweg. Du gehst wieder hinaus aus dem Wald. ... Du bist auf der großen Wiese. Da scheint hell die Sonne. In einem Augenblick zähle ich bis drei. Bei drei machst du die Augen auf und bist wieder in der Klasse. Eins – atme einmal tief durch, ... zwei – bewege dich ein bißchen, ... drei – die Augen auf.

Im Anschluß an diese Übung ist es sehr wichtig, daß die Kinder erzählen dürfen, was sie gesehen haben. Wir sprechen zuerst darüber, wie ihnen das Kopfkino gefallen hat. Einige mögliche Fragen:
Hattest du in deinem Wald Angst?
Welche Farben hatten die Blumen in deinem Wald?
Zeige mir mit den Händen, wie groß dein Blumenstrauß war.
Wie haben deine Blumen geduftet?

Nach dem Gespräch malen wir mit Wachsmalkreiden ein Bild vom Wald, in dessen Moos die bunten Blumen leuchten.

In meiner Kinderzeit besaß ich eine Schallplatte mit der Geschichte vom Rotkäppchen, die ich sehr liebte und oft und oft hörte. Von ihr stammt das folgende Lied, das ich aus der Erinnerung aufschreibe. Die zweite und dritte Strophe habe ich dazugedichtet.

2. Im Wald sind viele Blumen, die leuchten bunt und schön. Ich lauf herunter vom Wege, denn ich will die Blumen sehn.
3. Der Wolf, der will uns fressen, die Großmutter und mich. Zum Glück hat alles ein gutes Ende, alle freuen sich.

Dieses Lied singen wir und begleiten es rhythmisch auf ganz einfache Weise mit einigen Orff-Instrumenten. Natürlich sind die Instrumente nicht unbedingt „nötig“. Es macht aber Spaß, mit ihnen zu spielen, und gibt außerdem allen Liedern mehr „Pfiff“.

Das Märchen vom Wolf und den sieben Geißlein

Zum Vorlesen mit einer anschließenden Entspannungsübung eignen sich viele Märchen, meiner Meinung nach jedes, das Ihnen persönlich gut gefällt. Ich habe hier natürlich diejenigen ausgesucht, die ich besonders mag. Da wir uns ja auf einer tieferen Ebene mit der Botschaft eines Märchens beschäftigen, finde ich es wichtig, daß ich diese Botschaft auch überzeugt vermitteln kann.

Ich halte es mit den Kleinen und Schwachen, und ich weiß auch, daß die vordergründig Starken, die „Machos", Maulhelden, Wichtigtuer oder Raufbolde nicht die wirklich Starken sind. Deshalb lese ich gerne Märchen, in denen mit dem Wolf, der die Verkörperung des Bösen und Bedrohlichen schlechthin darstellt, kurzer Prozeß gemacht wird, wie beim „Wolf und den sieben Geißlein". Auch hier wird der starke, listige und böse Wolf zum Schluß von den viel schwächeren Geißlein besiegt. Außerdem ist die Mutter diejenige, die weiß, wie sie ihre Jungen retten kann – das finde ich sehr tröstlich. Eine starke Mutter, die auch aus gefährlichen Situationen einen Ausweg findet – wer wollte das nicht? Diese meine Meinung über den Sinn des Märchens soll nun aber keine Interpretation im wissenschaftlichen Sinn darstellen. Ich äußere hier nur auf völlig subjektiver Ebene das, was mir sozusagen ins Auge springt.

Daß der Wolf für die Kinder tatsächlich eine emotional sehr stark besetzte Figur mit großer unbewußter Bedeutung ist, habe ich bei meinem letzten Theaterprojekt wieder einmal ganz deutlich gesehen. Im Sommer spielte ich mit meinen 31 Erstkläßlern das Märchen vom Wolf und den sieben Geißlein. Da ich bei einem derartigen Vorhaben die Art der Rollenverteilung für besonders wichtig halte, wende ich immer entsprechend viel Zeit dafür auf.[17] Jedes Kind sagt, was es am liebsten und was es auf keinen Fall darstellen möchte. Die Entscheidung, wer letztendlich welche Rolle übernimmt, wird erst nach ausgiebigem „Palavern" getroffen.

Bei dem Märchen vom Wolf und den sieben Geißlein wollten nun vier Kinder unbedingt den Wolf und nichts anderes als den Wolf spielen. Bei jedem dieser Kinder lag ein triftiger Grund dafür vor:

- Marian war erst vor zwei Jahren mit seinen Eltern aus Polen gekommen. Obwohl er schon fließend Deutsch sprach und sich auch in die Klasse gut eingegliedert hatte und von seinen Mitschülern akzeptiert wurde, litt er doch darunter, daß die Deutschen, die in der Nachbarschaft seiner Familie wohnten, sich eher zurückhaltend gaben und er Probleme hatte, am Nachmittag Kinder zum Spielen zu finden.
- Natascha hatte einen älteren Bruder, der sie schrecklich piesackte, verprügelte, ihr bei den Hausaufgaben keine Ruhe ließ und sie sogar auf dem Schulgelände verfolgte, ihr die Pausenbrote wegnahm usw. Die alleinerziehende Mutter bekam das Problem nicht in den Griff.
- Thomas hatte sich verzögert entwickelt, hatte deutliche Probleme im fein- und grobmotorischen und im sprechmotorischen Bereich. Es bereitete ihm Mühe,

sich deutlich zu artikulieren. Dabei war er sehr intelligent und ehrgeizig und litt furchtbar darunter, daß er manches nicht so gut konnte wie die anderen.

- Markus hatte eine extrem niedrige Frustrationstoleranz, glaubte – obwohl von guter Intelligenz – immer, er sei zu dummm oder zu ungeschickt für alles, war dann gleich völlig verzweifelt, warf seine Arbeit hin und fing an zu weinen. Er verfügte über eine gute Körperbeherrschung, hatte aber tatsächlich im feinmotorischen Bereich erhebliche Schwierigkeiten.

Den Situationen, in denen sich diese vier Kinder befanden, war eines gemeinsam: Sie fühlten sich ohnmächtig, entweder gegenüber konkreten äußeren Einflüssen, wie Marian und Natascha, oder gegenüber ihrem Schicksal, so und nicht anders sein zu müssen, wie Thomas und Markus, bei denen außerdem noch eine starke Angstbesetztheit dazukam.

Sie wollen nun sicher wissen, wie wir das Problem mit den vier Wölfen bei unserer Theaterarbeit gelöst haben: Ganz einfach, es gab eben vier Wölfe, die miteinander den Geißlein auflauerten. Der Schlachtplan wurde von ihnen gemeinsam ausgeheckt, und einer wurde dann immer vorgeschickt, um die Geißlein zu überlisten. Interessant ist noch, daß die Wölfe es von ganz untergeordneter Bedeutung fanden, welcher von ihnen zum Geißleinhaus ging. Wichtig war nur, daß sie die Figur des Wolfs darstellen durften.

In diesem Zusammenhang möchte ich Ihnen unbedingt auch noch erzählen, daß Thomas nach der für ihn gewaltigen Leistung, vor Publikum zu sprechen und zu spielen, einen ganz plötzlichen und erheblichen Entwicklungsschub machte. Ihn kostete dieser Auftritt ja wirklich Überwindung, obwohl er die Rolle unbedingt haben wollte:

- Die Wölfe sollten viel mit wilden Bewegungen darstellen – er hatte Bewegungsstörungen.
- Die Wölfe mußten wichtige Stellen sprechen – es fiel ihm schwer, deutlich zu artikulieren.
- Die Wölfe sollten mit tiefer Stimme sprechen – seine Stimme wurde bei Aufregung immer hoch und piepsig.

Als er aber die sich selbst gestellte Aufgabe gemeistert hatte, brachte ihm das einen enormen Zuwachs an Selbstwertgefühl. Seine Mutter erzählte mir, daß er sich am Tag nach der Aufführung getraut habe, die große Rutsche im Schwimmbad herabzurutschen, etwas, das er schon sehr lange wollte, wozu er aber bis dahin einfach den Mut nicht hatte. Außerdem sei er viel selbstsicherer und weniger ängstlich geworden, auch weniger gehemmt in bezug auf sein Sprechen. Märchen haben also unter der Handlungsebene eine tiefere Bedeutung, die wir nicht außer acht lassen sollten.

Ich kündige wieder im vorhinein an, daß ich jetzt eine Geschichte vorlesen werde, die den meisten sicher bekannt ist (s. S. 67). Hier wieder der Text in der Grimmschen Fassung mit kleinen Änderungen:

*

Der Wolf und die sieben Geißlein

Es war einmal eine alte Geiß, die hatte sieben junge Geißlein und hatte sie so lieb, wie eine Mutter eben ihre Kinder liebhat. Eines Tages wollte sie in den Wald gehen und Futter holen, da rief sie alle sieben herbei und sprach: „Liebe Kinder, ich will hinaus in den Wald, seid auf eurer Hut vor dem Wolf; wenn er hereinkommt, frißt er euch alle mit Haut und Haar. Der Bösewicht verstellt sich oft, aber an seiner rauhen Stimme und an seinen schwarzen Füßen werdet ihr ihn gleich erkennen." Die Geißlein sagten: „Liebe Mutter, wir wollen uns schon in acht nehmen." Da meckerte die Alte und machte sich getrost auf den Weg.

Es dauerte nicht lange, so klopfte jemand an die Haustür und rief: „Macht auf, ihr lieben Kinder, eure Mutter ist da und hat jedem von euch etwas mitgebracht." Aber die Geißlein hörten an der rauhen Stimme, daß es der Wolf war. „Wir machen nicht auf", riefen sie, „du bist unsre Mutter nicht, die hat eine feine und liebliche Stimme, aber deine Stimme ist rauh; du bist der Wolf." Da ging der Wolf fort zu einem Krämer und kaufte sich ein großes Stück Kreide. Die aß er und machte damit seine Stimme fein. Dann kam er zurück, klopfte an die Haustür und rief: „Macht auf, ihr lieben Kinder, eure Mutter ist da und hat jedem von euch etwas mitgebracht." Aber der Wolf hatte seine schwarze Pfote in das Fenster gelegt, das sahen die Kinder und riefen: „Wir machen nicht auf, unsere Mutter hat eine Pfote fein und weiß. Deine Pfote ist schwarz. Du bist der Wolf." Da lief der Wolf zu einem Bäcker und sprach: „Ich habe mich am Fuß gestoßen. Streich mir Teig darüber." Und als ihm der Bäcker die Pfote bestrichen hatte, lief er zum Müller und sprach: „Der Bäcker hat mir Teig auf meine wehe Pfote gestrichen. Streu mir Mehl darüber." Der Müller dachte: 'Der Wolf will gewiß einen betrügen', und weigerte sich, aber der Wolf sprach: „Wenn du es nicht tust, dann fresse ich dich." Da fürchtete sich der Müller und streute ihm Mehl auf seine Pfote. Nun ging der Bösewicht zum drittenmal zu der Haustür, klopfte an und sprach: „Macht mir auf, Kinder, euer liebes Mütterchen ist heimgekommen und hat jedem von euch etwas aus dem Wald mitgebracht." Die Geißerchen riefen: „Zeig uns erst deine Pfote, damit wir wissen, daß du unser liebes Mütterchen bist." Da legte er die Pfote ins Fenster, und als sie sahen, daß sie weiß war, so glaubten sie, es wäre alles wahr, was er sagte, und machten die Tür auf.

Wer aber hereinkam, war der Wolf. Da erschraken die Geißlein und wollten sich verstecken. Das eine sprang unter den Tisch, das zweite ins Bett, das dritte in den Ofen, das vierte in die Küche, das fünfte in den Schrank, das sechste unter die Waschschüssel, das siebte und jüngste sprang in den Kasten der Wanduhr. Der Wolf aber fand und fraß sie alle, nur das siebte und jüngste im Uhrenkasten fand er nicht. Als der Wolf sich sattgegessen hatte, ging er hinaus, legte sich unter einen Baum und fing an zu schlafen.

Nicht lange danach kam die alte Geiß wieder heim. Ach, was mußte sie da erblicken! Die Haustür stand sperrangelweit auf; Tisch, Stühle und Bänke waren umgeworfen, die Waschschüssel lag in Scherben, Decke und Kissen waren aus dem Bett gezogen. Sie suchte ihre Kinder, aber nirgends waren sie zu finden. Sie rief sie nacheinander bei Namen, aber niemand antwortete. Endlich, als sie an das jüngste kam, rief eine feine Stimme: „Liebe Mutter, ich stecke im Uhrenkasten." Sie holte es heraus, und es erzählte ihr, daß der Wolf gekommen sei und alle andern gefressen habe. Da könnt ihr euch denken, wie die arme Geiß über ihre Kinder geweint hat.

Endlich ging sie in ihrem Jammer hinaus, und das jüngste Geißlein lief mit. Als sie auf die Wiese kamen, lag da der Wolf an einem Baum und schnarchte, daß die Äste zitterten. Sie betrachtete ihn von allen Seiten und sah, daß in seinem angefüllten Bauch sich etwas regte und zappelte.

‚Ach Gott', dachte sie, ‚sollten meine armen Kinder, die er zum Abendbrot hinuntergewürgt hat, noch am Leben sein?' Da mußte das Geißlein ins Haus laufen und Schere, Nadel und Zwirn holen. Dann schnitt sie dem Ungetüm den Wanst auf, und kaum hatte sie einen Schnitt getan, so streckte schon ein Geißlein den Kopf heraus, und als sie weiterschnitt, so sprangen nacheinander alle sechse heraus und waren noch am Leben und hatten nicht einmal Schaden gelitten; denn das Ungetüm hatte sie in der Gier ganz hinuntergeschluckt. Das war eine Freude! Da herzten die Geißlein ihre liebe Mutter und hüpften wie ein Schneider, der Hochzeit hält. Die Alte aber sagte: „Jetzt geht und holt Wackersteine, damit wollen wir dem gottlosen Tier den Bauch füllen, solange es noch im Schlafe liegt." Da schleppten die sieben Geißlein in aller Eile die Steine herbei und steckten sie ihm in den Bauch, soviel sie hineinbringen konnten. Dann nähte ihn die Alte in aller Geschwindigkeit wieder zu, daß er nichts merkte und sich nicht einmal regte.

Als der Wolf endlich ausgeschlafen hatte, machte er sich auf die Beine, und weil ihm die Steine im Magen so großen Durst erregten, so wollte er zu einem Brunnen gehen und trinken. Als er aber anfing zu gehen, da stießen die Steine in seinem Bauch aneinander und rappelten. Da rief er:

Was rumpelt und pumpelt
in meinem Bauch herum?
Ich meinte, es wären sechs Geißlein,
derweil sind's lauter Wackerstein'.

Und als er an den Brunnen kam und sich über das Wasser bückte und trinken wollte, da zogen ihn die schweren Steine hinein, und er mußte jämmerlich ersaufen. Als die sieben Geißlein das sahen, da kamen sie herbeigelaufen, riefen laut: „Der Wolf ist tot! Der Wolf ist tot!" und tanzten mit ihrer Mutter vor Freude um den Brunnen herum.

*

Wir sprechen über die Geschichte. Dann kündige ich an, daß wir jetzt in unserem Kopfkino die Geißlein im Wald besuchen werden. Mehr verrate ich aber noch nicht. Hier der genaue Text der Übung:

Setz dich bequem hin, … beide Füße sollen auf dem Boden stehen, … mach die Augen zu. … Du gehst jetzt in Gedanken auf eine große, grüne Wiese. Schau dir die Wiese genau an. … Wenn du die Wiese gut sehen kannst, hebst du leise die Hand. … Du kannst die Hand wieder herunternehmen. Am Rand der Wiese beginnt ein großer, dunkler Wald. Du gehst über die Wiese und direkt auf den Wald zu. Da führt ein Weg hinein. Du gehst auf dem Weg in den Wald. … Rechts und links von dir stehen Bäume und Sträucher. … Auf einmal hörst du von ferne etwas singen. … Du gehst weiter und kommst auf eine Waldwiese. Auf der Waldwiese steht ein hübsches kleines Häuschen. … Neben dem Häuschen ist ein Brunnen. Um den Brunnen hüpfen lauter kleine Geißlein herum. Sie haben ein schneeweißes Fell. Eine alte Geiß ist auch dabei. … Das sind die sieben Geißlein mit ihrer Mutter. Jetzt fassen sich alle an den Händen. Sie tanzen um den Brunnen herum und singen: Der Wolf ist tot, der Wolf ist tot, der böse, böse Wolf ist tot!

Du gehst hinaus auf die Waldwiese. Die Geißlein sehen dich und winken dir, du sollst in den Kreis kommen. Du tanzt mit ihnen um den Brunnen und singst auch: Der Wolf ist tot, der Wolf ist tot, der böse, böse Wolf ist tot! …

Jetzt mußt du wieder gehen. Verabschiede dich von den Geißlein. … Du gehst auf dem Waldweg wieder zurück zu der Wiese. Die Geißlein winken dir nach. … Jetzt bist du wieder auf der Wiese. In einem Augenblick zähle ich bis drei. Bei drei öffnest du die Augen und bist wieder in unserem Klassenzimmer. Eins … tief durchatmen, … zwei … bewege dich ein bißchen, … du kannst dich strecken, … drei … die Augen auf.

Jeder darf wieder erzählen, wie es ihm bei der Übung ging, was ihm besonders gut gefallen hat, ob er sich konzentrieren konnte usw. Danach singen wir das Lied: „Der Wolf ist tot!“

Wir stellen uns im Kreis auf, fassen uns an den Händen und tanzen um einen imaginären Brunnen. Zu „Wolf ist tot“ gibt es drei Schläge auf der Pauke oder der großen Trommel, beim letztenmal am Ende des Liedes wird „Wolf ist tot“ von einem Trommelwirbel begleitet. Für den Tanz haben wir eine einfache Choreographie:

„Der Wolf ist tot, der Wolf ist tot ...“
Alle ziehen nach rechts im Kreis herum.

„Der böse, böse, Wolf ist tot ...“
Alle bleiben stehen und klatschen rhythmisch in die Hände.

„Der Wolf ist tot, der Wolf ist tot!“
Alle gehen linksherum im Kreis.

„Der Wolf ist tot!“
Die Kinder bleiben stehen, drehen sich um die eigene Achse und klatschen ganz oft und schnell (Klatschwirbel) in die Hände.

Und hier noch einmal die Gesamtnotation für Lied, Tanz und rhythmische Begleitung:

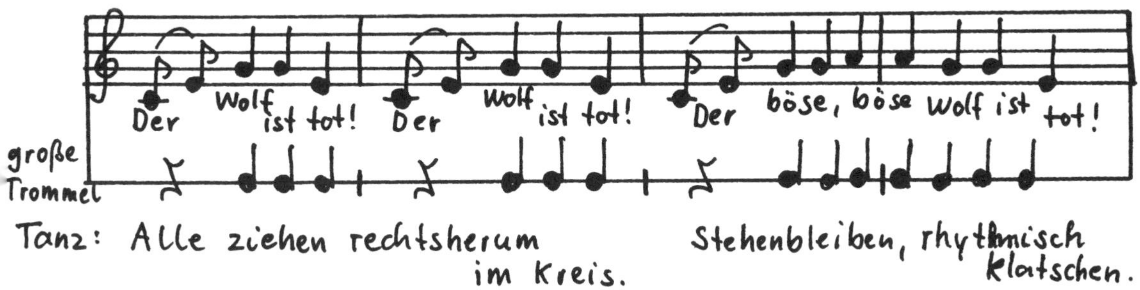

Dieser einfache Reigen macht meinen Schülern – jetzt sind es Zweitkläßler – seit der ersten Klasse unvermindert Spaß, und sie freuen sich immer, wenn wir das Wolfslied singen und dazu tanzen. Haben Sie für einen großen Kreis in Ihrem Klassenzimmer nicht genügend Platz, dann ist es auch schön, zwei konzentrische Kreise zu bilden: Einer bewegt sich im Uhrzeigersinn, einer gegen den Uhrzeigersinn.

Das Schlagen von Trommel oder Pauke übernimmt ein Kind – das ist eine heißbegehrte Aufgabe!

Ebenfalls ein Dauerbrenner zu diesem Thema ist der „Geißleinsong" von Wolfgang Niessner. Ich kenne ihn von einer Aufführung des Salzburger Landestheaters, wo wir uns vor einigen Jahren das Märchen „Der Wolf und die sieben Geißlein" anschauten. In der Originalfassung ist das Lied höher und daher sehr schwer zu singen. Ich benutze die folgende Version, zu der wir uns beim Singen auch wieder bewegen wie angegeben:

„Wir sind die sieben Geißlein und ziehen durch den Wald."
Alle stehen hintereinander in einer Reihe, legen die Hände auf die Schultern des Vordermannes und laufen rhythmisch und langsam vorwärts im Kreis.

„Wir hüpfen über Stock und Stein, uns wird es niemals kalt."
Alle bleiben stehen, nehmen die Hände von den Schultern des Vordermannes und drehen sich zur Kreismitte. Bei „hüpf" und „Stock" wird ein kleiner Luftsprung gemacht.

„Wir haben ja ein Geißleinfell, ..."
Alle streichen sich mit den Handflächen über Arme und Schultern.

„... das schimmert wie der Schnee so hell!"
Arme hochheben, einmal im Kreis drehen.

„Wir sind die sieben Geißlein und ziehen durch den Wald."
Wie oben: Hintereinander im Kreis laufen, Hände auf Schultern des Vordermannes.

„Ja! Ja!"
Zwei kleine Luftsprünge.

Das Märchen vom Rumpelstilzchen

Dieses Märchen lese ich deshalb sehr gerne vor, weil es sich so schön dramatisch mit verschiedenen – verstellten – Stimmen gestalten läßt. Als meine Tochter Maxi noch klein war, gehörte es zu unserem festen Erzählrepertoire. Mein Mann sagte dann öfter, wenn ich das Rumpelstilzchen wieder einmal richtig loskrächzen ließ, etwas süffisant, er wisse nicht, ob ich als Mutter Geiß oder als Rumpelstilzchen besser sei. Auf alle Fälle machte mir das Vorlesen genausoviel Spaß, wie meiner Tochter das Zuhören.

Und damit spreche ich noch einmal das zweite Motiv an, das mich bei der Auswahl von Märchen – sei es nun für ein Theaterstück, eine Entspannungsübung oder den Deutschunterricht ganz allgemein – leitet: meine persönliche Vorliebe und mein Spaß am Erzählen. Ein Märchen, das weder eine Botschaft übermittelt, von der ich überzeugt bin, noch mir persönlich liegt, würde ich nie im Unterricht behandeln, so oft könnte es gar nicht im Lehrplan stehen.

Hier wieder die Grimmsche Fassung mit einigen kleinen Änderungen:

*

Rumpelstilzchen

Es war einmal ein Müller, der war arm, aber er hatte eine schöne Tochter. Nun traf es sich, daß er mit dem König zu sprechen kam, und um sich ein Ansehen zu geben, sagte er zu ihm: „Ich habe eine Tochter, die kann Stroh zu Gold spinnen." Der König sprach zum Müller: „Das ist eine Kunst, die mir wohlgefällt! Wenn deine Tochter so geschickt ist, wie du sagst, so bring sie morgen in mein Schloß, da will ich sie auf die Probe stellen."

Als nun das Mädchen zu ihm gebracht wurde, führte er es in eine Kammer, die ganz voll Stroh lag, gab ihr ein Spinnrad und sprach: „Jetzt mache dich an die Arbeit, und wenn du bis morgen früh dieses Stroh nicht zu Gold versponnen hast, so mußt du sterben." Darauf schloß er die Kammer selbst zu, und sie blieb allein darin.

Da saß nun die arme Müllerstochter und wußte um ihr Leben keinen Rat. Sie verstand gar nichts davon, wie man Stroh zu Gold spinnen konnte, und ihre Angst wurde immer größer, so daß sie endlich zu weinen anfing. Da ging auf einmal die Tür auf, und ein kleines Männchen trat herein und sprach: „Guten Abend, Jungfer Müllerin, warum weint Sie so sehr?" – „Ach", antwortete das Mädchen, „ich soll Stroh zu Gold spinnen und kann es nicht." Sprach das Männchen: „Was gibst du mir, wenn ich dir helfe?" – „Mein Halsband", sagte das Mädchen. Das Männchen nahm das Halsband, setzte sich vor das Spinnrad, und schnurr, schnurr, schnurr, dreimal gezogen, war die erste Spule voll. Dann steckte es eine andere Spule auf, und schnurr, schnurr, schnurr, war die auch voll. Und so ging es fort bis zum Morgen, da war alles Stroh versponnen, und alle Spulen waren voll Gold.

Bei Sonnenaufgang kam schon der König, und als er das Gold erblickte, erstaunte er und freute sich, aber sein Herz ward nur noch goldgieriger. Er ließ die

Müllerstochter in eine andere Kammer voll Stroh bringen, die noch viel größer war, und befahl ihr, das auch in einer Nacht zu spinnen, wenn ihr das Leben lieb wäre. Das Mädchen wußte sich nicht zu helfen und weinte; da ging abermals die Tür auf, und das kleine Männchen erschien und sprach: „Was gibst du mir, wenn ich dir wieder helfe?“ – „Meinen Ring von dem Finger“, antwortete das Mädchen. Das Männchen nahm den Ring, fing wieder an zu schnurren mit dem Rade und hatte bis zum Morgen alles Stroh zu glänzendem Gold versponnen.

Der König freute sich über die Maßen bei dem Anblick, war aber noch immer nicht des Goldes satt, sondern ließ die Müllerstochter in eine noch größere Kammer voll Stroh bringen und sprach: „Die mußt du noch in dieser Nacht verspinnen; gelingt dir's aber, so sollst du meine Gemahlin werden.“ ‚Wenn's auch eine Müllerstochter ist', dachte er, ‚eine reichere Frau finde ich in der ganzen Welt nicht.' Als das Mädchen allein war, kam das Männlein zum drittenmal wieder und sprach: „Was gibst du mir, wenn ich dir noch dieses Mal helfe?“ – „Ich habe nichts mehr, das ich geben könnte“, antwortete das Mädchen. „So versprich mir, wenn du Königin wirst, dein erstes Kind.“ – 'Wer weiß, wie das noch geht', dachte die Müllerstochter und wußte sich auch in ihrer Not nicht anders zu helfen; sie versprach also dem Männchen, was es verlangte, und das Männchen spann dafür noch einmal das Stroh zu Gold. Und als am Morgen der König kam und alles fand, wie er gewünscht hatte, so hielt er Hochzeit mit ihr, und die Müllerstochter ward eine Königin.

Über ein Jahr brachte sie ein schönes Kind zur Welt und dachte gar nicht mehr an das Männchen. Da trat es plötzlich in ihre Kammer und sprach: „Frau Königin, gib mir, was du mir versprochen hast, gib mir jetzt dein Kind.“ Die Königin erschrak und bot dem Männchen alle Reichtümer des Königreichs an, wenn es ihr nur das Kind lassen wollte, aber das Männchen sprach: „Nein, etwas Lebendiges ist mir lieber als alle Schätze der Welt.“ Da fing die Königin so an zu jammern und zu weinen, daß das Männchen Mitleid mit ihr hatte: „Drei Tage will ich dir Zeit lassen“, sprach es, „wenn du bis dahin meinen Namen weißt, sollst du dein Kind behalten.“

Nun besann sich die Königin die ganze Nacht über auf alle Namen, die sie jemals gehört hatte, und schickte einen Boten über Land, der sollte sich erkundigen weit und breit, was es sonst noch für Namen gäbe. Als am andern Tag das Männchen kam, fing sie an mit Kaspar, Melchior, Balthasar, und sagte alle Namen, die sie wußte, der Reihe nach her, aber bei jedem sprach das Männchen nur: „Nein, so heiß ich nicht! Nein, so heiß ich nicht!“ Den zweiten Tag ließ sie in der Nachbarschaft herumfragen und sagte dem Männchen die ungewöhnlichsten und seltsamsten Namen vor: „Heißt du vielleicht Rippenbiest oder Hammelswade oder Schnürbein?“ Aber das Männchen antwortete immer: „Nein, so heiß ich nicht! Nein, so heiß ich nicht!“

Den dritten Tag kam der Bote ganz aufgeregt zurück und meldete: „Frau Königin, neue Namen hab ich keinen einzigen finden können, aber wie ich an einem hohen Berg um die Waldecke kam, wo Fuchs und Hase sich gute Nacht sagen, da sah ich ein kleines Haus, und vor dem Haus brannte ein Feuer, und um das Feuer sprang ein lächerliches kleines Männchen herum, hüpfte auf einem Bein und schrie:

Heute back ich, morgen brau ich,
übermorgen hol ich der Königin ihr Kind.
Ach, wie gut, daß niemand weiß,
daß ich Rumpelstilzchen heiß!"

Da könnt ihr euch denken, wie froh die Königin war, als sie den Namen hörte, und als bald danach das Männchen hereintrat und fragte: „Nun, Frau Königin, wie heiß ich?", fragte sie erst: „Heißt du vielleicht Kunz?" – „Nein, so heiß ich nicht!" – „Heißt du vielleicht Heinz?" – „Nein, so heiß ich nicht! Neihein, so heiß ich nicht!" – „Heißt du vielleicht Rum-pel-stilz-chen?" – „Jaaa! Das hat dir der Teufel gesagt, der Teufel, der Teufel, der Teufel!" schrie das Männchen und stieß vor Zorn mit dem rechten Fuß auf die Erde, daß es bis zum Leib hineinfuhr. Dann packte es in seiner Wut den linken Fuß und riß sich selbst mitten entzwei.

*

Auch über diese Geschichte sprechen wir nach dem Vorlesen. Dann machen wir dazu wieder ein Kopfkino. Hier der genaue Text der Übung:

> *Setz dich bequem hin, ... beide Füße stehen auf dem Boden, ... mach die Augen zu. ... Wir machen jetzt wieder einen Spaziergang über unsere Wiese, die kennst du ja schon. ... Du gehst also über die Wiese, ... es ist schon Nacht, ... es ist ganz dunkel, aber du hast überhaupt keine Angst. ... Schau zum Himmel hinauf, da leuchten viele, viele Sterne. ... Am Rand der Wiese siehst du einen großen, dunklen Wald. ... Du bist jetzt vor dem Wald. ... Du gehst am Waldrand entlang. ... Auf einer Seite von dir ist der Wald, auf der anderen Seite ist die Wiese. ... Du gehst weiter. ... Jetzt macht der Wald einen Bogen. Du gehst um den Bogen. ... Da siehst du in der Ferne etwas leuchten. ... Es sieht aus wie ein Lagerfeuer. ... Du gehst darauf zu. ... Es ist wirklich ein lustiges Feuer, die Flammen tanzen hin und her. ... Du gehst näher hin. ... Jetzt spürst du schon, wie warm das Feuer ist. ... Du spürst es ganz warm auf deinem Gesicht. ... Du spürst es ganz warm an deinen Händen. ... Es ist ein wunderschönes Feuer. Schau dir die Farben an, die die Flammen haben. ... Höre, wie es knistert. ...*

Spüre die Wärme. ... Jetzt siehst du auf einmal in der Nähe des Feuers ein kleines Häuschen. ... Gerade geht die Tür auf, und ein seltsames kleines Männchen kommt heraus. ... Du versteckst dich hinter einem Baum und schaust, was das Männchen macht. ... Es tanzt um das Feuer und singt dazu: Heute back ich, morgen brau ich, übermorgen hol ich der Königin ihr Kind! Ach, wie gut, daß niemand weiß, daß ich Rumpelstilzchen heiß! ... Jetzt weißt du, wer das Männchen ist. ... Es ist das Rumpelstilzchen. ... Du hast genug gesehen und gehst wieder zurück auf die Wiese. ...

In einem Augenblick zähle ich bis drei. Bei drei machst du die Augen auf und bist wieder in der Klasse. ... Eins ... atme tief durch, ... zwei ... bewege dich ein bißchen, ... drei ... mach die Augen auf.

Nun darf jeder erzählen, wie es war. Einige mögliche Fragen:
Wer hat auf dem Gesicht gespürt, wie warm das Feuer war?
Welche Farben hatten die Flammen?
Wie groß war das Feuer?
Wie schaute das Rumpelstilzchen aus?

Dann singen wir das Lied vom Rumpelstilzchen. Zu den ersten beiden Zeilen klatschen wir und tanzen auf den Plätzen herum. Bei den letzen beiden Zeilen bleiben wir stehen und treten rhythmisch auf der Stelle.

Im Kunstunterricht gestalten wir als Gemeinschaftsarbeit ein großes Feuer. Jedes Kind nimmt ein DIN-A4-Blatt im Hochformat und malt darauf mit Wasserfarben Flammen in den Farben Gelb, Orange, Rot. Die fertigen Bilder werden stufenförmig zusammengelegt zu einem einzigen, auf der Rückseite an den Nahtstellen mit

Paketklebeband zusammengeklebt und dann entsprechend zugeschnitten. Das fertige Feuer kleben wir mit Tesakrepp-Röllchen an die Wand. Dafür wird Tesakrepp-Band in etwa 7 Zentimeter lange Stücke gerissen und so zu Röllchen gedreht, daß die Klebeseite außen ist. Aus braunem Tonpapier schneiden wir einige Holzscheite, die unter dem Feuer an der Wand aufgeschichtet werden.

Einzelnes Blatt in Rot-Orange-Gelb

Aneinandergeklebte Blätter Umriß des Feuers

Das fertige Bild:
Die „Holzscheite“ sind aus braunem Tonpapier.

Weitere geeignete Märchen

Wenn Sie die ersten Versuche mit Entspannungsübungen zu Märchen gemacht und wenn Sie gesehen haben, daß Sie damit zurechtkommen, werden Sie wahrscheinlich Ihr Repertoire erweitern wollen. Ich führe im folgenden Abschnitt die Titel einiger Märchen an, mit denen ich gute Erfahrungen gemacht habe, und gebe in Stichpunkten den möglichen Inhalt eines Kopfkinos an. Das soll aber immer nur ein Vorschlag sein, den Sie nach Belieben abändern können. Es ist natürlich auch möglich, eine andere Stelle des Märchens zum Inhalt der Übung zu machen.

Zu den Übungen ist auch noch ein Lied oder ein passendes Zeichenthema angegeben. Grundsätzlich sind hier aber Ihrer Phantasie keine Grenzen gesetzt. An unserer Kreisbildstelle gibt es übrigens sehr schöne Märchenfilme, die gut gemacht sind:

- Es wird wenig gesprochen;
- die Handlung ist mit Musik unterlegt;
- es gibt lange Bildeinstellungen, so daß das Auge sich in Ruhe fest-sehen kann und nicht im Drei-Sekunden-Turnus von Bild zu Bild gehetzt wird.

Wenn Sie daran interessiert sind, werden Sie wahrscheinlich auch an Ihrer Kreisbildstelle fündig. Bei uns gibt es zum Beispiel: *Rotkäppchen, Frau Holle, Hans im Glück, Die Bremer Stadtmusikanten, Der selbstsüchtige Riese* (von Oscar Wilde).

Der Film kann *vor* dem Kopfkino eingesetzt werden. Das ist gerade beim Einführen von Entspannungsübungen ein guter Zwischenschritt auf dem Weg zu eigenen inneren Bildern. Ich halte es da allerdings mit dem wohldosierten Einsatz, das heißt, daß ich nur als besondere Attraktion hin und wieder einen Film zeige. Es ist auch möglich, den Film *nach* dem Kopfkino anzuschauen. Dann bietet sich ein Gespräch darüber an, was die Kinder in ihrem Kopfkino anders gesehen haben.

Vielleicht empfinden Sie es als Widerspruch zu meinen Ausführungen über das Fernsehen, daß ich – gerade im Zusammenhang mit Entspannungsübungen – gelegentlich einen Film einsetze. Dann geht es Ihnen wie Stefan, einem meiner Zweitkläßler, der mir in bestem Bayrisch Vorhaltungen machte: „Also, Fräulein, da kenn i mi net aus! Erst sagst allerweil, Fernseh'n macht dumm, und iatzt zoagst uns an Film! Des is doch des gleiche wia Fernseh'n!" (Ins Hochdeutsche übersetzt: „Also, Fräulein, das verstehe ich nicht. Erst sagst du immer, Fernsehen mache dumm, und jetzt zeigst du uns einen Film. Das ist doch das gleiche wie Fernsehen!")

Zu meiner „Entschuldigung" argumentierte ich Stefan gegenüber etwa folgendermaßen: „ Wenn du nur ganz wenig fernsiehst, dann schadet es dir nicht. Zweimal in der Woche kannst du ruhig eine Kindersendung anschauen. Wenn du aber jeden Tag fernsiehst, dann ist das schlecht für dich. Kinder, die jeden Tag eine Stunde oder länger schauen, können schlechter denken und können sich nicht mehr so gut konzentrieren. Der Märchenfilm, den wir anschauen, dauert ungefähr eine Viertelstunde. Das ist kürzer als eine Kindersendung. Außerdem bleiben die Bilder bei unserem Film immer lange stehen. Sie wechseln nicht so schnell wie im Fernsehen, und das ist viel besser für dein Gehirn."

Dazu noch einige „erwachsene“ Argumente für meine Leser: Der Film wird erst angeschaut, nachdem das Märchen vorgelesen und darüber gesprochen wurde. Es hat also bereits eine Auseinandersetzung mit dem Inhalt stattgefunden. Der Film wird vor diesem Hintergrund bewußter wahrgenommen, die Tendenz, ihn „vorbeirauschen“ zu lassen, ist geringer.

Bei keinem der Märchenfilme, die es an unserer Bildstelle auszuleihen gibt, wird das Gehirn überreizt durch kurze Bildeinstellungen. Die Augen der Kinder müssen also nicht „in Ohnmacht“ fallen, um sich zu schützen.

Die langen Bildeinstellungen, begleitet von sehr schöner Musik, fördern das ruhige, meditative Betrachten.

Doch nun zu den konkreten Vorschlägen für weitere Übungen. Anfang und Schluß bleiben gleich, werden also nicht immer eigens angegeben.

Anfang: Gerade hinsetzen – Füße nebeneinander auf den Boden stellen – Augen schließen – in Gedanken zum Ort der Übung gehen.

Schluß: Bis drei zählen – bei eins tief durchatmen – bei zwei sich bewegen und strecken – bei drei die Augen aufmachen.

Wenn es Ihrer Meinung nach nötig ist, können Sie beim Ankündigen der Übung auch noch einmal darauf hinweisen, wie die Kinder sich während der Übung verhalten sollen.

Der Froschkönig

Kopfkino:

Du bist im Schloßpark – spielst mit der goldenen Kugel – schau sie dir genau an – sie glänzt in der Sonne – du wirfst sie in die Luft und fängst sie wieder – du wirfst sie wieder in die Luft – fängst sie wieder – wirf sie nochmal in die Luft – sie fällt in den Brunnen – du bist traurig – schaust in das Wasser – Frosch steckt Kopf aus dem Wasser – du erzählst ihm alles – er taucht in das Wasser – kommt wieder hoch – hat die goldene Kugel im Maul – du nimmst sie – bedank dich bei dem Frosch – du gehst wieder nach Hause.

Zeichenthema zum Froschkönig:

Ich teile hektographierte (fotokopierte) Blätter aus, die in Rechtecke im Format 6 × 3 cm unterteilt sind. Die Rechtecke sollen Bausteine für einen Brunnen darstellen. Für zwei Kinder reicht ein DIN-A4-Blatt mit Bausteinen. Ein DIN-A4-Zeichenblatt wird mit Wasserfarbe hellblau eingefärbt. (Nicht mit Deckweiß mischen, sondern die Farbe eher wäßrig auftragen!)

Das Blatt mit den Bausteinen bemalen wir ockerfarben. Wir nehmen das hellblaue Blatt quer, schneiden Bausteine aus und kleben daraus in die Mitte einen Brunnen. Einige Randsteine müssen wir passend zuschneiden. Rechts und links vom Brunnen wachsen Rosenbüsche, aus dem Brunnen schaut ein grüner Frosch.

Frau Holle

Kopfkino, erste Möglichkeit:

Du bist auf einer wunderschönen Wiese – Blumen blühen – schau dich um – du gehst über die Wiese – die Sonne scheint – es ist wunderschön – auf einmal hörst du eine Stimme rufen: Zieh mich raus, sonst verbrenn ich – zieh mich raus, sonst verbrenn ich – Du schaust dich um – siehst einen Backofen – du gehst hin – der Backofen ist voller Brote, die schon fertiggebacken sind – du nimmst einen Brotschieber – du holst alle Brote aus dem Ofen und legst sie ordentlich auf die Wiese – du gehst weiter über die Wiese – du kommst zu einem großen Apfelbaum – er hängt voller Äpfel – schau dir den Baum an – auf einmal hörst du ein Flüstern in den Ästen – hör genau hin – was flüstert der Baum? – er flüstert: Schüttel mich, schüttel mich, meine Äpfel sind reif – Du schüttelst den Baum – die Äpfel fallen ins Gras – du legst sie sauber auf einen Haufen – der Baum flüstert: Danke, danke – Du gehst über die Wiese wieder heim.

Kopfkino, zweite Möglichkeit:

Du gehst über eine wunderschöne Wiese – da stehen viele bunte Blumen – die Sonne scheint – du siehst ein Haus – das Haus hat einen großen, hölzernen Balkon – jetzt kommt ein Mädchen auf den Balkon – es hat ein großes Federbett in den Händen – das Mädchen schüttelt das Bett – da fallen weiße Flocken herab – die Flocken fallen dichter und dichter – du stehst auf der Wiese und schaust hinauf zum Himmel – schau dir an, wie dicht die Flocken fallen – jetzt wird die Wiese schon weiß – das Mädchen schüttelt noch immer das Federbett – die Wiese ist jetzt ganz weiß verschneit – du gehst über die weiße Wiese heimwärts.

Kopfkino, dritte Möglichkeit:

Du bist auf einer wunderschönen, grünen Wiese – bunte Blumen blühen – die Sonne scheint – du gehst über die schöne Wiese – da kommst du an ein Haus – das Haus hat einen großen, hölzernen Balkon – aus einem Fenster schaut eine alte Frau – sie winkt dir, du sollst hineinkommen – du gehst hinein – sie nimmt dich freundlich bei der Hand und geht mit dir auf den großen Balkon – da gibt sie dir ein Federbett – sie sagt dir, du sollst es ausschütteln – du schüttelst das Bett – da fallen weiße Flocken heraus – die Flocken fliegen durch die Luft – sie fallen auf die Wiese – es werden immer mehr Flocken – es schneit – die Wiese wird weiß – du schüttelst immer weiter – schau dir die Flocken an, wie dicht sie fallen – jetzt kommt die alte Frau und nimmt dir das Federbett wieder ab – sie nimmt dich an der Hand und geht mit dir aus dem Haus zu einem Tor – du gehst durch das Tor – da fällt ein Goldregen herab – du wirst voller Gold – spüre, wie sich das anfühlt – vielleicht macht das Gold, daß du dich ganz stark fühlst oder daß du keine Angst mehr hast – vielleicht macht es dich fröhlich – spüre das Gold – du darfst es mitnehmen, wenn du jetzt nach Hause gehst.

Lied:

Wir singen das Lied des Baumes, dessen Äpfel reif sind. Die Idee dazu kam mir nach einem Orff-Musik-Tag mit Kaspar Gerg.

Wir stellen uns mit leicht gegrätschten Beinen hin, recken die Arme hoch, wiegen unsere „Äste“ im Takt hin und her und singen:
„Äpfel sind reif! Äpfel sind reif!“
Dann schütteln wir die Arme und singen:
„Schüttel mich, schüttel mich, schüttel mich schnell!“

Die Sterntaler

Kopfkino:

Du gehst über eine große Wiese – es ist Nacht – es ist ganz dunkel – du schaust hinauf zum Himmel – da glänzen viele, viele Sterne – du gehst weiter auf der Wiese – da siehst du ein kleines Mädchen – das Mädchen hat nur ein weißes Hemd an – auf einmal fallen die Sterne vom Himmel herab und werden zu lauter Goldstücken – es regnet Goldstücke – der Boden ist bedeckt mit Goldstücken – du weißt, daß die Goldstücke für das arme Mädchen im Hemd sind – du hilfst dem Mädchen beim Einsammeln – es hält sein Hemd hoch und legt die Goldstücke hinein – du sammelst immer noch Goldstücke auf – jetzt hat das Mädchen schon ganz viele – du verabschiedest dich von dem Mädchen – es bedankt sich bei dir für deine Hilfe – du gehst über die Wiese wieder nach Hause.

Zeichenthema:

Wir malen mit wasserfesten Wachsmalkreiden den Goldregen und das Mädchen in seinem weißen Hemd. Das fertige Bild übermalen wir mit schwarzblauer Tinte. Es geht auch mit dünn angerührter schwarzer Wasserfarbe. Ich finde Tinte aber einfacher. Dazu richte ich in der Klasse auf dem Boden einen Malplatz für etwa vier Kinder ein, den ich mit Packpapier auslege. In die Mitte stelle ich eine kleine Schüssel mit der Tinte und lege vier oder fünf dicke Haarpinsel bereit.

Während der Freiarbeit kommen dann die Kinder der Reihe nach zum Malplatz und übermalen ihre Bilder.

Dornröschen

Kopfkino:

Du gehst über eine große Wiese – die Sonne scheint – auf der Wiese wachsen viele bunte Blumen – du gehst weiter – du kommst an ein Schloß – das Schloß ist ganz überwachsen von einer Rosenhecke – die Kletterrosen überwuchern die Mauern bis obenhin – es sind rote Rosen – sie schauen wunderschön aus – schau dir die Rosenhecke an – du willst wissen, ob die schönen roten Rosen auch duften – du gehst näher an die Rosenhecke hin – du nimmst einen Rosenzweig in die Hand und riechst daran – er duftet wunderbar – atme den Duft ein – plötzlich geht an der Stelle, wo du stehst, die Rosenhecke auseinander – du kannst hindurchgehen – du gehst in den Schloßhof – da ist es ganz still – in einer Ecke schlafen ein paar Hühner – daneben liegt ein Hund, der schläft – du gehst in das Schloß hinein – du kommst in die Schloßküche – da schlafen die Köche und die Küchenjungen – du gehst weiter – im Thronsaal schlafen der König, die Königin und die Diener – plötzlich bewegen sie sich und machen die Augen auf – da kommt das Dornröschen mit dem Prinzen zur Tür herein – der Prinz hat gerade eben das Dornröschen erlöst – da wird im Schloß alles wieder lebendig – alle feiern ein Fest – sie tanzen und singen – du darfst mitfeiern – jetzt bist du müde – du gehst über die Wiese wieder nach Hause.

Zum Thema „Dornröschen“ paßt gut das bekannte Spiellied:

Dornröschen

1. Dornröschen war ein schönes Kind.
Im Kreis steht oder sitzt Dornröschen. Alle fassen sich an den Händen und ziehen im Kreis um Dornröschen herum.

2. Dornröschen, nimm dich ja in acht!
Alle bleiben stehen und heben mahnend den Zeigefinger.

3. Da kam die böse Fee herein.
Die böse Fee kommt in den Kreis, geht ein paarmal auf der Innenseite des Kreises herum und bleibt schließlich vor Dornröschen stehen. Die Sänger heben einige Male ihre Arme hoch, um das drohende Unheil auszudrücken.

4. „Dornröschen, schlafe hundert Jahr'!"
Die böse Fee macht mit beiden Armen magische Bewegungen über dem Kopf von Dornröschen. Dornröschen versinkt in tiefen Schlaf. Am Ende ihres „Auftritts" ordnet sich die böse Fee in den Kreis der Sänger ein.

5. Da wuchs die Hecke riesengroß.
Die Sänger fassen sich an den Händen, heben die Arme hoch und gehen dann mit hochgehaltenen Armen im Kreis herum, um das Überwuchern durch die Dornenhecke darzustellen.

6. Da kam ein junger Königssohn.
Der Königssohn geht außen um die Hecke herum, beim letzten „Königssohn" öffnet sich die Hecke an der Stelle, wo er gerade ist, und er betritt den Kreis.

7. „Dornröschen, wache wieder auf!"
Der Prinz geht um Dornröschen herum und macht mit den Händen magische Bewegungen.

8. Sie feierten das Hochzeitsfest.
Prinz und Dornröschen fassen sich an den Händen und tanzen im Innern des Kreises. Die Sänger fassen sich an den Händen und hüpfen im großen Kreis.

9. Da jubelte das ganze Volk.
Die Sänger halten sich im Kreis an den Händen und machen Schunkelbewegungen. Beim letzten „ganze Volk" lassen sie einander los und drehen sich auf ihrem Platz. Prinz und Dornröschen machen das gleiche im Kreisinnern.

Die goldene Gans

Kopfkino:

Du gehst über eine große Wiese – am Rand der Wiese beginnt ein Wald – du gehst auf den Wald zu – ein Weg führt in den Wald hinein – rechts und links vom Weg stehen Büsche – du gehst auf dem Weg in den Wald hinein – im Wald ist es dämmrig – du hast überhaupt keine Angst – auf einem Baumstumpf sitzt ein kleines, altes Männchen – es sagt zu dir: Ich habe solchen Hunger. Hast du etwas für mich? – Du hast noch ein Pausenbrot in der Tasche – du nimmst das Brot heraus – du teilst es in zwei Teile – einen Teil gibst du dem Männchen – den anderen Teil ißt du selbst – du setzt dich auf den Boden und machst mit dem Männchen gemeinsam Brotzeit – jetzt seid ihr fertig – du stehst auf und willst weitergehen – da sagt das Männchen: Wenn du weitergehst, findest du einen Baum, neben dem eine Axt liegt. Nimm die Axt und schlage den Baum um. In seinen Wurzeln wirst du etwas finden. Das gehört dir. – Du gehst weiter in den Wald hinein – da siehst du den Baum, neben dem eine Axt liegt – du nimmst die Axt und schlägst den Baum um – in seinen Wurzeln findest du eine Gans mit goldenen Federn – die Federn schimmern und glänzen – die Gans kommt zu dir – du nimmst sie auf den Arm und gehst mit der Gans heimwärts – spüre, wie es sich anfühlt, die goldene Gans zu haben – welches Gefühl gibt dir das? – macht es dich stark? – macht es dich fröhlich? – spüre, was du fühlst – jetzt bist du wieder auf der Wiese – du gehst nach Hause.

Zeichenthema:

In Gemeinschaftsarbeit basteln wir die goldene Gans. Ich zeichne die Gans auf einen großen Karton, wie man sie im Format DIN A2 im Papierfachgeschäft kaufen kann, und schneide sie aus. Die Kinder schneiden aus Goldfolie einzelne Federn. Den Kopf und die Beine der Gans beklebe ich mit Goldfolie. Dann werden die einzelnen Federn vom Hals an abwärts schuppenförmig übereinandergeklebt. Damit es beim Ankleben der Federn kein rechtes Gedränge gibt, muß eingeteilt werden, wer wann dran ist. Sie können die Gans von Sitzgruppe zu Sitzgruppe weiterreichen. Jede Gruppe darf eine Reihe aufkleben. Wenn alle dran waren, beginnt das ganze wieder von vorne.

Damit den Kindern, die auf das Aufkleben warten müssen, nicht langweilig wird, können Sie einen passenden Lesetext – ich schreibe in solch einem Fall immer die Geschichte in gekürzter Form auf – austeilen und dazu Fragen beantworten und zeichnen lassen.

Einzelne Feder
aus Goldfolie

Die mit Federn beklebte goldene Gans

Entspannungsübungen zu Kinderbüchern

Die Beschäftigung mit Kinderliteratur spielt in unserer Klasse eine große Rolle. Das kommt daher, daß ich selber leidenschaftlich gern lese und mir ein Leben ohne Bücher gar nicht vorstellen könnte. Deshalb liegt mir sehr viel daran, Kinder an das Lesen von Büchern heranzuführen. Das geht meiner Meinung nach am besten, wenn Bücher attraktiv gemacht werden. Zum Lesen muß man verführen, man kann es nicht anordnen (siehe hierzu auch mein Buch *Neues Lesen – Neues Lernen*).[18]

Bei mir gehört die tägliche Vorleseviertelstunde zur Tagesordnung. Vielleicht fangen Sie jetzt an zu rechnen: Am Tag eine Viertelstunde, das macht in der Woche fünf Viertelstunden, das sind im Jahr ... Tun Sie's nicht! Das Denken im 45-Minuten-Takt hat ja viele Lehrer in eine Situation getrieben, in der sie nur noch irgendwelchen Lernzielen hinterherhasten, nie das Bewußtsein haben, mit etwas fertig zu sein, und deshalb Schuldgefühle und Burn-out-Symptome entwickeln. Daß diese Lehrer auch Disziplinprobleme nicht in den Griff bekommen, muß eigentlich gar nicht mehr besonders erwähnt werden.

Rechnen Sie also die Vorleseminuten nicht zu irgendeinem Sollwert zusammen, den Sie dann durch vermehrtes Strampeln im Rechtschreiben, Kopfrechnen oder sonstwo wieder hereinbringen wollen. Diese Zeit ist nicht verloren, deshalb brauchen Sie sie auch nicht „hereinzuholen". Betrachten Sie das Ganze unter dem übergeordneten Aspekt: Was nützt es den Kindern nicht nur für die nächste Probearbeit, sondern für den Rest ihres Lebens? Ja, was nützt es den Kindern?

Ich zähle Ihnen vor dem subjektiven Hintergrund meiner eigenen, in vielen Jahren gemachten Erfahrungen auf, was ich selbst beobachtet und erlebt habe:

- Meine Schüler lieben das Vorlesen sehr und freuen sich jeden Tag darauf.
- Sie gewöhnen sich daran, still dazusitzen und zu hören, statt immer nur selber zu reden.
- Auch hyperaktive Kinder schaffen es recht gut, beim Vorlesen ruhig zu sein.
- Die vorgelesenen Kinderbücher werden oft in der städtischen Bücherei ausgeliehen oder von den Eltern zu irgendeiner Gelegenheit geschenkt und dann nochmal selber gelesen.
- Die meisten Kinder wollen ihre Lieblingsbücher auch selbst besitzen und wünschen sie sich zum Geburtstag oder zu Weihnachten.
- Lesen hat bei so gut wie allen meinen Schülern einen emotional positiv besetzten Stellenwert.
- Meine Schüler fangen sehr früh an, ganze Bücher selbst zu lesen.
- Auch Eltern, deren Kinder schon vor Jahren bei mir in die erste und zweite Klasse gingen, erzählen mir, daß ihr Sohn oder ihre Tochter immer noch gerne liest.

Natürlich habe ich keine „wissenschaftliche" Untersuchung mit Versuchs- und Kontrollgruppe über die Auswirkungen der Vorleseviertelstunde durchgeführt. Ich weiß aber, daß das Leseverhalten meiner Klassen vom Durchschnitt abweicht, und unterstelle einfach, daß ein Teil dieser positiven Abweichung auf das Konto des täglichen Vorlesens verbucht werden kann. Sie können übrigens ganz leicht die Probe aufs Exempel machen: Fangen Sie auch damit an und beobachten Sie, wie sich die Einstellung Ihrer Schüler dem Bücherlesen gegenüber ändert.

Noch ein Tip zur praktischen Durchführung: Ich fange mit dem Vorlesen immer in der Zehn-Minuten-Eßpause an. Dann überziehen wir meistens fünf, manchmal auch zehn Minuten, länger nicht. Wir setzen uns in einem Kreis auf den Boden. Die Kinder können in Ruhe essen, während sie zuhören. Würden wir die Pause ganz pünktlich einhalten, wäre die Zeit zum Essen eher knapp, und viele Kinder müßten ihre Brote wieder mit nach Hause nehmen. Auf diese Weise „kostet" uns das Vorlesen täglich nur fünf bis zehn Minuten – das ist gar nichts, gemessen an den positiven Auswirkungen.

Meine Lieblingsautoren für sieben- bis achtjährige Kinder sind Astrid Lindgren, Otfried Preußler, Sigrid Heuck, Christine Nöstlinger, Beatrix Potter und Josephine Siebe. Deshalb werden meine Schüler fast ausschließlich mit Kinderbuchklassikern „gefüttert".

Neben den bereits aufgeführten Vorteilen liefern uns die Bücher Stoff ...
... zum Geschichtenschreiben,
... für kurze Lesetexte,
... für Entspannungsübungen.

Und damit sind wir wieder bei unserem Thema. Wenn Sie sich also entschließen können, täglich vorzulesen, dann bietet sich hier eine weitere, sehr reizvolle Möglichkeit, Entspannungsübungen zu gestalten. Ich mache Ihnen einige Vorschläge zu einer besonders geeigneten Einstiegslektüre:

Der kleine Wassermann von Otfried Preußler

Kopfkino, erste Möglichkeit:

Du gehst über eine große Wiese – du kommst an einen Weiher – es ist er Mühlenweiher, in dem der kleine Wassermann wohnt – du stehst am Ufer und schaust ins Wasser – jetzt gehst du in das Wasser hinein – es reicht dir schon bis zu den Knien – jetzt reicht es dir bis zum Bauch – nun bist du ganz unter Wasser – du kannst aber richtig atmen – du läßt dich bis auf den Grund des Weihers fallen – da siehst du viele Wasserpflanzen – du kommst dir vor wie in einem Wald – im Weiher ist es dämmrig – du spürst, wie sich die Wasserpflanzen auf einmal bewegen – da kommt der Karpfen Cyprinus angeschwommen – auf seinem Rücken sitzt der kleine Wassermann – jetzt sieht er dich – er fragt dich, wo du herkommst, und du erzählst es ihm – dann darfst du dich auch auf den Karpfen Cyprinus setzen – er schwimmt mit euch beiden im Weiher herum – das macht Spaß – du hältst dich an dem kleinen Wassermann fest, damit du nicht herunterfällst – jetzt mußt du leider wieder gehen – Cyprinus schwimmt mit dir bis ans Ufer – dort verabschiedest du dich von den beiden – dann steigst du aus dem Wasser – seltsam: deine Kleider sind ganz trocken – du gehst über die Wiese heimwärts.

Kopfkino, zweite Möglichkeit:

Statt auf dem Karpfen Cyprinus zu reiten, spielen wir mit dem kleinen Wassermann Fangen oder Verstecken im Weiher.

Kopfkino, dritte Möglichkeit:

Du bist auf einer große Wiese – auf der Wiese ist der Mühlenweiher – du gehst an das Ufer und schaust in das Wasser – neben dir siehst du die Wasserrinne, in der das Wasser für die Mühle fließt – das Schleusentor ist ein Stück weit geöffnet – du schaust dir an, wie das Wasser durch die Rinne saust – da siehst du auf einmal den kleinen Wassermann – er kommt aus dem Schleusentor herausgeschossen und saust im Wasser abwärts, auf das Mühlenrad zu – du schaust ihm noch nach, doch da kommt er schon wieder gelaufen – er sieht dich und fragt dich, ob du mit ihm spielen willst – natürlich willst du – der Wassermann steigt wieder in den Weiher – er saust durch die Wasserrinne, und du läufst nebenher auf der Wiese mit ihm um die Wette – gleichzeitig seid ihr am Mühlenrad – der Wassermann steigt aus dem Mühlenbach, ihr lauft zum Weiher zurück, dann geht das Wettrennen von vorne los: der Wassermann im Wasser, du auf der Wiese – jetzt mußt du wieder gehen – verabschiede dich vom Wassermann – er winkt dir noch nach.

Kopfkino, vierte Möglichkeit:

Du gehst über die große Wiese – es ist Nacht – du hast überhaupt keine Angst – du gehst auf den Mühlenweiher zu – am Himmel siehst du den Mond, groß und silbern – neben dem Weiher stehen große Weiden – sie schauen im Mondlicht ganz verzaubert aus – du bleibst stehen und betrachtest alles – da siehst du auf der Wiese große, durchsichtige Schleier schweben – sie bewegen sich – jetzt merkst du erst: das sind die Nebelfrauen, sie tanzen – schau dem Tanz der Nebelfrauen zu – auf einmal hörst du eine feine, wunderschöne Musik – sie kommt vom Weiher – du gehst der Musik nach – da sitzt unter den Weiden der Wassermannvater und spielt auf seiner Harfe – alles kommt dir wie verzaubert vor – du setzt dich hin und hörst auf das Harfenspiel – da merkst du, daß neben dir im Gras der kleine Wassermann sitzt – auch er ist ganz still – du sitzt im Gras und fühlst dich einfach wohl – jetzt wird es Zeit für dich, nach Hause zu gehen – du stehst ganz leise auf, um nicht zu stören, und gehst leise über die Wiese nach Hause.

Zu einigen weiteren Kinderbüchern werde ich Ihnen nur noch kurz mögliche Inhalte für Entspannungsübungen aufzählen. Sie können Sie ja dann entsprechend „verpacken“, wenn Sie Lust dazu haben.

Pippi Langstrumpf von Astrid Lindgren

Spiel im Garten der Villa Kunterbunt – Hinunterklettern in den Limonadenbaum.

Spiel auf der Taka-Tuka-Insel – Klettern in die Perlenhöhle – Sprung in das Meer – Schwimmen mit den Taka-Tuka-Kindern.
Besuch bei Pippi in der Villa Kunterbunt – Spiel: Nicht den Boden berühren.
Fahrt auf die „einsame Insel" – Lagerfeuer mit Pippi – Picknick – Rückfahrt.

Die *Kasperlebücher* von Josephine Siebe

Kasperle auf Reisen

Besuch bei Kasperle, als es Gänsehirt beim Bauer Strohkopf in Protzendorf ist – Kasperle spielt mit Windgustel und Wassergustel.

Kasperle auf Burg Himmelhoch

Kasperle sitzt am Bach – es klettert auf die Ulme – du kletterst mit – die Elstern fliegen davon – ihr findet den verschwundenen Ring des Herzogs.

Zusammenfassung

Märchen- und Kinderbücher liefern Ihnen Stoff für Entspannungsübungen. Zu den Märchen können Sie außerdem ...
... Bilder malen,
... Lieder singen,
... einen Film zeigen.

Kinderbücher werden von Ihnen in einer täglichen Vorleseviertelstunde vorgelesen. Geeignete Stellen können Sie für Kopfkinos hernehmen.
Außerdem eignen sich Märchen und Kinderbücher ...
... als Erzählimpuls für das Geschichtenschreiben,
... als Vorlage, um kurze Lesetexte selbst zu gestalten.

Einige konkrete Tips vor dem Hintergrund der ersten Erfahrungen

Je nachdem, welcher Lerntyp Sie sind, gibt es jetzt verschiedene Möglichkeiten: Entweder Sie sind jemand, der etwas Neues gleich ausprobieren will – dann haben Sie schon die ersten Erfahrungen mit Kopfkinos oder Übungen zu den Märchen gemacht. In diesem Fall haben Sie sich wahrscheinlich auch einiges von dem, was ich im folgenden anspreche, schon selbst gedacht.

Oder Sie sind jemand, der zuerst die ganze Information haben will, bevor er etwas in die Tat umsetzt. Dann haben Sie zwar noch keine konkreten Erfahrungen gemacht. Ich hoffe aber, daß meine Ausführungen anregend genug für Sie waren, um Sie den Entschluß fassen zu lassen, unbedingt in die Materie einzusteigen. Vielleicht haben Sie sich schon vorgestellt, wie Sie die einzelnen Übungen einsetzen würden. Vielleicht sind auch einige Fragen in Ihnen aufgetaucht von der Art: „Das ist ja alles recht und schön, aber was mache ich, wenn ...?“ Auch Sie werden dann – hoffentlich – im folgenden Abschnitt einige Antworten auf ihre Fragen oder zumindest einige nützliche Tips erhalten.

Ich habe diesen Abschnitt absichtlich und aus didaktischen Gründen nicht in den theoretischen Teil vor die Beschreibung der ersten Übungen gestellt. Ich finde es immer so demotivierend, wenn dauernd von den „Wenns“ und „Abers“ einer Sache gesprochen wird, bevor es überhaupt richtig losgeht. Das paßt sehr gut zur Gralshütermentalität (S. 10 f.), aber ich kann es überhaupt nicht leiden. Da entsteht dann sehr schnell der Eindruck, es handle sich um etwas ungemein Schwieriges, von dem man besser die Finger lasse. Das ist aber auf keinen Fall der Eindruck, den ich vermitteln möchte. Ich bin nämlich ganz entschieden der Meinung, daß sich der Einstieg in das Thema Entspannungsübungen auf alle Fälle lohnt.

Natürlich können auch hier, wie bei allem, was wir mit den Kindern machen, Probleme auftauchen. Vergessen Sie nicht, daß wir uns auf Neuland bewegen. Das ist etwas anderes, als nur das zu wiederholen, was vor Ihnen schon tausendmal von anderen Lehrern gemacht wurde. Das Neue birgt immer mehr Risiken, einfach schon deshalb, weil noch keine starren Muster und Vorlagen existieren. Es bietet aber auch die Chance von Belohnung und Befriedigung in einem Maß, das dem Lehrer, der sich nur auf den ausgetretenen Pfaden bewegt, gar nicht vorstellbar ist.

Ich werde im folgenden einige mögliche Fragen und Schwachstellen aufzählen. Dabei muß es durchaus nicht sein, daß das alles für Sie relevant ist. Ich mache zum Beispiel mit meinen Klassen ganz unterschiedliche Erfahrungen: Was in einem Turnus schwierig war, klappt möglicherweise im darauffolgenden ganz von selbst.

Wo sollen die Kinder während der Entspannungsübungen sitzen?

Für die ersten Übungen würde ich auf alle Fälle die gewohnte Sitzordnung beibehalten. Auf die Dauer finde ich das Sitzen oder Liegen im Kreis jedoch besser. In meiner letzten Klasse saßen wir immer im Schneidersitz. Mit meiner jetzigen

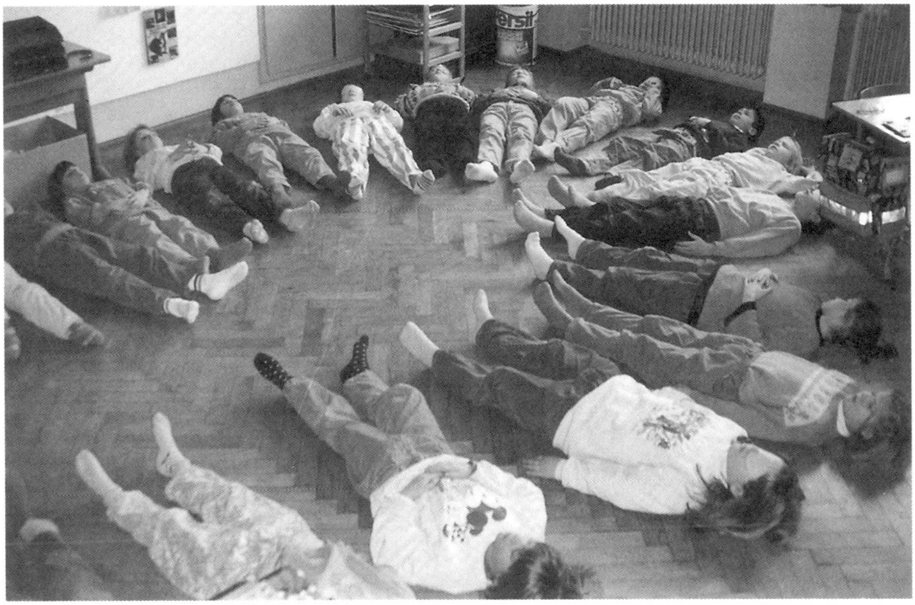

Klasse ist die Konzentration besser, wenn alle liegen. Die ersten Male sollten Sie den Kindern genau zeigen, wie sie sich am besten hinlegen:

- nicht zu weit in die Mitte des Kreises rutschen, sonst stoßen alle mit den Füßen aneinander;
- auf dem Rücken liegen ist besser als seitliches Liegen, weil es nicht so verführt, zum Nachbarn zu schauen und herumzuzappeln;
- genügend seitlichen Abstand zu den Nachbarn lassen;
- wenn die Hände auf dem Bauch liegen, spürt man, wie der Atem ein- und ausströmt, das wirkt konzentrationsfördernd.

Die meisten Kinder meiner Klasse liegen auf dem Rücken. Zwei Mädchen schaffen das nicht, die dürfen natürlich auch auf der Seite liegen. Ich nehme sie aber immer in meine Nähe, dann lenken sie nicht so leicht die anderen ab.

Was tue ich, wenn ein Kind sich nicht ruhig halten kann?

In meiner letzten Klasse hatte ich einen Buben, dem es unmöglich war, sich während der Entspannungsübung stillzuhalten. Ich setzte ihn immer neben mich und legte meinen Arm um ihn. Das erleichterte ihm das Stillsein. Eine weitere Möglichkeit ist es, sich ein Kind so gegenüberzusetzen, daß es den anderen den Rücken zudreht. Wenn es nötig ist, können Sie es auch noch an den Händen halten.

Ich glaube, dieses Bewußtsein, gehalten zu werden, erleichtert gerade den Kindern, die zu Hause wenig Halt erfahren, das Loslassen und das Hineingehen in die Konzentration.

Ganz gelegentlich habe ich auch schon ein Kind, das zu sehr störte, für die Dauer der Entspannungsübung zu einer Kollegin in die Klasse geschickt. Das war aber bisher nur selten nötig, nicht öfter als ein- bis zweimal pro Jahr, in diesem Schuljahr (ich schreibe das im Januar) noch gar nicht.

Ich finde es überhaupt eine gute Maßnahme, Kinder, die aus irgendwelchen Gründen momentan Schwierigkeiten haben, sich in eine Gruppe zu integrieren, für (wohlgemerkt!) kurze Zeit aus der Gruppe zu entfernen. Wichtig ist nur, daß das für das Kind keine Strafe oder kein Racheakt sein soll, sondern die logische Konsequenz aus seinem Verhalten. Ich sage in so einem Fall immer: „Ich glaube, du hast gerade Probleme, ruhig zu arbeiten. Setz dich hier alleine an diese Bank. Wenn du glaubst, daß es wieder geht, gehst du zurück an deinen Platz."

Wenn die Entscheidung, wann das „Exil" beendet werden soll, beim Kind liegt, dann sind nicht wir allein die Macher, sondern es bestimmt mit. Manchmal sind gerade unkonzentrierte Kinder froh, wenn sie eine Zeitlang allein sitzen können, weil sie ja selber wollen, daß sie sich auf ihre Arbeit konzentrieren können.

Bringen Sie einen Schüler während der Entspannungsübung in eine andere Klasse, kann er natürlich nicht irgendwann zurückkommen, sondern muß warten, bis Sie ihn wieder holen. Letztes Jahr mußte ich Simon einmal bei einer Kollegin „parken". Am nächsten Tag fragte ich ihn vor der Übung: „Was meinst du, kannst du heute hierbleiben oder möchtest du lieber wieder zu Frau N.?" Er wollte dableiben, und es gab von da an auch keine gravierenden Probleme mehr mit ihm. Er mußte zwar immer noch neben mir sitzen. Aber es genügte dann, wenn ich ihn leicht berührte, um ihn daran zu erinnern, ruhig zu sein. Gerade er profitierte sehr von den Entspannungsübungen. Das ist übrigens etwas, das Sie sehr bald selbst feststellen werden oder auch schon festgestellt haben: Die Kinder, die Entspannungsübungen am nötigsten haben, machen manchmal (nicht immer!) die meisten Schwierigkeiten, aber gerade an ihnen ist auch der Nutzen am deutlichsten zu sehen.

Was tue ich, wenn einige Kinder die Augen nicht zulassen können?

Wenn ein Kind bei der Entspannungsübung die Augen nicht zulassen kann, dann hat das oft damit zu tun, daß es sich das schlicht und einfach nicht traut. Wenn ich die Augen schließe, verzichte ich darauf zu kontrollieren, was in meiner Umgebung vorgeht. Ich muß mich also sicher fühlen, darauf vertrauen, daß mir nichts geschieht. Ich muß es wagen, mich fallenzulassen. Gerade dieses ursprüngliche Vertrauen in das Leben fehlt aber heute vielen Kindern.

Es sollte deshalb nicht von vornherein als Disziplinlosigkeit angesehen werden, wenn es einem Kind nicht gelingt, die Augen geschlossen zu halten. In meiner Klasse war das für Denise zunächst einmal ganz unmöglich. Inzwischen gelingt es ihr meistens ganz gut. Wenn nicht, haben wir einige Möglichkeiten, mit diesem Problem umzugehen:

- Sitzen wir bei unserer Übung alle im Schneidersitz auf dem Boden, so kann sie die Augen ohne Störung für die anderen offenhaben, wenn sie nur vor sich auf den Boden schaut. Es muß aber klargemacht werden, daß es absolut nötig ist, die anderen in Ruhe zu lassen und nicht anzuschauen, denn das spüren sie und werden dann abgelenkt.

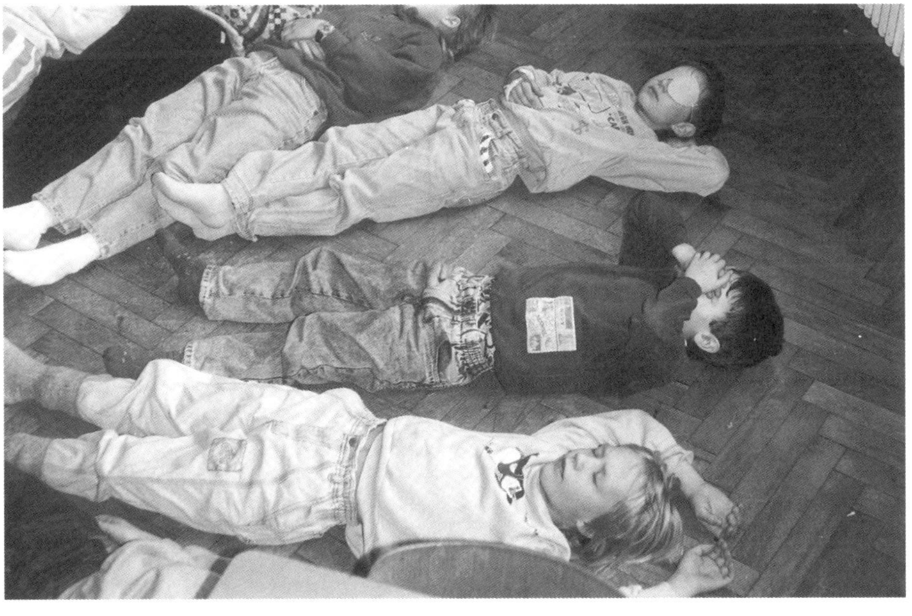

- Liegen wir im Kreis auf dem Boden, dann liegt sie auf dem Rücken und schaut an die Decke. Auch das stört niemanden.
- Wir haben auch selbstgebastelte Augenmasken aus Fotokarton, die gerne aufgesetzt werden und das Problem ebenfalls lösen. Sie werden sich vielleicht fragen, was denn das für einen Unterschied macht: nichts sehen, weil die Augen geschlossen sind, oder nichts sehen, weil man eine Maske aufhat. Ich kann dazu wieder nur meine subjektive Meinung äußern, daß es einfach einen Unterschied macht, ob der Impuls von innen kommt (Augen zulassen) oder von außen (Maske aufsetzen). Es ist ja sicher auch bei den angstbesetzten Kindern nicht so, daß sie während der Entpannungsübung tatsächlich und konkret Angst haben, es könnte ihnen etwas passieren. Sie schaffen es nur eben wegen ihrer Angstbesetztheit nicht, sich fallenzulassen und auf die Kontrolle zu verzichten, und das wird ihnen sicher durch das Aufsetzen einer Maske erleichtert.

Sollten Sie auch Lust haben, solche Augenmasken zu basteln, finden Sie auf S. 103 ein Muster in Originalgröße. Sie brauchen dafür Fotokarton und Gummischnur (nicht Hosengummi, der ist viel zu stramm). Ich bitte bei derartigen Arbeiten immer die Mütter um ihre Mithilfe. Man kann ja schließlich nicht alles allein machen. Am besten lassen Sie von den Masken gleich einen Klassensatz machen, denn sie sind universal einsetzbar bei Horchübungen, Tastspielen usw.

Soll der Lehrer die Übung mitmachen oder nur aufpassen?

Grundsätzlich ist es natürlich auch für die Lehrkraft sehr angenehm, wenn sie sich entspannen kann. Wenn Sie mit den Übungen anfangen, werden Sie zunächst freilich ihr Augenmerk in erster Linie auf einen ungestörten Ablauf richten. Bei den ersten Kopfkinos, auch bei den Übungen zu den Märchen ist Ihre Rolle noch in erster Linie die des Organisators und Beobachters. Je mehr Ihre Schüler sich aber an regelmäßiges Entspannen gewöhnen, desto eher können auch Sie sich den Luxus des Loslassens und Entspannens gönnen.

Ich halte meine Augen meist geschlossen und schaue zwischendurch einmal in die Runde, das genügt.

Kann ich Kinder während der Übung ermahnen?

Die Antwort auf diese Frage heißt eindeutig: Ja. Die Ermahnung muß nur so verpackt werden, daß andere Kinder dadurch nicht gestört und aus der Konzentration gerissen werden. Es wäre sicher völlig falsch, in gereiztem, womöglich auch noch lautem, Ton zu sagen: „Also Gerd, mußt du schon wieder so herumzappeln? Hör doch endlich damit auf!"

Wenn Herumzappeln das Thema ist, können Sie folgenden Satz einflechten, am besten mit einer auf eine tiefere Frequenz gesenkten Stimme, aber sonst genau in dem Tonfall, in dem Sie den Text für die Entspannungsübung sprechen:

„Wir sitzen und liegen ruhig und entspannt. Wir halten die Arme und Beine ruhig. Auch Gerd hält seine Arme und Beine ruhig." Dann fahren Sie mit Ihrem Text fort.

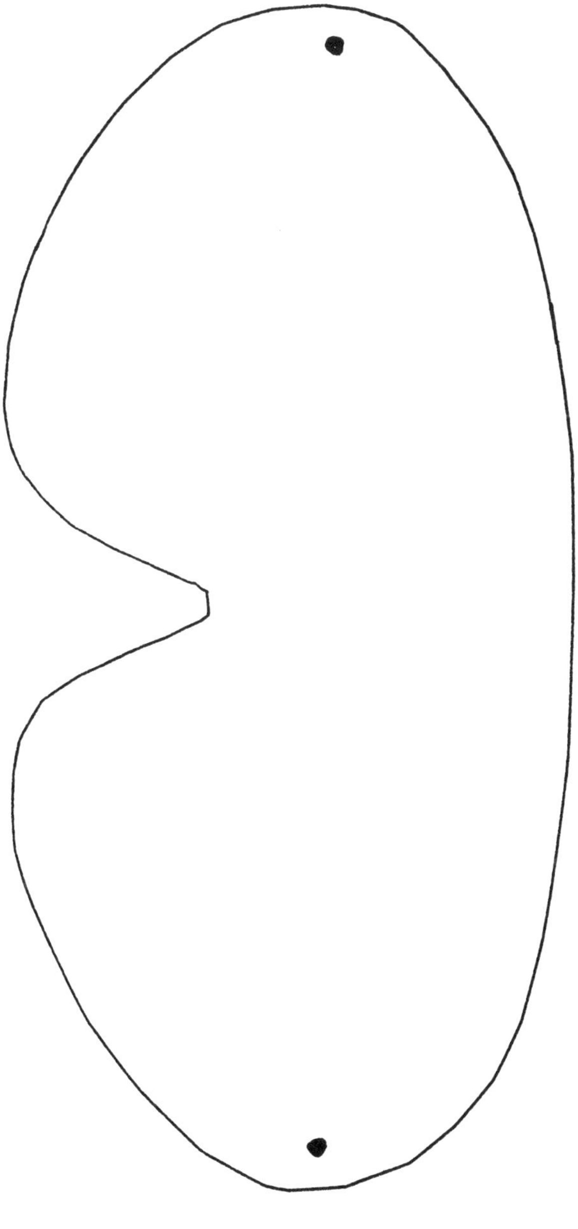

Die Augenmaske in Originalgröße

In meiner Klasse haben Natascha und Cornelia Probleme mit dem Ruhigliegen, während Gerti und Adrienne gelegentlich die Augen aufmachen. Ich gebe ihnen aber nur noch selten Augenmasken, weil es mein Ziel ist, daß sie sich auch unabhängig von solchen Hilfsmitteln entspannen können. Falls es nötig ist, erinnere ich sie während der Übung daran:

„Wir liegen oder sitzen ruhig und entspannt. Wir haben die Augen geschlossen. Auch Gerti und Adrienne haben ihre Augen geschlossen."

Kommt es bei denselben Kindern an mehreren Tagen hintereinander vor, daß sie ermahnt werden müssen, dann erinnere ich sie vor der Übung daran, ruhig zu bleiben und sage: „Es wäre schön, wenn du heute während der Übung gar nicht oder höchstens einmal ermahnt werden müßtest." Mit dieser „Prophylaxe" habe ich gute Erfahrungen gemacht.

Ist es nötig, hinterher noch über die Übung zu reden?

Auch darauf ein klares Ja, zumindest, was meine Erfahrungen betrifft. Es ist nicht nötig, diese Phase sehr auszudehnen, aber ich habe festgestellt, daß es für viele Kinder wichtig ist, die Möglichkeit zu haben, ihren Eindruck oder ihre Befindlichkeit kurz zu artikulieren. Für Markus – Sie kennen ihn bereits von den „Sieben Geißlein", er spielte einen der Wölfe – war es zum Beispiel lange Zeit sehr schwierig, die Augen zu schließen und seine Aufmerksamkeit auf das Thema der Übung zu lenken. Deshalb genießt er es immer sehr, wenn er der Klasse mitteilen kann: „Heute ging es mir beim Konzentrieren gut."

Damit wir für das Erzählen und Nachbesprechen nicht zuviel Zeit brauchen, gilt: Jeder beschränkt sich auf einen Satz. Dabei lassen wir unseren Holzstab – es ist ein Klangholz aus dem Orffschen Instrumentarium – im Kreis herumgehen. Wer ihn in der Hand hält, darf reden. Wer nichts sagen will, gibt den Stab einfach eins weiter. Das hat den Vorteil, daß die Unruhe des Zu-Wort-Meldens und Aufrufens wegfällt und die Kinder besser auf das hören können, was ihre Mitschüler sagen, weil sie ja genau wissen, wann sie selbst an der Reihe sind: erst dann, wenn der „Stab des Sprechers" bei ihnen angelangt ist.

Manchmal haben wir soviel zu tun, daß diese Schlußphase der Entspannungsübung wegfällt. Das ist aber die absolute Ausnahme und kommt im Monat höchstens ein- bis zweimal vor.

Wann ist im Laufe des Vormittags der günstigste Zeitpunkt für eine Entspannungsübung?

Nachdem ich verschiedene Möglichkeiten ausprobiert habe – zum Beispiel gleich zu Unterrichtsbeginn, nach der Freiarbeitsphase, vor der großen Pause, nach der großen Pause –, steht für mich fest: Wir alle genießen die Entspannungsübung am meisten nach der großen Pause. Dafür gibt es eine Reihe guter Gründe:

- Die Kinder sind erhitzt vom Herumlaufen und freuen sich darauf, sich erst einmal „erholen“ zu können.
- Manchmal hat es in der Pause Ärger gegeben, der sich erst auflösen muß, bevor effektiv weitergearbeitet werden kann. Da in der Entspannung auch Streß abgeleitet wird, fällt es den Kindern anschließend leichter, sich wieder der Arbeit zuzuwenden.
- Uns allen tut es gut, für die zweite Hälfte des Unterrichtstages Kraft und Energie zu tanken.
- Der Übergang vom körperlichen Spiel im Freien zur geistigen Arbeit drinnen wird mühelos bewältigt.

Zusammenfassung

- Es hat sich bewährt, beim gemeinsamen Entspannen im Kreis zu sitzen oder zu liegen.
- Es tut auch dem Lehrer gut, die Übungen mitzumachen.
- Wichtig ist, daß hinterher jeder kurz die Möglichkeit hat, sich zu äußern.
- Es ist günstig, die Entspannungsübung nach der großen Pause durchzuführen.

Es ist ganz natürlich, daß auch beim Durchführen von Entspannungsübungen – nicht anders als beim Lesen, Schreiben, Rechnen, Malen usw. – manchmal Probleme auftreten. Sie haben eine Reihe von Möglichkeiten, wirkungsvoll damit umzugehen:

- Kinder, die neben oder vor Ihnen sitzen, können von Ihnen leicht zur Ruhe angehalten werden.
- Notfalls kann ein Kind für die Dauer der Übung auch zu einer Kollegin geschickt werden.
- Augenmasken helfen dabei, die Augen geschlossen zu halten.
- In den Text der Übung eingebettete Ermahnungen erinnern die Kinder wieder daran, sich ruhig zu halten, die Augen zu schließen usw.
- „Prophylaktische“ Ermahnungen sind oft sehr sinnvoll.

Kapitel 4

Vom Kopfkino zum Gehirnsammeln – verschiedene Kategorien von Entspannungsübungen

In vielen Büchern wird der Eindruck vermittelt, Entspannung mit Kindern, das sei gleichbedeutend mit dem Vorlesen von Phantasiereisen. Das ist sicher eine sehr schöne Möglichkeit, aber eben nur eine von mehreren. Um Ihnen eine Vorstellung von der Vielfalt zu geben, aus der Sie wählen können, soll bei diesem Kapitel die Zusammenfassung einmal am Anfang kommen. Hoffentlich werden Sie dadurch schon ein bißchen neugierig gemacht auf das Folgende.

Und das sind die Möglichkeiten, die uns für unsere täglichen Übungen zur Verfügung stehen:

1. Phantasiereisen
2. Reisen durch den Körper
3. Besuch im Gehirn
4. Übungen mit dem Regenbogen
5. Die Wirkung verschiedener Farben
6. Die rosarote Wolke
7. Der Zauberballon
8. Der schöne Ort
9. Wir fassen gute Vorsätze
10. Der Zauberbrunnen
11. Reisen auf der Wolke
12. Besuch bei Märchen- und Fabelwesen
13. Übungen, die zur Jahreszeit passen
14. Besuch bei Tieren und Pflanzen
15. Übungen, die zum Unterricht passen
16. Superlearning
17. Übungen für bestimmte Situationen
18. Schwere- und Wärmeübungen
19. Schutzübungen

Zu jedem dieser Themen finden Sie einige vollständige Texte, außerdem noch Anregungen in Stichpunkten. Alle Übungen haben den gleichen Aufbau:

Hineinführen
Inhalt der Übung
Herausführen

Anfang und Ende des Mittelteils sind durch drei Sternchen gekennzeichnet, so daß Sie damit experimentieren können, andere, von Ihnen selbst formulierte Inhalte einzusetzen.

An den Stellen, wo drei Punkte eingefügt sind, machen Sie am besten immer eine kleine Pause beim Vorlesen, so lange, wie es Ihrem Gefühl nach richtig ist.

Wenn Sie zuerst die Zusammenhänge erfahren möchten, dann überblättern Sie einfach die konkreten Übungen und lesen nur den verbindenden Text. Die vollständigen Entspannungsübungen sind eingerahmt und kursiv gedruckt, die Anregungen in Stichpunkten sind ohne Rahmen kursiv gedruckt.

1. Phantasiereisen

Wie schon gesagt: Sie stellen wohl die bekannteste Möglichkeit dar, mit Kindern Entspannungsübungen durchzuführen. Deshalb sollen sie hier auch an erster Stelle behandelt werden.

Ich weiß nicht, ob es eine allgemeingültige Definition dafür gibt, was Phantasiereisen genau sind. Mir ist jedenfalls noch keine untergekommen. Genaugenommen ist alles, was wir nur „im Kopf" unternehmen, eine Phantasiereise, denn der Körper bleibt ja an seinem Platz und geht nicht mit. Wenn ich mir anschaue, was in Büchern unter dieser Bezeichnung angeboten wird, dann geht es immer um Reisen an andere – oft ferne – Orte, wo es allerhand zu sehen oder zu erleben gibt. In dieser Bedeutung soll der Begriff auch hier verwendet werden.

Die ferne Insel

Wir atmen miteinander aus, ... dann wieder ein, ... dann wieder aus, ... wieder ein. ... Stell dir vor, daß du beim Ausatmen graue Luft wegatmest, das ist alles, was du loshaben willst, und atme aus, ... atme gute, weiße Energie ein ... und graue Luft aus. Atme alleine weiter, immer weiße Energie ein und graue Luft aus, bis du meine Stimme wieder hörst. ...

* * *

Du gehst jetzt in Gedanken auf unsere Wiese. ... Du bist barfuß und spürst das weiche Gras an den nackten Füßen. ... Die Sonne scheint warm. ... Du streckst die Hände nach oben, zum Himmel. ... Plötzlich spürst du, daß du im Bauch ganz leicht wirst. Spüre, wie leicht du wirst, ... ganz leicht ... und immer leichter. ... Auf einmal fängst du an zu schweben. ... Deine Füße schweben schon ein Stück über dem Boden, ... höher, ... immer höher. ... Jetzt ist die Wiese unter dir schon ganz klein. ... Du fliegst über Städte und Dörfer. ... Jetzt liegt das Meer unter dir, ... du fliegst über dem blauen Wasser. ... In der Ferne taucht eine Insel auf. ... Sie kommt näher ... und näher. ... Du bist genau über der Insel. ... Langsam sinkst du tiefer ... und tiefer. ... Auf der Insel leben braune Menschen. ... Sie schauen hoch zu dir und winken dir. ... Du landest auf einer Wiese unter Palmen. ... Braune Kinder kommen und wollen mit dir spielen. ... Du läufst mit ihnen in den Wald hinein. ... Es ist ein richtiger Urwald mit mächtigen Bäumen. ... Auf den Bäumen sitzen bunte Papageien. ... Du spielst mit den Kindern so lange, bis du meine Stimme wieder hörst. ... (Etwas längere Pause) ... Jetzt mußt du wieder gehen. Die Kinder begleiten dich zu der Wiese unter den Palmen. ... Du verabschiedest dich von ihnen. ... Du streckst die Arme hoch. ... Da wird es in deinem Bauch ganz leicht. ... Du fängst wieder an zu schweben. ... Die Kinder winken dir noch. ... Dann bist du wieder hoch in der Luft über der Insel.

... Du fliegst über das Meer. ... Jetzt siehst du unter dir schon wieder Städte und Dörfer. ... Jetzt bist du über deiner Wiese. ... Du landest auf der Wiese. ... Spüre den Boden unter deinen Füßen. ... Du gehst über die Wiese heimwärts. ...

* * *

In einem Augenblick zähle ich bis fünf. Bei fünf machst du die Augen auf, bist wieder in unserer Klasse und fühlst dich wohl. Eins ... atme tief durch, ... zwei ... noch einmal, ... drei ... bewege dich ein bißchen, ... vier ... balle die Fäuste ... und strecke sie ... und balle sie ... und strecke sie ... und balle sie ... und strecke sie, ... und fünf ... die Augen auf.

Unter Wasser

Wir atmen miteinander aus ... und ein ... und aus ... und ein. ... Konzentriere dich jetzt auf deine Stirn, ... so fest, daß du sie spüren kannst, ohne sie anzufassen. ... Konzentriere dich auf deine Stirn. ... Spüre die Haut, die deine Stirn bedeckt. ... Spüre sie, ohne hinzufassen. ... Konzentriere dich nur auf deine Stirn ... und spüre sie ... und entspanne sie. ... Konzentriere dich jetzt auf deine Augenlider, auf die Haut, die deine Augen bedeckt, ... und spüre sie, ohne sie anzufassen. ... Spüre, wie deine Augenlider schwer werden, ... schwer, ... ganz schwer. ... Deine Augenlider sind schwer. ... Laß dieses schwere Gefühl über die Wangen herablaufen und entspanne deine Wangen. ... Deine Wangen sind locker und entpannt. ... Deine Stirn ist locker und entspannt. ... Deine Augenlider sind schwer. ...

* * *

Du gehst jetzt in Gedanken auf unsere Wiese. ... Du bist barfuß. ... Du spürst das weiche Gras an deinen Füßen. ... Du gehst über die Wiese. ... Die Sonne scheint warm. ... Du gehst immer weiter, ... einen Schritt nach dem anderen. ... Jetzt kommst du an einen See. ... Du stehst am Ufer und schaust in das Wasser. ... Du ziehst deine Schuhe aus. ... Dann gehst du in das Wasser, ... immer weiter hinein. ... Das Wasser reicht dir bis an die Knie, ... dann bis an die Hüften. ... Jetzt tauchst du unter und schwimmst tiefer in den See hinein. ... Du hast überhaupt keine Angst. ... Unter Wasser ist es dämmrig. ... Du bist auf dem Grund des Sees. ... Da gehst du spazieren. ... Seltsam, daß du unter Wasser atmen kannst, ... aber du wunderst dich eigentlich gar nicht. ... Unter Wasser leben viele Tiere. ... Schöne Gräser wachsen am Grund des Sees. ... Zwischen den Gräsern siehst du den Eingang zu einer Höhle. ... Du gehst hinein. ... In der Höhle liegt ein Schatz. ... Schau ihn dir genau an. ... (Etwas längere Pause) ... Du darfst etwas von dem Schatz mitnehmen. ... Du kletterst aus der Höhle ... und gehst wieder in Richtung Ufer. ... Jetzt schaut schon dein Kopf aus dem Wasser. ... Jetzt reicht dir das Wasser nur noch bis zu den Hüften, ... und jetzt bis zu den Knien. ... Du bist wieder am Ufer. ... Du ziehst deine Schuhe an und gehst über die Wiese heimwärts. ... Deine Kleider sind auf einmal wieder ganz trocken. ...

* * *

In einem Augenblick werde ich bis fünf zählen. ... Bei fünf öffnest du die Augen, bist wieder in unserer Klasse und fühlst dich wohl. ... Eins ... atme einmal tief durch, ... zwei ... und noch einmal, ... drei ... bewege dich ein bißchen, ... du kannst dich strecken, ... vier ... balle die Fäuste ... und strecke sie ... und balle sie ... und strecke sie ... und balle sie ... und strecke sie. ... Und fünf ... die Augen auf.

Weitere Möglichkeiten:

Besuch am Nordpol

Du stehst auf der Wiese, ... wirst leicht, ... fliegst, ... es wird immer kälter, ... du landest am Nordpol, ... machst einen Spaziergang im Eis, ... begegnest einem Eisbären, ... er läßt dich auf seinem Rücken reiten, ... das Fell ist mollig weich und warm, ... du verabschiedest dich wieder, ... du fliegst zurück auf die Wiese.

Flug in das Weltall

Auf der Wiese steht ein Raumschiff, ... freundliche Menschen von einem fremden Planeten sind angekommen, ... sie zeigen dir das Raumschiff, ... sie fragen dich, ob du ihren Planeten besuchen willst; ... du willst, ... sie fliegen mit dir los, ... die Erde wird zu einer blauen Kugel, ... du landest auf dem Planeten. ... Dort ist es ganz anders als bei uns, ... viel schöner. ... Schau dir alles genau an. ... Jetzt mußt du wieder zurück, ... die Bewohner des fremden Planeten geben dir ein Geschenk mit, ... du steigst in das Raumschiff, ... es startet, ... du siehst die Erde als blaue Kugel am Himmel, ... sie wird größer ... und größer, ... du erkennst Städte und Dörfer und Wälder, ... du landest auf deiner Wiese, ... du verabschiedest dich von den Fremden und gehst heimwärts.

Der fliegende Teppich

Du findest auf deiner Wiese einen Teppich, ... du setzt dich darauf, ... der Teppich fliegt los, ... hoch und immer höher, ... über das Meer, ... du landest in der Wüste, ... Dort ist es sehr heiß, ... spüre die Hitze. ... Ein Kamel kommt, ... es kniet nieder, ... du steigst auf seinen Rücken, ... es galoppiert mit dir los, ... ein tolles Gefühl. ... An einem Brunnen hält es, ... du steigst ab und läßt den Eimer in den Brunnen hinunter, ... das Wasser im Eimer ist ganz kühl, ... du trinkst aus der hohlen Hand, ... es schmeckt köstlich, ... dann steigst du wieder auf das Kamel, ... es bringt dich zu dem Teppich zurück, ... du steigst auf und fliegst wieder heim.

2. Reisen in den Körper

Die meisten unserer Körperfunktionen laufen unbewußt und unabhängig von unserem Willen ab. Wenn ich mit den Kindern darüber spreche, was Tag und Nacht an lebenswichtigen Arbeiten erledigt wird, ohne daß sie sich dafür anstrengen müssen, dann sind sie ganz „baff". Ich finde es sehr wichtig, daß wir unseren Körper mit Liebe und Respekt behandeln und ihn nicht nur als untergeordnetes Vehikel ansehen, das uns gefälligst zu Diensten sein soll. Deshalb bilden die Körperreisen einen immer wiederkehrenden Programmpunkt beim „Gehirnsammeln".

Wenn wir zu verschiedenen Organen und Körperteilen Kontakt aufnehmen, mit ihnen „reden", können wir deren Funktion günstig beeinflussen. Das wird inzwischen von vielen ganzheitlich orientierten Ärzten so gesehen und zum Beispiel auch durch die Arbeit von Carl und Stephanie Simonton belegt.[19]

Mir geht es darum, den Kindern grundlegende Erfahrungen zu vermitteln, auf die sie auch später einmal zurückgreifen können. Als Hansi nach der Pause einmal über Übelkeit und Bauchweh klagt, nehmen wir uns gleich eine Körperreise vor. Wir gehen alle in unseren Magen und in den Bauch, schauen nach dem Rechten und bedanken uns für die Arbeit, die tagtäglich geleistet wird. Danach ist Hansis Übelkeit verschwunden, und auch einige der anderen Kinder behaupten, sich besser als vorher zu fühlen.

Nun wollen Sie sicher wissen, was wir da genau gemacht haben, und deshalb soll uns die erste Körperreise auch gleich in Magen und Bauch führen.

Reise in Magen und Bauch

Wir atmen miteinander aus ... und ein ... und wieder aus ... und ein. ... Denke dir, daß du alles, was du loshaben willst, wegatmest als graue Luft; du atmest es aus, ... und du atmest gute, weiße Energie ein ... und graue Luft aus ... und weiße Energie ein. ... Atme jetzt alleine weiter, immer graue Luft aus und weiße Energie ein, bis du meine Stimme wieder hörst. ...

* * *

Du sitzt ganz ruhig da, ... dein Atem geht ruhig und gleichmäßig. ... Plötzlich wirst du zu einem ganz kleinen Lichtpunkt. ... Jetzt kannst du in deinem eigenen Körper spazierengehen. ... Zuerst gehst du in den Mund, ... du bist so klein, daß die Zähne für dich wie Berge sind. ... Schau an den großen, weißen Bergen hinauf. ... Jetzt stehst du auf der Zunge. ... Sie ist warm und weich, ... wie eine große Matratze. ... Du gehst tiefer in den Mund hinein, ganz hinter, bis dorthin, wo die Speiseröhre in den Magen hinunterführt. ... Jetzt rutschst du durch die Speiseröhre in den Magen hinunter, wie auf einer riesigen Rutsche. ... Du bist im Magen. ... Da liegen die Reste von deinem Frühstück und von deiner Pause, die werden im Magen zu einem Brei gemacht. ... Du ziehst dir Gummistiefel an und stampfst in dem Essensbrei herum. ... Im Magen ist es dämmrig und warm. ... Es schaut aus wie in einem großen Sack. ... Du gehst überall herum, und immer, wenn du etwas siehst, was dir nicht gefällt, bringst du es in Ordnung. Du hast Zauberhände und kannst das. ... Sage jetzt: Danke, lieber Magen, daß du immer so gut mein Essen für mich verdaust. ... Danke, lieber Magen, daß du immer so gut mein Essen für mich verdaust. ... Schau dich im Magen um: An einer Seite geht ein Tunnel weg, der Dünndarm. Da marschierst du jetzt hinein. ... Im Dünndarm wird dein Essen weiter verdaut und in ganz kleine Stücke zerlegt. ... Du gehst jetzt im Darm spazieren. ... Immer, wenn du etwas siehst, was dir nicht gefällt, bringst du es mit deinen Zauberhänden in Ordnung. ... Sage: Danke, lieber Dünndarm, daß du immer so gut mein Essen für mich kleinmachst. ... Danke, lieber Dünndarm, daß du immer so gut mein Essen für mich klein machst. ... Jetzt spazierst du wieder zurück in den Magen. ... Deine Gummistiefel ziehst du wieder aus. Dann kletterst du die Speiseröhre hoch. ... Jetzt bist du wieder im Mund, ... und jetzt bist du wieder so groß wie immer und bist richtig in deinem Körper. ... Fühle deine Arme ... und deine Beine. ... Fühle, wo du auf dem Boden sitzt oder liegst. ...

* * *

In einem Augenblick werde ich bis fünf zählen, ... bei fünf öffnest du die Augen, bist wieder in unserer Klasse und fühlst dich wohl. ... Eins ... tief durchatmen, ... zwei ... und noch einmal, ... drei ... bewege dich ein bißchen, ... vier ... du kannst dich strecken, ... und fünf ... die Augen auf.

Das war eine verhältnismäßig lange Körperreise. Zum Anfangen gestalte ich das etwas kürzer. Wie, das sehen Sie im nächsten Beispiel. Noch etwas zu dem Dank an die verschiedenen Organe: Wenn Sie mit größeren Kindern arbeiten und das Gefühl haben, das fänden die zunächst komisch, können Sie diese Stelle natürlich auch weglassen oder anders gestalten, zum Beispiel: Bedanke dich jetzt beim Magen für seine Arbeit.

Sie müssen sich selber wohlfühlen beim Durchführen einer Übung, und je öfter Sie „so etwas" machen, desto mehr legen Sie sicher auch eigene Hemmungen ab. Wenn Sie sich auf Entspannungsübungen einlassen, lassen Sie sich natürlich auch weit mehr auf der Gefühlsebene mit Ihren Schülern ein, als das im herkömmlichen Unterricht der Fall ist. Und wenn Ihnen das nicht gleich auf Anhieb leichtfällt, so ist das völlig normal, denn wir werden ja in unserem schulischen Alltag weiß Gott nicht ermuntert, unsere Emotionen oder die der Schüler besonders ernst zu nehmen.

Eine Schulpsychologin, die mit halbwüchsigen Schülern Entspannungsübungen macht, „gestand" einmal bei einer Fortbildungsveranstaltung, sie habe sich am

Anfang schrecklich geniert, so aus sich herauszugehen und derart gefühls- und gemütsbetonte Inhalte den Jugendlichen vorzusetzen, aber der Erfolg spreche einfach für sich. Wie auch immer, fangen Sie so an, wie es für Sie richtig ist, aber fangen Sie an!

Die folgende Übung ist kurz, eignet sich bestens als Einstieg in das Thema Körperreisen und hat bisher allen Kindern großen Spaß gemacht.

Reise in den Mund

Wir atmen alle miteinander aus ... und ein ... und aus ... und ein. ... Beim Ausatmen stellst du dir jetzt vor, daß du graue Luft wegatmest; das ist alles, was du loswerden möchtest. ... Atme es weg ... und atme gute, weiße Energie ein ... und graue Luft aus ... und weiße Energie ein ... und graue Luft aus. ...

* * *

Du bist jetzt ruhig und entspannt. ... Dein Atem geht langsam und gleichmäßig, ... langsam und gleichmäßig. ... Plötzlich wirst du zu einem kleinen Lichtpunkt, so klein, daß du in deinem eigenen Körper spazierengehen kannst, ... und du gehst jetzt in deinen Mund. ... Du bist ganz klein, und die Zähne sind für dich so groß wie Berge. ... Du kannst auf diesen Zahnbergen herumklettern. ... Immer, wenn du etwas siehst, was dir nicht gefällt, kannst du es mit deinen Händen in Ordnung bringen. ... Du hast jetzt Zauberhände, die können das. ... Du kannst so lange in deinen Zähnen herumklettern, bis du meine Stimme wieder hörst. ... (Kleine Pause) ... Und nun bedanke dich bei deinen Zähnen für ihre Arbeit, sag: Danke, liebe Zähne, daß ihr immer mein Essen so gut für mich kaut. ... Jetzt hüpfst du herunter von den Zähnen auf die Zunge. ... Die ist ganz weich, wie eine Matratze. ... Auf dieser Matratze darfst du herumhopsen und springen, so lange, bis du meine Stimme wieder hörst. ... (Kleine Pause) ... Und nun bedanke dich noch bei deiner Zunge für ihre Arbeit, sag: Danke, liebe Zunge, daß du immer so gut mein Essen für mich schmeckst. ... Jetzt wirst du wieder so groß, wie du immer bist. ... Du bist wieder richtig in deinem Körper. ... Du kannst deine Beine fühlen ... und deine Arme. ...

* * *

In einem Augenblick zähle ich bis fünf. ... Bei fünf machst du die Augen auf, bist hellwach und fühlst dich wohl. ... Eins ... atme tief durch, ... zwei ... und noch einmal, ... drei ... bewege dich ein bißchen, ... vier ... du kannst dich strecken, ... und fünf ... die Augen auf.

Weitere Möglichkeiten für Körperreisen:

Reise ins Herz

Du wirst ein kleiner Lichtpunkt, ... wanderst ins Herz, ... da sind große Hallen, ... durch die fließen rote und blaue Bäche.... Die roten Bäche sind das frische Blut, das in den Körper gepumpt wird, ... die blauen Bäche sind das verbrauchte Blut, das in die Lunge gepumpt wird.... In der Lunge bekommt das blaue Blut Sauerstoff, dann wird es wieder rot.... Du wanderst in den Hallen herum und siehst den Blutbächen zu, wie sie strömen.... Immer, wenn du etwas siehst, was dir nicht gefällt, dann bring es mit deinen Zauberhänden wieder in Ordnung.... Die ganze Zeit hörst du laute, hallende Schläge, wie Hammerschläge.... Das sind die Schläge deines Herzens,... Es pumpt Tag und Nacht das Blut für dich durch die Adern. ... Bedanke dich bei deinem Herzen für seine Arbeit. ... Nun wirst du wieder groß ...

Besuch in der Lunge

Du wirst ein kleiner Lichtpunkt, ... du gehst in die Lunge. ... Sie sieht aus wie ein riesiger Schwamm mit vielen tausend winzigen Löchern. ... Wenn du Luft einatmest, wird der Schwamm groß und dehnt sich aus, ... wenn du ausatmest, wird er kleiner, die Löcher werden kleiner.... Du spazierst in dem Schwamm herum, atmest aus, ... du spürst, wie es in der Lunge enger wird.... Jetzt atme ein, ... du hast wieder reichlich Platz. ... Atme aus, ... es wird wieder eng, ... atme ein, ... du hast wieder Platz. ... Du kannst jetzt alleine in der Lunge herumwandern und -klettern. ... Immer, wenn du etwas siehst, was dir nicht gefällt, bring es mit deinen Zauberhänden wieder in Ordnung.... (Kleine Pause)... Nun bedank dich bei der Lunge für ihre Arbeit. ... Jetzt wirst du wieder so groß wie immer ...

Fahrt im Herz-Lungen-Kreislauf

Du wirst ein kleiner Lichtpunkt ... und gehst ins Herz. ... Da kennst du dich schon aus, ... du siehst die roten und blauen Bäche strömen, ... du weißt schon, das blaue Blut wird in die Lunge gepumpt, dort bekommt es Sauerstoff. ... Auf einem der blauen Blutbäche kommt plötzlich ein kleines Boot geschwommen, ... du steigst ein, ... die Fahrt geht in die Lunge, ... die sieht aus wie ein riesiger Schwamm.... Der Bach mit deinem Boot darauf führt direkt in den Schwamm hinein, es geht durch enge Öffnungen, ... so als würdest du zwischen lauter Felsen durchfahren.... Schau in den Bach hinein, ... er färbt sich langsam rot ... und immer röter.... Jetzt führt der Bach wieder aus dem Lungenschwamm heraus, ... das Blut ist jetzt ganz rot.... Nun bist du wieder im Herzen angelangt. ... Steig aus dem Boot aus, ... jetzt wirst du wieder so groß wie immer ...

3. Besuch im Gehirn

Besuche im Gehirn sind eigentlich eine Sonderform der Reisen in den Körper. Sie dienen einem zweifachen Zweck:

a) Wir schauen in verschiedenen Abteilungen des Gehirns „nach dem Rechten". Das macht uns bewußt, wie wichtig die Arbeit der „Hardware" Gehirn für uns ist. Es schafft auch die Verbindung zur Bedeutung der kinesiologischen Übungen (s. S. 40 ff.), die ja viel dazu beitragen, unser Gehirn leistungsbereiter und -fähiger zu machen. Den Kindern macht es Spaß, auf diese Weise ihre Fortschritte zu erleben. So kann es sein, daß beim ersten Besuch die Arbeiter in der Lese- oder Schreibabteilung sehr faul sind und nichts tun wollen. Das Kind als „Gehirnbesitzer", also als „Chef", kann nun seine faulen Arbeiter ermahnen, schimpfen, kurz: ihnen auf irgendeine Weise „Dampf machen". Wenn wir die Übung dann eine Woche später wiederholen, wird in der betreffenden Abteilung meistens schon besser gearbeitet. Wichtig ist, daß nach der Übung verglichen wird: „Wie war es beim letzten Mal? Was hat sich verbessert?", um den Kindern ein Gefühl dafür zu vermitteln, was in ihnen abläuft.

Regelmäßige Besuche in den Gehirnbereichen, die Kontrolle nötig haben – das können die Abteilungen Lesen, Schreiben, Rechnen, Ordnunghalten, Auswendiglernen, Einmaleins usw. sein – führen bei manchen Kindern auch in der Realität zu entsprechenden Verbesserungen. Wenn ich einen meiner Schüler bei einer Verbesserung in irgendeinem Problembereich „ertappe", dann weise ich ihn gleich darauf hin, daß es jetzt sicher im Gehirn schon ein Stück besser aussieht als vorher, als er noch ... unordentlich schrieb, ohne Melden herausrief, Plus und Minus verwechselte oder was auch immer.

In bestimmten Fällen kann es sehr sinnvoll sein, eine tägliche kurze Gehirnübung als Extra-Hausaufgabe zu empfehlen.

b) Sie wissen aus dem Abschnitt über die beiden Gehirnhälften (S. 24 ff.), daß hier zwei Partner, fast könnte man sagen: zwei Persönlichkeiten, mit ziemlich unterschiedlichen Aufgaben am Werk sind. Fehlende Zusammenarbeit der beiden Hemisphären kann zu einer Reihe ernsthafter Probleme führen. Ich finde es sinnvoll, wenn die Schüler mit den Eigenarten ihrer beiden Gehirnhälften Bekanntschaft machen, wenn sie die Unterschiede zwischen rechts und links spüren und wenn sie dann selber etwas dazutun, um diese Unterschiede zu überbrücken und das Gegensätzliche zu verbinden.

Die Entspannungsübung, die uns dazu dient, ist bei den Kindern recht beliebt. Ich finde es immer ganz erstaunlich, wie genau und anschaulich sie hinterher schildern, wie es für sie war, rechte Inhalte nach links und linke Inhalte nach rechts zu schieben.

Doch nun zuerst der Text der Übung, bei der wir in den verschiedenen Abteilungen nach dem Rechten sehen:

Besuch in verschiedenen Abteilungen des Gehirns

Wir atmen miteinander aus ... und ein ... und aus ... und ein. ... Atme alles, was du loswerden willst, aus als graue Luft, ... und atme gute, weiße Energie ein ... und graue Luft aus ... und gute, weiße Energie ein ... und graue Luft aus ... und weiße Energie ein. ... Atme alleine weiter, bis du meine Stimme wieder hörst. ... (Kleine Pause) ...

* * *

Du wirst jetzt ein ganz kleiner Lichtpunkt, so klein, daß du in deinem Körper herumspazieren kannst. ... Du kletterst in einem deiner Nasenlöcher nach oben. ... Da sind ganz viele kleine Härchen, ... die kannst du benutzen wie die Sprossen einer Leiter. ... Jetzt bist du oben in der Nase angekommen, ... und jetzt gehst du in dein Gehirn. ... Da schaut es aus wie in einem Irrgarten, wie in einem Labyrinth. ... Es gibt ganz viele verschiedene Wege, die überall kreuz und quer herumführen. ... Du gehst auf einem dieser Wege weiter und kommst jetzt in die Schreibabteilung. ... Da sitzen viele kleine graue Gehirnmännchen herum. ... Unmengen Papier und Stifte gibt es in dieser Abteilung. ... Und jetzt schau nach, ob die grauen Gehirnmännchen ordentlich arbeiten. ... Wenn sie fleißig sind, mußt du sie loben. ... Wenn sie aber faul sind, dann mach ihnen ordentlich Dampf. ... Du hast genügend Zeit, um nach dem Rechten zu sehen, so lange, bis du meine Stimme wieder hörst. ... (Kleine Pause) ... Jetzt bist du in der Schreibabteilung fertig. ... Nun such dir eine Abteilung aus, in die du gerne gehen möchtest. ... Schau dich genau um, wie es dort ist. ... Wenn die grauen Männchen fleißig sind, mußt du sie loben, wenn nicht, dann mußt du ihnen Dampf machen, damit sie etwas tun. ... Du hast jetzt wieder so lange Zeit, bis du meine Stimme wieder hörst. ... (Kleine Pause) ... Jetzt bist du auch in dieser Abteilung fertig. ... Du gehst im Gehirn auf den kurvigen Wegen wieder zurück. ... Jetzt steigst du in die Nase hinüber. ... Du kletterst in der Nase wieder herunter. ... Jetzt bist du wieder so groß wie immer. ... Du bist richtig in deinem Körper.

* * *

In einem Augenblick zähle ich bis fünf, dann öffnest du die Augen, bist hellwach und fühlst dich wohl. ... Eins ... tief durchatmen, ... zwei ... noch einmal, ... drei ... bewege dich ein bißchen, ... vier ... du kannst dich strecken, ... fünf ... die Augen auf.

Variationen zu dieser Übung

Besuch in der Leseabteilung – da gibt es Bücher, Zeitungen, Lesemappen, Leseblätter;

Besuch in der Buchstabenabteilung – da stehen die einzelnen Buchstaben herum, die ordentlich aufgereiht und sauber abgestaubt sein müssen;

Besuch in der Rechenabteilung – da rattert es, weil einige Rechenmaschinen laufen, die grauen Männchen sitzen vor Rechenarbeiten aller Art und sortieren Zahlen ordentlich in die dazugehörigen Fächer;

Besuch in der Abteilung „Ordnunghalten" – da sind viele Stifte, Bücher, Hefte, Mappen usw., die ganz ordentlich und sauber in Fächer sortiert und zu Stößen geschichtet sein müssen;

Besuch in der Abteilung „Bilder malen" – da gibt es die schönsten Farben, die Wände hängen voller bunter Bilder. Wenn nur Strichmännchenbilder in tristen Farben herumhängen, müssen die Männchen zu besserer Arbeit angehalten werden.

Bei der nächsten Übung geht es um die Verschiedenheit unserer beiden Gehirnhälften.

Besuch in den beiden Gehirnhälften

Wir atmen miteinander aus ... und ein ... und aus ... und ein. ... Beim Ausatmen atmest du alles weg, was du loswerden willst, und zwar als graue Luft, ... und du atmest gute, weiße Energie ein ... und graue Luft aus ... und weiße Energie ein ... und graue Luft aus. ...

* * *

Du wirst jetzt ein ganz kleiner Lichtpunkt, so klein, daß du in deinem Körper spazierengehen kannst. ... Du gehst jetzt in dein Gehirn. ... Da sind wieder die vielen gewundenen und verschlungenen Wege. ... Auf den Wegen spazierst du ein bißchen durch dein Gehirn. ... Jetzt gehst du in deine linke Gehirnhälfte. ... Da ist alles ganz ordentlich und aufgeräumt. ... Die Gehirnmännchen haben alle einen Anzug und eine Krawatte an. ... In den Regalen sind ordentlich und sauber Buchstaben und Zahlen aufgeräumt. ... Auf den Schreibtischen liegen gespitzte Bleistifte und Buntstifte. ... In einem Zimmer stehen lauter Schilder mit Regeln. ... Die Leute im linken Gehirn machen immer eine Arbeit ordentlich fertig und räumen alles auf, dann fangen sie erst mit der nächsten Arbeit an. ... Von der linken zur rechten Gehirnhälfte führt ein Tunnel. ... Du gehst jetzt durch diesen Tunnel hinüber in die rechte Gehirnhälfte. ... Von weitem hörst du schon Musik. ... Auf dieser Seite gibt es keine Gehirnmännchen, sondern lauter Frauen mit bunten Kleidern. ... Einige von ihnen tanzen nach der Musik, ... andere laufen herum und spielen Ball, ... wieder andere malen gerade. ... In einer gemütlichen Ecke werden schöne Geschichten vorgelesen. ... Auf dem Boden liegen Stoffreste herum. ... Auf den Tischen sind alle möglichen Farben und Stifte verstreut. ... Ein Mädchen bastelt gerade eine Puppe. ... Zwischendurch läuft es weg und spielt mit den anderen Ball, ... dann hört es ein bißchen in der Vorleseecke zu, ... dann macht es wieder an seiner Puppe weiter. ... Du nimmst jetzt einige von den bunten Farben, ... such dir deine Lieblingsfarben aus. ... Die schiebst du durch den Tunnel hinüber auf die andere Seite, ... und von der linken Seite nimmst du ein paar der ordentlichen Gehirnmännchen, die schiebst du auf die rechte Seite. ... Die Männchen fangen gleich an, auf der rechten Gehirnseite etwas Ordnung zu machen und aufzuräumen, ... auf der linken Gehirnseite sind jetzt die bunten Farben angekommen, ... und gleich schauen die ordentlichen Schränke und Regale etwas lustiger aus. ... Jetzt gehst du wieder auf die rechte Seite und schiebst etwas von der schönen Musik auf die linke Seite hinüber. ... Fühle, wie das ist, wenn auf der linken Seite, auf der ordentlichen Seite, Farben und Musik sind. ... Fühle, wie das ist, wenn auf der rechten Seite, auf der bunten Seite, etwas aufgeräumt wird. ... Wie fühlt sich das an? ... Schick jetzt noch ein paar der bunten Frauen von der rechten auf die linke Seite. ... Schau dir zum Schluß die beiden Seiten nochmal an: Auf der linken Seite ist es jetzt etwas bunter und lustiger als vorher, aber immer noch sehr ordentlich. ... Auf der rechten Seite ist es jetzt etwas ordentlicher als vorher, aber immer noch sehr bunt und lustig. ... Für dich ist es jetzt Zeit zu gehen. ... Du wirst wieder so groß, wie du immer bist. ... Fühle deine Arme ... und deine Beine. ...

* * *

In einem Augenblick zähle ich bis fünf, ... bei fünf öffnest du die Augen, ... bist hellwach und fühlst dich wohl. ... Eins ... atme tief durch, ... zwei ... noch einmal durchatmen, ... drei ... bewege dich ein bißchen, ... vier ... du kannst dich strecken, ... fünf ... die Augen auf.

Variationen zu dieser Übung

Von rechts nach links können geschoben werden:
Gedichte, Trommeln, auf denen Rhythmen geschlagen werden; Tänzer, Musikinstrumente, Ballspiele, Geschichtenbücher, gute Düfte.

Von links nach rechts können geschoben werden:
Schilder, auf denen bestimmte Regeln stehen; ordentlich aufgeräumte Schreibtische; sauber beschriftete Etiketten, die helfen können, auf der rechten Seite Ordnung in die Bastelmaterialien, Farben usw. zu bringen.

4. Übungen mit dem Regenbogen

Der Regenbogen spielt bei uns im Unterricht von Anfang an eine gewisse Rolle. Die Farben seines Spektrums benutzen wir für Übungsreihen aller Art, zum Beispiel ...
... für Schreibübungen – eine Zeile in jeder Farbe;
... für Rechtschreibübungen mit Regenbogenwörtern (jeder Buchstabe in einer anderen Farbe) und Regenbogensätzen (jedes Wort in einer anderen Farbe);
... für Rechenübungen – zu jeder Aufgabenart einen oder mehrere Regenbogen durchrechnen, das heißt eine rote, orange, gelbe, grüne, blaue, violette Aufgabe.

Das Regenbogenspektrum – wir haben es auf sechs Farben „gekürzt", weil die Farbe Indigo, die zwischen Blau und Lila käme, den Kindern nichts sagt und auch als Farbstift nicht erhältlich ist – kennen durch das Gehirnsammeln bald alle Kinder auswendig:

Rot – Orange – Gelb – Grün – Blau – Lila

Dabei ist zunächst nicht der vollständige Regenbogen Gegenstand der Übung, sondern das Spektrum wird langsam aufgebaut: Ich fange beim ersten Mal mit Rot, Orange und Gelb an und nehme dann jedes weitere Mal eine Farbe dazu.

Daß der Regenbogen etwas Bedeutsames ist, versteht sich für die Kinder auf einer tieferen, unter dem bloßen „Begreifen" liegenden Ebene von selbst. Begreifen, begründen und rationalisieren will die Wissenschaft. Das wissenschaftliche Weltbild ist aber nicht das Weltbild der Kinder, auch nicht das Weltbild bedeutender alter Kulturen, übrigens auch nicht das meine. Ich halte es entschieden mit Shakespeare, der seinen Hamlet sagen läßt: Es gibt mehr Ding' im Himmel und auf Erden, als Eure Schulweisheit sich träumt, Horatio!

Wie dem auch sei: Übungen mit dem Regenbogen haben „Power", und das spüren die Kinder. Es ist ja kein Zufall, daß der Regenbogen in verschiedenen Märchen und Mythen auftaucht: Schon der alttestamentarische Gott der Juden hat ihn nach der Sintflut als Zeichen der Versöhnung mit den Menschen an den Himmel gesetzt. Und obwohl wir ihn in der Natur eher selten zu Gesicht bekommen, wissen alle Kinder, was ein Regenbogen ist.

Es gibt ein einfaches, auch in der Schule leicht durchzuführendes Experiment, das die Zerlegung des Sonnenlichts in die Spektralfarben zeigt und einen Regenbogen auf ein Blatt Papier zaubert: Wir brauchen dazu eine Schüssel voll Wasser, einen Spiegel, ein weißes Blatt Papier und einen sonnigen Tag. Wir halten den Spiegel so ins Wasser, daß er das Sonnenlicht auffängt. Wichtig ist dabei, daß der unter der Wasseroberfläche liegende Teil das Licht spiegelt. Weil der Schüsselrand – je nach Tageszeit und Sonnenstand – einen Schatten wirft, müssen wir deshalb den Spiegel vielleicht sehr flach halten – das läßt sich ja ausprobieren. Das Papier falten wir am besten einmal auf das Format DIN A5 und halten es jetzt so, daß die Sonnenstrahlen, die der unter Wasser liegende Spiegelteil reflektiert, darauffallen. Nun sehen wir auf dem Papier die Spektralfarben.

Dieses Schauspiel entzückt die Kinder geradezu. Sie können nicht so schnell genug davon kriegen. Besonders reizvoll ist es, wenn jede Sitzgruppe eine eigene Wasserschüssel und einen Spiegel zum Experimentieren hat. Die Spiegel können problemlos von zu Hause mitgebracht werden, und einen Satz großer Plastikschüsseln – die ja nicht viel kosten – habe ich sowieso in der Klasse, weil ich sie für alles mögliche brauche:

- zum Austeilen und Ausgießen von Malwasser, da in meinem Zimmer nur ein Waschbecken für 30 Kinder ist, und das gäbe ja wirklich ein schönes Gedränge!
- zum gruppenweisen Einsammeln von Papierschnipseln und sonstigen Abfällen bei Bastelarbeiten;
- für Experimente aller Art, wie zum Beispiel Übungen mit dem Thermometer oder Versuche, was schwimmt oder nicht;
- für das gruppenweise Bereitstellen von Material.

Dieses Regenbogenexperiment stellt eine sehr motivierende Einführung in das Thema dar. Alle haben bewußt gesehen, wie die Spektralfarben angeordnet sind. Das erleichtert es ihnen auch, sie sich vorzustellen, besonders den Kindern, denen es zunächst schwerfällt, sich auf innere Bilder zu konzentrieren, die aber gerade deshalb Entspannungsübungen besonders nötig haben.

Aufbau eines Regenbogens

Du sitzt oder liegst bequem da. Die Augen sind geschlossen. Wir atmen miteinander aus ... und ein ... und ausatmen, ... einatmen, ... ausatmen, ... einatmen. ... Stell dir vor, daß du graue Luft ausatmest, das ist alles, was dich stört, ... und gute, weiße Energie atmest du ein ... und graue Luft aus ... und weiße Energie ein ... und graue Luft aus. ... Atme jetzt ruhig weiter, bis du meine Stimme wieder hörst. ... Ich zähle jetzt von fünf bis eins rückwärts. ... Bei jeder Zahl wirst du noch ruhiger und entspannter: ... fünf, ... vier, ... drei, ... zwei, ... eins. ... Du bist ruhig und entspannt. ... Dein Atem geht gleichmäßig. ... Deine Augen sind geschlossen. ...

* * *

Du gehst jetzt in Gedanken auf eine schöne, grüne Wiese. ... Die Sonne scheint. ... Spüre die warme Sonne. ... Jetzt legst du dich in das Gras. ... Du schaust hinauf zum Himmel. ... Plötzlich siehst du an dem blauen Himmel einen roten Bogen. ... Wie ein rotes Band geht der Bogen über den ganzen Himmel. ... Schau dir das Rot genau an. ... Es ist ein leuchtendes, warmes Rot. ... Unter dem Rot siehst du jetzt einen zweiten Bogen in der Farbe Orange. ... Es ist ein warmes, strahlendes Orange. ... Der Bogen am Himmel hat jetzt zwei Farben, ... Rot und Orange. ... Jetzt erscheint unter dem Orange ein dritter Streifen in Gelb, in einem leuchtenden, sonnigen Gelb. ... Schau dir den Bogen an: ... Er ist rot, ... orange, ... gelb. ... Suche dir deine Lieblingsfarbe aus. ... Nimm von deiner Lieblingsfarbe ein Stück mit, wenn du über die Wiese wieder nach Hause gehst. ... Du stehst aus dem Gras auf und gehst wieder heimwärts. ... Deine Lieblingsfarbe hast du dabei.

* * *

In einem Augenblick zähle ich bis fünf. ... Bei fünf öffnest du die Augen und bist wieder in der Klasse und fühlst dich wohl. ... Eins ... atme tief durch, ... zwei ... und noch einmal, ... drei ... bewege dich ein bißchen, ... vier ... du kannst dich strecken, ... und fünf ... die Augen auf.

Fortsetzungen zu dieser Übung:

Die nächsten Male wird der Regenbogen erweitert. Unter dem Gelb erscheint ein Streifen in Grün, darunter Blau, zum Schluß Lila.

Übungsmöglichkeiten mit dem vollständigen Regenbogen:

Reise ans Ende des Regenbogens

Du liegst auf der Wiese und schaust zum Himmel hinauf. ... Über den Himmel spannt sich ein Regenbogen. ... Schau dir die einzelnen Farben an. ... Ganz oben siehst du Rot, ... darunter Orange, ... darunter Gelb, ...dann Grün, ... dann Blau, ... zum Schluß Lila. ... Du kannst alle Farben auf einmal sehen: ... Rot – Orange – Gelb – Grün – Blau – Lila. ... Du stehst auf und gehst auf den Regenbogen zu. ... Immer näher kommst du an ihn heran. ... An einer Stelle kommt der Regenbogen auf die Erde herunter. ... Zu dieser Stelle gehst du, ... jetzt bist du dort angekommen. ... Wie eine mächtige, bunte Säule kommt der Regenbogen hier auf die Wiese herunter. ... Du hast gehört, daß am Ende des Regenbogens ein Schatz vergraben ist. ... Plötzlich hast du eine Schaufel in der Hand und fängst an zu graben. ... Jetzt findest du eine Kiste. ... Plötzlich weißt du, daß in der Kiste kein Gold ist, sondern etwas anderes, etwas, was für dich viel wichtiger ist. ... Vielleicht ein besonderer Edelstein, der dir hilft, ... oder ein Zaubertrank ... oder irgend etwas anderes. ... Du öffnest die Kiste. ... Nun siehst du deinen Schatz. ... Es ist etwas, das ganz speziell nur für dich ist. ... Du nimmst deinen Schatz und gehst über die Wiese wieder heimwärts.

Die Regenbogentreppe

Die Regenbogentreppe verwende ich nicht als eigene, abgeschlossene Übung, sondern als eine Art erweiterten Einstieg für eine tiefere Entspannung. Indem wir uns nacheinander auf die verschiedenen Farben konzentrieren – von dem aktiven, „wachen" Rot bis zu dem spirituellen Lila –, werden wir ruhiger und entspannter.

Wir setzen uns zuerst wieder bequem hin, schließen die Augen und machen einige tiefe Atemzüge. Dann gehen wir auf unsere Wiese.

Die Regenbogentreppe

Du gehst über die Wiese. Plötzlich kommst du an eine Treppe, die in einen wunderschönen Garten hinunterführt. ... Die Stufen der Treppe sind aus hellgrauem Stein. ... Du möchtest gerne in den wunderschönen Garten hinunter. ... Langsam gehst du über die Treppe. ... Auf der obersten Stufe liegt eine leuchtendrote Tomate. ... Schau sie dir genau an. ... Du gehst eine Stufe weiter. ... Da liegt eine Orange. ... Schau dir ihre freundliche Farbe an ... und geh eine Stufe weiter. ... Auf dieser Stufe liegt eine Zitrone. ... Die Farbe der Zitrone ist ein strahlendes Gelb. ... Und wieder eine Stufe weiter. ... Da liegt ein großes, grünes Blatt, grün wie eine Frühlingswiese. ... Auf der nächsten Stufe liegt eine blaue Pflaume. ... Schau dir ihre glatte Haut an, ... ihre Farbe. ... Du gehst jetzt über die letzte Stufe. ... Am Fuß der Treppe liegt ein blühender Fliederzweig mit lila Blüten. ... Nimm den Zweig, ... halte ihn dir vor dein Gesicht ... und atme den Duft des Flieders ein. ... Nun bist du in dem wunderschönen Garten.

Zur Regenbogentreppe paßt gut ein anschließender Spaziergang durch den schönen Garten oder eine kurze Begegnung mit einem Tier (siehe S. 65 ff.). Genausogut können Sie danach aber auch eine Reise auf einer Wolke machen, eine Blumenfee besuchen oder sich einfach ins Gras legen und von der Sonne bescheinen lassen. Ich kombiniere die Regenbogentreppe gerne mit einem Bad im Zauberbrunnen, über den ich weiter unten noch sprechen werde. (S. 142)

Grundsätzlich sind der Regenbogen und seine Farben sehr vielseitig verwendbar. Deshalb werden sie Ihnen auch noch in einigen anderen Abschnitten begegnen, so zum Beispiel gleich anschließend, denn da geht es um ...

5. Die Wirkung verschiedener Farben

Die Farben, mit denen wir uns umgeben, beeinflussen nicht nur unsere Stimmung, sondern sie sagen auch einiges über uns aus. Damit meine ich natürlich nicht, daß es in Ordnung sei, jemandem allein aufgrund seiner Lieblingsfarbe gleich ein entsprechendes Etikett zu verpassen. Das wäre schon etwas simpel. Wenn ich aber Schüler sehe, die ihre Bilder in erster Linie schwarz und braun „malen“, dann weiß ich einfach, daß da gewisse Defizite im Spiel sind. Was nun die einzelnen Farben aus psychologischer Sicht bedeuten sollen, darüber gibt es reichlich Literatur.[20] Ich möchte mich nicht auf dieses Terrain begeben, sondern Ihnen ganz einfach erzählen, wie ich die einzelnen Farben verwende.

Rot

Rot wird allgemein mit Kraft und Mut, oft auch mit Aggression in Verbindung gebracht. Dabei sollte uns bewußt sein, daß Aggression nicht nur eine destruktive, sondern auch eine durchaus konstruktive Seite hat. Tatkraft zu haben bedeutet, daß es uns nicht schwerfällt, Dinge „in Angriff“ zu nehmen. In der Astrologie wird Rot dem Planeten Mars und dem Tierkreiszeichen Widder zugeordnet. Der Widder steht unter anderem auch für den Pionier, der allein neue Wege beschreitet und neue Maßstäbe setzt, etwas, das ohne ein gewisses Maß an konstruktiver Aggressivität nicht möglich wäre.

Ich halte Rot für eine sehr wichtige Farbe, und ich bin fest davon überzeugt, daß jemand, der genügend Kraft und Stärke, also genügend Rot, in sich hat, weniger das Bedürfnis spürt, Kraft und Stärke durch destruktive Aktionen nach außen zu demonstrieren.

Orange

Für mich ist das die wärmste, aktivste und leuchtendste aller Farben, am nächsten dem Licht der Sonne und dem Glanz des Goldes. Linda Waldron bezeichnet in ihrem *Buch vom wahren Zaubern*[21] Orange als die Farbe der Fröhlichkeit. Damit kann ich sehr gut etwas anfangen, und in diesem Sinn verwenden wir die Farbe auch beim Gehirnsammeln.

Aus astrologischer Sicht gehört Orange zum Tierkreiszeichen Löwe, dessen Herrscher die Sonne ist. Wer aber „Sonne im Herzen“ hat, der verfügt über ein Kapital, das ihm in vielen Lebenslagen hilfreich ist. Sagt doch schon ein alter Albumvers: Hab' Sonne im Herzen, und alles wird gut! Freilich läßt sich die Sonne nicht so einfach ins Herz zaubern. Trotzdem ist das der gedankliche Hintergrund, vor dem ich Übungen mit der Farbe Orange sehe.

Gelb

Das ist die Farbe Merkurs, des flinken Götterboten, des Vermittlers zwischen Himmel und Erde. Zu Merkur gehören die Aufspaltung der Wirklichkeit in Subjekt und Objekt und der Zweifel, wodurch erst die Voraussetzung für alles Denken und

Forschen geschaffen wird.[22] Im Altertum war er der Gott der Wissenschaftler, Händler und Reisenden. Dementsprechend steht seine Farbe Gelb für Denken und Lernen und wird von uns als „Gehirnfutter“ benutzt.

Grün

Grün verkörpert die Lebenskraft von Pflanzen, damit auch Gesundheit, Vitalität und die Fruchtbarkeit der Erde. Zu keiner Zeit des Jahres erleben wir die Welt in so sattem Grün wie zur Zeit des Wonnemonats Mai. Vom 21. April bis zum 21. Mai steht die Sonne im Zeichen des Stiers, einem Zeichen von weiblicher Qualität, beherrscht vom Planeten Venus, mit enger Beziehung zum ebenfalls weiblichen Mond. In Ägypten war dieses Zeichen nicht durch den Stier, sondern durch die große Weltenmutter Isis repräsentiert, die auch mit Kuhkopf dargestellt wurde. Das Wort „Kuh“ kommt von derselben indogermanischen Sprachwurzel, die auch die Bedeutung „Erde“ hatte und die uns in dem griechischen Wortstamm „geo“ (für alles mit der Erde Verbundene) begegnet.

Die Weltenmutter der christlichen Tradition ist Maria, und der Monat Mai, der Monat der Fruchtbarkeit, ist auch der Marienmonat mit täglichen Maiandachten zu Ehren der Himmelsmutter.[23]

Was verbindet sich also alles mit der Farbe Grün? Vitalität, Ausdauer, Gesundheit, Lebenskraft, aber auch Erdgebundenheit und Lebensbejahung. Verschiedene Defizite, die heute die Gesundheit und Lebensqualität vieler Menschen beeinträchtigen, bezeichne ich als „Grün-Defizite“: Alle möglichen chronischen Krankheiten, Allergien, aber auch das gestörte Einvernehmen zwischen uns Menschen und unserer Erde.

Natürlich bin ich nicht der Meinung, mit Meditationen zur Farbe Grün könne man so ohne weiteres die entsprechenden Defizite aus der Welt schaffen. Andererseits stelle ich ganz klar fest, daß Übungen zur Farbe Grün uns allen guttun, und zwar genau auf der Ebene von erdhaftem, körperlichem Wohlbefinden. Und das ist für mich Grund genug, diese Übungen durchzuführen.

Blau

Linda Waldron[24] verbindet mit der Farbe Blau – genauer: mit Dunkelblau – die Qualität „Sicherheit“.

In der sakralen Malerei christlicher Tradition wird die Mutter Gottes mit einem blauen Mantel dargestellt. In einem alten Marienlied singen die Katholiken:

„Maria, breit den Mantel aus!
Mach Schirm und Schild für uns daraus.
Laß uns darunter sicher steh'n,
bis alle Stürm' vorübergeh'n!“

Während Grün den nährenden, fruchtbaren und erdhaften Aspekt des Mütterlichen betont, geht es bei Blau um den schützenden Aspekt.

Sicherheit bedeutet aber nicht nur Schutz vor äußeren Einwirkungen. Wenn ich mich in einem Schonraum – bildlich gesprochen: unter dem Mantel Mariens – befinde, kann ich mich auch meiner selbst sicherer fühlen, ich kann leichter Entscheidungen fällen. Unentschlossenheit ist ja auch ein Zeichen von Angst, von Angst, am Ende doch irgend etwas falsch zu machen. Fühle ich mich sicher, habe ich diese Angst nicht und wage es, mich zu entscheiden. Blau steht also für äußere und innere Sicherheit.

Violett

Diese spirituellste Farbe des Regenbogens bedeutet Verbundensein mit den Gesetzen des Universums. Wenn wir mit dem Gesetz leben und nicht gegen es, wird uns bewußt, daß alles, was geschieht, in einem größeren Zusammenhang sinnvoll ist. Dabei ist „sinnvoll" durchaus nicht gleichzusetzen mit „angenehm". Und ich will damit auch nicht sagen, daß wir fatalistisch alles hinnehmen sollen, weil wir sowieso nichts machen können und weil es schon irgendeinen Sinn haben wird. Ganz im Gegenteil! Wir sollen unsere Anstrengungen darauf richten, mit dem Gesetz – des Universums, Gottes oder wie auch immer Sie es nennen wollen – wieder in Einklang zu kommen.

Für meine Arbeit in der Schule bedeutet das ganz konkret, daß ich es als wichtiges „Lernziel" betrachte, den Kindern die Einsicht zu vermitteln, daß jeder einzelne dafür verantwortlich ist, was im Mikrokosmos „Schulklasse" passiert. Dabei ist es nicht nur wichtig, „angeschlossen" zu sein an die universale Ordnung, sondern auch, sich zu schützen vor den vielen negativen geistigen Einflüssen, denen wir Tag für Tag ausgesetzt sind. Violett ist eine kosmische Schutzfarbe, die sich gerade für den Schutz vor unerwünschten geistigen Einflüssen eignet. Nicht umsonst ist Kardinalsrot – ein Violett mit einem höheren Rotanteil – die Farbe der Kirchenfürsten.

Außer den Regenbogenfarben verwenden wir noch Rosa, wenn wir jemandem Liebe schicken wollen.

Damit Sie alle Farben auf einen Blick vor sich haben, hier noch einmal eine Zusammenfassung:

Rot	– Mut, Kraft, Stärke, Tapferkeit
Orange	– Fröhlichkeit
Gelb	– Gehirnfutter, Denken, Lernen
Grün	– Gesundheit, Vitalität, Versorgtsein, Erdverbundenheit
Blau	– äußere und innere Sicherheit, Entscheidungskraft
Violett	– Angeschlossensein an die göttliche Ordnung, Schutz vor unerwünschten geistigen Einflüssen
Rosa	– Liebe

Nun wollen Sie sicher wissen, wie ich die verschiedenen Farben beim Gehirnsammeln einsetze. Eine bei den Kindern sehr beliebte Variante ist die Reise über den Regenbogen in das Land einer bestimmten Farbe.

Die Arbeit mit Farben ist – zumindest in meinen Augen – sehr subtil und sehr persönlich. Deshalb finde ich es bei dieser Art von Übung noch wichtiger als bei allen anderen Übungen, daß Sie sich wohlfühlen, daß Sie nicht das Gefühl haben, Sie setzten den Kindern irgend etwas vor, hinter dem Sie nicht stehen.

Ich werde Ihnen also keine fertige Übung anbieten, sondern Ihnen einfach erzählen, was ich mache. Wenn Sie mit den Vorschlägen, die Sie bisher in diesem Buch gefunden haben, schon Erfahrungen gesammelt haben, dann ist es für Sie sicher nicht schwer, Ihren eigenen Text zu gestalten. Das hat den Vorteil, daß Sie sich genau das herauspicken können, was Ihnen zusagt, und auch Ihre eigenen Ideen oder Vorstellungen einbringen können.

Reise ins Land Rot

Über unserer Wiese wölbt sich der Regenbogen. Wir gehen dorthin, wo er auf die Erde kommt, und steigen in die rote Farbe hinein. Das Farbband beginnt sich zu bewegen, und wir fahren dahin wie auf einer Rolltreppe, immer höher hinauf. Die Farbe Rot hüllt uns vollständig ein. Jetzt geht es wieder abwärts, und wir sind im Land Rot. Dort haben die Menschen rote Haare, tragen rote Kleider, es gibt viele rote Blumen. Wir werden freundlich aufgenommen, denn im Land Rot hat niemand Angst vor Fremden. Wir gehen mit den Kindern in die Schule. Kein Kind hat Angst, wenn es alleine etwas aufsagen muß oder ausgefragt wird. Wir werden gebeten, nach vorne zu gehen und den Kindern zu erzählen, wo wir herkommen. Das machen wir, und wir haben seltsamerweise auch überhaupt keine Angst, als wir da alleine vor der fremden Klasse stehen. Nach der Schule gehen wir mit den Kindern zum Spielen. Sie führen uns herum und zeigen uns, was es bei ihnen alles gibt. Als sie uns wieder zum Regenbogen zurückbringen, geben sie uns ein Geschenk mit, das uns auf der Erde immer etwas von dem Mut und der Kraft aus dem Lande Rot geben soll. Das Geschenk ist entweder ein roter Edelstein oder eine Flasche mit rotem Zauberwasser oder eine rote Blume oder ähnliches.
Wir steigen wieder in die rote Farbe ein und fahren zurück auf unsere Wiese.

Reise ins Land Orange

Ins Land Orange fahren wir mit der orangen Farbe des Regenbogens. Die Leute dort haben orangefarbene Haare, tragen orangefarbene Kleider, die Häuser sind orange gestrichen, es gibt viele orangefarbene Blumen. Jeder in diesem Land ist fröhlich. Alle sind sehr nett zueinander, niemand wird ausgelacht oder beim Spielen hinausgebissen.
Am Regenbogen erwartet uns schon eine Schar fröhlicher Kinder. Sie nehmen uns mit auf einen Spielplatz. Dort spielen sie mit uns. Dann führen sie uns in ihrem

Land herum und zeigen uns, wo sie wohnen. Auch die Erwachsenen sind fröhlich. Wir sehen, wie schön das Leben ist, wenn die Menschen fröhlich sind und nett zueinander. Wir bekommen eine orangefarbene Speise zu essen und werden davon auch sehr fröhlich. Dann bringen uns die Kinder zum Regenbogen zurück und geben uns ein Geschenk mit, das uns auch auf der Erde helfen soll, fröhlich zu sein. (Das Geschenk kann wieder sein ein orangefarbener Edelstein – zum Beispiel ein Zitrin – , ein Zaubertrank oder eine Blume usw.)

Reise ins Land Gelb

Wir reisen über die gelbe Spur des Regenbogens. Die Leute im Land Gelb haben blonde Haare, tragen gelbe Kleider, die Häuser sind gelb gestrichen, es gibt viele gelbe Blumen. Am Regenbogen erwarten uns einige Kinder. Sie nehmen uns gleich mit in die Schule. Dort sitzen viele andere Kinder und lernen und arbeiten eifrig. Ihnen macht es Spaß zu denken. Wir wollen zuerst eigentlich lieber spielen, aber dann geben uns die Kinder ein Heft, und wir fangen an zu rechnen oder zu schreiben. Es macht uns großen Spaß. Und weil es uns Spaß macht, geht es auch ganz leicht. Nach kurzer Zeit haben wir eine ganze Seite, dann zwei, dann drei. Denken und Lernen ist schön. Als es Zeit zum Mittagessen ist, nimmt uns unser Banknachbar mit zu sich nach Hause. Dann dürfen wir uns noch ein bißchen im Land Gelb umschauen. Zum Schluß bringen uns die Kinder wieder zum Regenbogen und geben uns ein Geschenk mit, damit uns auch daheim das Denken und Lernen Spaß macht: ... (einen gelben Edelstein, einen Zaubertrank, eine Blume usw.)

Reise ins Land Grün

Im Land Grün gibt es wunderschöne Pflanzen mit leuchtendgrünen Blättern und viele Bäume. Die Häuser sind kaum zu sehen, weil sie von den üppigen Pflanzen fast verdeckt sind. Wieder holen uns Kinder vom Regenbogen ab und gehen mit uns auf eine Wiese, auf der die herrlichsten Bäume stehen. An den Bäumen hängen Früchte, die satt machen und wunderbar schmecken. Die Kinder sind braungebrannt und gesund. Sie laufen auf der Wiese herum, klettern auf Bäume und werden überhaupt nicht müde. Wir spielen mit den Kindern und werden auch nicht müde. Es geht uns so gut wie noch nie. Wir fühlen uns rundherum wohl. Als wir mit dem Spielen eine Pause machen, erzählen uns die Kinder, daß es in ihrem Land überhaupt keine kranken Menschen gibt. Es gibt auch keine kranken Bäume. Wir erzählen ihnen, daß bei uns auf der Erde die Bäume braun werden und sterben. Das macht sie traurig. Sie begleiten uns zum Regenbogen zurück und geben uns ein Geschenk mit, das uns etwas von ihrer Gesundheit auf die Erde mitgibt.

Reise ins Land Blau

Im Land Blau sind die Häuser blau gestrichen, die Menschen haben blaue Augen, es gibt viele blaue Blumen. Wir müssen dauernd Entscheidungen treffen, aber es fällt uns ganz leicht, und wir sind uns auch immer sicher, die richtige Wahl getroffen zu haben. Am Regenbogen holen uns Kinder ab. Wir werden gefragt: Mit welchem Kind willst du gehen? Wir suchen ein Kind aus. Es führt uns auf einen einsamen Weg. Wir haben überhaupt keine Angst, denn wir wissen, wir sind in Sicherheit. Am Ende des Weges steht ein Haus, in das drei Türen hineinführen. Das Kind fragt: Durch welche Tür willst du gehen? Wir entscheiden uns schnell und sicher. Wir kommen in ein Zimmer. Dort ist eine Hundemama mit sieben kleinen Hunden. Wir dürfen uns einen aussuchen. Mit unserem Hund gehen wir wieder ins Freie. Wir sind sicher, den nettesten Hund ausgesucht zu haben. Das Kind führt uns den Weg zurück zu sich nach Hause. Wir haben Durst. In der Küche stehen fünf verschiedene Flaschen. Aus welcher Flasche soll es uns einschenken? Wir suchen eine aus. Der Saft daraus schmeckt köstlich. Wir gehen auf einen Spielplatz. Unseren Hund nehmen wir mit. Auf dem Spielplatz gibt es viele verschiedene Spielgeräte. Wir wissen sofort, was wir machen wollen. Wir spielen mit den Kindern, klettern, balancieren, schaukeln und haben überhaupt keine Angst. Wir trauen uns vieles, was wir uns vorher noch nie getraut haben, aber wir wissen genau: Hier kann uns nichts passieren. Dann bringen uns die Kinder zum Regenbogen und geben uns ein Geschenk mit, das uns auch auf der Erde helfen soll, uns sicher zu fühlen. (Es ist ein blauer Edelstein, ein Zaubertrank, eine blaue Blume oder ähnliches.

Eine Reise ins Land Violett gibt es in meinem Repertoire nicht. Diese Farbe benutze ich – ähnlich wie die Regenbogentreppe – für einen erweiterten Einstieg in Entspannungsübungen oder für gezielte Schutzübungen. Übrigens sage ich meist „Lila“ statt „Violett“, das ist zumindest für unsere bayerischen Kinder eingängiger.

Wir lassen die Farbe Lila durch den Körper fließen

Wir sitzen oder liegen bequem. ... Alle Kinder schließen die Augen. ... Wir atmen miteinander aus ... und ein ... und aus ... und ein. ... Stelle dir vor, daß du graue Luft ausatmest, ... atme aus, ... das ist alles, was dich stört, ... und daß dugute, weiße Energie einatmest, ... atme ein, ... und atme graue Luft aus ... und weiße Energie ein ...

* * *

Nun stelle dir vor, daß von oben in deinen Kopf eine wunderschöne, leuchtende lila Farbe fließt. ... Jedesmal, wenn du einatmest, fließt diese wunderschöne Farbe von oben in deinen Kopf. ... Sie füllt jetzt deinen ganzen Kopf aus. ... Spüre das Lila in deinem Kopf. ... Es fließt tiefer, ... hinab in deinen Hals. ... Jetzt fließt es in deine Schultern ... und tiefer, ... hinab in deine Arme, ... bis zu den Ellbogen, ... bis zu den Händen, ... vor in deine Finger. ... Spüre das Lila in dir. ... Du kannst es auch mit deinen inneren Augen sehen. ...

Es fließt jetzt von den Schultern weiter hinab ... und füllt deine Lungen aus ... und fließt tiefer ... in deinen Magen ... und in deinen Bauch. ... Spüre, wie dein Körper voll mit dem wunderschönen Lila ist. ... Jetzt fließt es noch tiefer, ... hinab in deine Beine, ... bis zu den Knien, ... bis zu den Knöcheln, ... vor in deine Zehen. ... Du bist jetzt ganz angefüllt mit dem wunderschönen Lila. ... Es ist eine Farbe, die dich schützt. ... Wenn du dieses Lila in dir hast, kann dir nichts geschehen. ... Spüre, wie gut das Gefühl ist: Ich bin geschützt, und nimm diesen Schutz mit.

Weitere Möglichkeiten, die Wirkung verschiedener Farben einzusetzen

Gelbes Gehirnfutter

In Verbindung mit einem Besuch im Gehirn können wir gelbe Farbe ins Gehirn schicken, die bewirkt, daß in allen Abteilungen gut gelernt und gründlich gedacht wird. Bei Prüfungen können wir gelbe Farbe ins Gehirn atmen.

Fröhlichkeit im Bauch

Wir können unseren Atem in den Bauchraum schicken und spüren, wie es dort warm wird. Dann stellen wir uns einen goldorangen Ball vor, der schwer und warm in unserem Bauch liegt. Von dem Ball spüren wir warme, wohltuende Strahlen ausgehen. Sie machen uns fröhlich. Wir freuen uns, daß wir leben, daß wir gesund sind, daß wir jeden Tag genügend zu essen haben. Jeder findet selbst noch einige Sachen, über die er sich freuen kann und die ihn fröhlich machen. Das Leben ist schön!

Grüne Gesundheit im Körper

Wir reisen durch unseren Körper und bringen unseren Organen grüne Farbe, damit sie gesund bleiben. Zum Schluß spüren wir das Grün gezielt im Bauch, im Magen, im Herzen, in der Lunge usw. Es ist ein gutes Gefühl.

Wir verschicken Farben

Wir denken an jemand, dem wir gerne Fröhlichkeit oder Sicherheit oder Gesundheit oder Kraft schicken wollen, und konzentrieren uns ganz fest darauf, diese Farbe loszuschicken. Wir können auch zwei oder mehr Farben verschicken. Dann schlagen wir einen Regenbogen von uns zu unserem Freund in den entsprechenden Farben.

Das ist gut, wenn in der Klasse jemand traurig ist oder sich körperlich nicht wohl fühlt oder wenn ein Mitschüler krank ist. Das Schicken von Farben erinnert uns daran, daß wir auch zuständig sind dafür, wie es anderen geht, und daß wir Verantwortung für die Gemeinschaft tragen.

Wir lassen Farbe durch unseren Körper fließen

Genauso, wie wir es mit der Farbe Lila gemacht haben, können wir jede andere Farbe durch unseren Körper fließen lassen und dann spüren, was sie uns bringt.

Wir atmen Farben in den Körper

Wir können uns vorstellen, auf einer Scheibe in der Farbe zu sitzen, mit der wir arbeiten wollen. Diese Farbe atmen wir in uns hinein, so daß die Scheibe immer kleiner wird, bis wir schließlich die ganze Farbe in uns haben. Dann können wir in der Übung eine Aktivität ausführen, die besonders zu der Farbe paßt:

Rot – etwas, das Mut erfordert
Orange – fröhlich mit anderen spielen
Gelb – eine Aufgabe lösen, lernen, denken
Grün – voller Gesundheit und Aktivität herumlaufen
Blau – in völliger Sicherheit das tun, was ich für richtig halte, unabhängig von der Meinung anderer
Lila – gemeinsam mit anderen etwas Schönes machen und dabei spüren, daß ich ein Teil eines Ganzen bin, daß ich für die anderen da bin und die anderen für mich da sind.

6. Übungen mit der rosaroten Wolke

Rosa bedeutet Liebe. – Wenn ich die Menschen, mit denen ich umgehe, liebe, dann gibt es sehr vieles, was ich ihnen einfach nicht antun kann. Gerade Kinder tun einander oft Schlimmes an, und ich habe nie die Erwachsenen verstanden, die sich dabei auf den Standpunkt stellen: „Das müssen die Kinder untereinander ausmachen. Sie sollen schließlich selbständig werden."

Ich bin nicht – wie Pestalozzi – der Meinung, der Mensch an sich sei schlecht. Ich halte es aber auch nicht mit Rousseau und dessen Auffassung, der Mensch an sich sei gut. Ich meine, der Mensch ist so gut oder so schlecht wie die moralische Umgebung, in der er aufwächst. Und ich finde ganz entschieden, daß wir Erwachsene den Kindern die grundlegenden moralischen Maßstäbe vermitteln müssen.

Sich aus allem ständig „herauszuhalten" ist für mich ein Zeichen von Feigheit, von moralischer Inkompetenz und Verantwortungslosigkeit. Genausowenig wie ich als Mutter tatenlos danebenstehen würde, wenn mein Kind ein anderes auslachte oder sinnlos traktierte, genausowenig sehe ich als Lehrerin irgendwelchen Äußerungen von Gehässigkeit, Neid oder Sadismus zu. Dabei habe ich durchaus Verständnis dafür, daß ein Kind, das geärgert oder sonstwie schikaniert wird, in ehrlichem Zorn einmal zuschlägt, auch wenn ich das für keine gute Art halte, Konflikte zu lösen.

Gerade an diesem Punkt scheiden sich aber die Geister, und man kann sehr schön beobachten, wie die Doppelmoral, die die wirklich häßlichen Dinge – ohne mit der Wimper zu zucken – unter den Teppich kehrt, hier empört auffährt, denn Prügeln hat als verpönt zu gelten. Es wäre aber viel wichtiger, daß wir den subtileren Gemeinheiten mehr Augenmerk schenken. Das erfordert allerdings wesentlich mehr erziehliches Engagement und auch entschieden mehr pädagogische Kompetenz. Die subtilen Gemeinheiten sind es, die menschliches Zusammenleben – nicht nur der Kinder, sondern natürlich auch der Erwachsenen – vergiften und die erst den Boden für die gröbere und sichtbare Form von Gewalt schaffen. Es hieße deshalb in meinen Augen das Pferd von hinten aufzäumen, wenn wir uns darauf beschränkten, körperliche Aggressionen einzudämmen, ohne den Boden zu verbessern, der diese hervorgebracht hat.

Dabei fällt mir ein, was Brecht als Epilog ans Ende seines *Arturo Ui* gesetzt hat:[25]
„Ihr aber lernet, wie man sieht statt stiert,
Und handelt, statt zu reden noch und noch.
So was hätt einmal fast die Welt regiert!
Die Völker wurden seiner Herr, jedoch
Daß keiner uns zu früh da triumphiert –
Der Schoß ist fruchtbar noch, aus dem das kroch."
(Hervorhebung von der Autorin)

Um bei der Metapher der Fruchtbarkeit zu bleiben: Mir liegt also nichts daran, Fehlverhalten – quasi die mißratenen Pflanzen – nur auszumerzen, sondern ich halte es für wichtig, den Boden so zu bearbeiten, daß das Richtige auf ihm wächst.

Das bedeutet, daß das soziale Miteinander ein Dauerthema ist, an dem wir ständig arbeiten. Der Erfolg ist aber auch deutlich zu sehen. Erst neulich sagte mir eine Schülermutter, wie schön sie es finde, daß die Kinder meiner Klasse miteinander so nett und freundlich umgehen.

Die Übung mit der rosaroten Wolke hilft uns, andere zu akzeptieren und auch mit Menschen gut umzugehen, die vielleicht nicht so ganz „unser Fall" sind.

Die rosarote Wolke

Du sitzt oder liegst bequem, ... deine Augen sind geschlossen. ... Wir atmen miteinander aus ... und ein ... und aus ... und ein. ... Atme ruhig weiter, ... halte deine Augen geschlossen. ... Konzentriere dich auf deine Stirn, ... so fest, daß du sie spüren kannst, ohne sie anzufassen. ... Spüre deine Stirn. ... Spüre die Haut, die deine Stirn bedeckt, ... und entspanne deine Stirn. ... Konzentriere dich nun auf deine Augenlider und spüre: Meine Augenlider werden schwer, ... ganz schwer sind meine Augenlider. ... Laß dieses schwere Gefühl jetzt über die Wangen herabfließen. ... Entspanne dein Kinn und deinen Unterkiefer. ... Schwer und locker liegt die Zunge in deinem Mund, ... schwer und locker ...

* * *

Konzentriere dich auf die Stelle, wo dein Herz ist. ... Laß jetzt aus deinem Herzen eine rosarote Wolke strömen, in einem warmen, leuchtenden Rosa. ... Die Wolke wird immer größer und hüllt dich zum Schluß ganz ein. ... Laß die Wolke größer werden. ... Die rosa Wolke ist jetzt so groß, daß sie dich ganz einhüllt. ... Du sitzt in der rosaroten Wolke. ... Spüre, wie schön es ist, in dieser rosaroten Wolke zu sitzen. ... Du fühlst dich wohl. ... Stelle dir jetzt ein Kind vor, mit dem du nicht so gut auskommst, es kann auch ein Kind sein, mit dem du neulich erst gestritten hast, oder ein Kind, das du nicht besonders magst. ... Pflücke von deiner rosaroten Wolke ein Stück ab. ... Diese kleine Wolke stülpst du dem Kind, an das du denkst, über den Kopf. ... Dabei wird die kleine Wolke immer größer, so groß, daß sie das Kind ganz einhüllt. ... Das machst du jetzt ... und du sprichst dazu: ... Ich liebe dich. Gott segne dich. ... Ich liebe dich. Gott segne dich. ... Ich liebe dich. Gott segne dich.

Schau dir das Kind in seiner rosaroten Wolke noch einmal an. ... Denke jetzt an ein anderes Kind. ... Pflücke wieder ein Stück von deiner rosaroten Wolke ab. ... Stülpe dieses Stück dem Kind über den Kopf. ... Aus der kleinen rosaroten Wolke wird eine große Wolke, so groß, daß das Kind ganz davon eingehüllt wird. ... Sprich dazu wieder: Ich liebe dich. Gott segne dich. ... Ich liebe dich. Gott segne dich. ... Ich liebe dich. Gott segne dich. ... Schau das Kind in seiner rosaroten Wolke noch einmal an. ... Denke jetzt an einen Menschen, dem du gerne Liebe schicken möchtest. ... Stell dir diesen Menschen vor. ...

Pflücke wieder von deiner rosaroten Wolke ein Stück ab. ... Stülpe die kleine Wolke diesem Menschen über. ... Die rosa Wolke wird größer und hüllt den anderen Menschen ganz ein. ... Sprich dazu: Ich liebe dich. Gott segne dich. ... Ich liebe dich. Gott segne dich. ... Ich liebe dich. Gott segne dich. ... Schau dir den anderen Menschen in der rosaroten Wolke noch einmal an. ... Konzentriere dich jetzt wieder auf die rosa Wolke, in der du selber sitzt. ... Laß diese Wolke immer größer werden. ... Sie stößt jetzt mit den rosaroten Wolken der anderen Kinder im Kreis zusammen. ... Aus allen rosaroten Wolken wird eine einzige große rosa Wolke. ... Diese große Wolke wird so groß, daß sie unser ganzes Zimmer ausfüllt. ... Wenn wir jetzt unsere Übung beenden, lassen wir diese rosa Wolke im Zimmer. ... Sie hilft uns, daß wir miteinander lieb sein können und uns gegenseitig helfen. ...

* * *

In einem Augenblick werde ich bis fünf zählen. Bei fünf öffnest du die Augen und fühlst dich wohl. ... Eins ... atme tief durch, ... zwei ... noch einmal, ... drei ... bewege dich ein bißchen, ... vier ... du kannst dich strecken, ... und fünf ... die Augen auf.

Diese Übung erleben wir immer als äußerst wirkungsvoll. Als Birgit und Tina sich einmal in der Pause richtig in die Haare bekommen und sich noch ganz erregt von ihrem Streit zum Gehirnsammeln hinsetzen, machen wir diese Rosa-Meditation. Beim anschließenden Gespräch sagt Birgit, als sie an der Reihe ist: "I hab mei rosa Wolke der Tina gschickt." Dabei lächelt sie Tina geradezu verliebt an. Die lächelt ebenso innig zurück und sagt: „Und i hab's dir g'schickt." Das hat mich beeindruckt, und ich glaube nicht, daß eine solche Wirkung mit einem bloßen Gespräch hätte erzielt werden können.

Es kann allerdings sein, daß Sie sich zunächst von dem Satz: „Ich liebe dich, Gott segne dich" überfordert fühlen. Dann lassen Sie diesen Teil der Übung eben weg und bauen nur eine rosarote Wolke auf, die das Klassenzimmer ausfüllt. Manchmal lassen wir die Wolke auch noch aus unserem Zimmer quellen und das ganze Schulhaus ausfüllen.

Mir ist an dieser Übung besonders der Gedanke wichtig, daß ich zum Wohlergehen meiner sozialen Gruppe beitragen kann und nicht nur für mich selbst, sondern auch für das Ganze verantwortlich bin. Ich weiß, daß ich mich hier wiederhole, aber das ist mir einfach zu wichtig, um es nur einmal zu sagen.

7. Der Zauberballon

Die Idee des Zauberballons stammt von Linda Waldron.[26] Ich habe sie dann für meine Bedürfnisse abgewandelt. Der Zauberballon ist ein großer, bunter Ballon, der auf unserer Wiese steht. Wir steigen in ihn hinein und machen ihn erst einmal sauber. Dazu nehmen wir eine Zauberbürste. Manchmal ist der Ballon ziemlich schmutzig, manchmal fast gar nicht. Das hängt davon ab, wie wir mit unseren Möglichkeiten umgegangen sind, ob wir sie genutzt haben oder nicht, und wie wir uns anderen Menschen gegenüber verhalten haben. Wir machen also den Zauberballon sauber und setzen uns dann hin. Im Zauberballon fällt es uns besonders leicht, geistige Kraft zu sammeln. Manchmal machen wir mit ihm eine Reise in ein anderes Land oder zu unserem schönen Ort. Manchmal haben wir in unserem Zauberballon einen großen Fernseher, auf dem wir uns anschauen, wie wir die Dinge oder uns selbst ändern können.

Wir können auch in den Zauberballon gehen, wenn wir anderen Menschen schöne Farben oder Liebe schicken wollen.

In unserem Zauberballon

Du sitzt oder liegst bequem. ... Schließe deine Augen. ... Wir atmen miteinander aus ... und ein ... und aus ... und ein. ... Stelle dir vor, daß du graue Luft ausatmest, ... atme aus. ... Das ist alles, was dich stört und was du loshaben willst. ... Atme weiße Energie ein ... und graue Luft aus ... und weiße Energie ein ... und graue Luft aus. ... Atme nun allein ruhig weiter und denke, daß du graue Luft wegatmest und weiße Energie ein. ... Ich werde jetzt von fünf bis eins rückwärts zählen. ... Mit jeder Zahl wirst du ruhiger und kannst dich besser entspannen. ... Fünf ... du bist ruhig und entspannt, ... vier ... dein Atem geht gleichmäßig, ... drei ... dein Herz schlägt ruhig, ... zwei ... du fühlst dich wohl, ... eins ... du bist ruhig und entspannt, ... ruhig und entspannt. ...

* * *

Geh jetzt in Gedanken auf unsere Wiese, ... das Gras ist grün. ... Du bist barfuß und spürst das weiche Gras an deinen nackten Füßen. ... Auf der Wiese steht ein großer, bunter Ballon, wie ein riesiger Luftballon. ... Er schimmert in einer wunderschönen Farbe. ... Das ist dein Zauberballon. ... Geh in den Ballon hinein und schau dich um. ... Wenn es im Ballon schmutzig ist, mußt du saubermachen. ... Dazu nimmst du eine Zauberbürste, mit der du jeden Schmutz entfernen kannst. ... Mach jetzt in deinem Ballon sauber. ... Wenn schon sauber ist, dann setz dich hin und genieße es, in deinem Zauberballon zu sitzen. ... Dein Zauberballon ist jetzt sauber. ... Nun stell dich hin. ... Wir wollen jetzt Zauberkraft sammeln. ... Von oben kommt durch die höchste Stelle an deinem Kopf gute Zauberkraft. ... Laß sie in deinen Kopf hineinlaufen, ... laß sie weiterlaufen ,... durch deinen Hals hinunter, ... bis in deinen

Magen. ... Spüre dort die Zauberkraft. ... Denke jetzt an ein anderes Kind, dem du gerne Kraft und Fröhlichkeit schicken möchtest. ... Du weißt ein Kind. ... Denke dir einen Regenbogen in Rot, ... das bedeutet Kraft und Mut, ... und in Orange, ... das bedeutet Fröhlichkeit. ... Mische auch noch ein bißchen Rosa in den Regenbogen, das ist deine Liebe. ... Laß jetzt diesen Regenbogen von dir bis zu dem anderen Kind reichen und konzentriere dich darauf, daß das andere Kind diese Farben bekommt. ... Stell dir das Kind vor, wie es mutig und fröhlich ist, ... wie es deine Liebe spürt. ... Spüre das gute Gefühl, das du hast, wenn du anderen Menschen etwas Gutes schickst. ... Nun ist der ganze Regenbogen bei dem Kind angekommen. ... Schau dich noch einmal in deinem Zauberballon um, wie schön und sauber er jetzt ist. ... Dann steig aus dem Ballon heraus auf die Wiese. ...

* * *

In einem Augenblick werde ich bis fünf zählen. ... Bei fünf bist du wieder in unserer Klasse. ... Du machst die Augen auf und fühlst dich wohl. ... Eins ... atme tief durch, ... zwei ... noch einmal, ... drei ... bewege dich ein bißchen, ... vier ... du kannst dich strecken, ... und fünf ... die Augen auf.

8. Der schöne Ort

Der schöne Ort ist ebenso wie der Zauberballon ein Ort der Kraft. Dort geht es uns gut, wir sind geschützt. Jedes Kind sucht sich seinen eigenen schönen Ort aus. Das kann irgendwo in der Natur sein, am Meer, auf einer Insel, auf einem Berg, im Wald. Manche Kinder wollen ein besonderes Zimmer, oder sie verkriechen sich in ein Bett. An den schönen Ort gehen wir immer, wenn wir Kraft sammeln wollen, oder auch einfach nur, um uns gut zu entspannen und uns wohlzufühlen.

Wenn wir zum ersten Mal den schönen Ort besuchen, können wir mit dem Zauberballon hinreisen und uns überraschen lassen, was wir beim Aussteigen vorfinden.

Reise zum schönen Ort

Du sitzt oder liegst bequem. ... Deine Augen sind geschlossen. ... Wir atmen alle miteinander aus ... und ein ... und aus ... und ein. ... Konzentriere dich jetzt auf deine Stirn, ... so fest, daß du sie spüren kannst, ohne sie anzufassen, ... und entspanne deine Stirn. ... Konzentriere dich jetzt auf deine Augenlider, auf die Haut, die deine Augen bedeckt. ... Spüre, wie deine Augenlider schwer werden. ... Spüre: Meine Augenlider werden schwer. ... Meine Augenlider werden schwer und schwerer, ... schwer und schwerer. ... Laß dieses schwere Gefühl jetzt über deine Wangen herabfließen ... und entspanne deine Wangen.

... Konzentriere dich auf dein Kinn und deinen Unterkiefer ... und entspanne deinen Unterkiefer, ... entspanne dein Kinn. ... Schwer und locker liegt die Zunge in deinem Mund, ... schwer und locker. ...

* * *

Geh jetzt in Gedanken auf unsere Wiese. ... Du bist barfuß und spürst das weiche Gras an deinen nackten Füßen. ... Auf der Wiese steht dein Zauberballon. ... Er schimmert in einer wunderschönen Farbe. ... Du gehst in deinen Zauberballon hinein. ... Wenn es drinnen schmutzig ist, nimmst du deine Zauberbürste und machst sauber. ... Wenn es schon sauber ist, setzt du dich hin und genießt es, in deinem Zauberballon zu sitzen. ... Dein Zauberballon ist jetzt sauber. ... Wir machen mit dem Zauberballon eine Reise an einen schönen Ort, der nur für dich da ist. ... Es soll dein schöner Ort sein. ... Dort bist du sicher. ... Dort kannst du dich ganz gut entspannen. ... Dieser Ort gehört nur dir. ... Dein schöner Ort kann irgendwo draußen in der Natur sein, ... am Meer ... oder auf einer Insel ... oder auf einem Berg. ... Dein schöner Ort kann überall sein, wo du willst. .. Er kann auch in einem schönen Zimmer sein ... oder im Bett. ... An deinen schönen Ort kannst du immer gehen, wenn du Kraft sammeln willst. ... Dein Zauberballon fängt jetzt an zu schweben. ... Er fliegt hoch und immer höher. ... Du schaust hinaus, aber du kannst nicht genau erkennen, wohin du fliegst. ... Es ist ein schönes Gefühl, mit dem Zauberballon durch die Luft zu fliegen. ... Genieße es. ... Nun merkst du: Der Zauberballon fliegt langsam tiefer ... und immer tiefer. ... Jetzt landet er ganz sachte. ... Du weißt: Du bist an deinem schönen Ort. ... Du bist neugierig: Wo wird dein schöner Ort sein? ... Steig jetzt aus dem Zauberballon heraus. ... Du bist an deinem schönen Ort. ... Schau dich um. ... Nun setz dich hin, genieße es, an deinem schönen Ort zu sein. ... Du spürst, daß du hier Kraft sammeln kannst. ... Bleib an deinem schönen Ort, bis du meine Stimme wieder hörst. ... Jetzt ist es Zeit für die Heimreise. ... Du steigst wieder in den Zauberballon, ... und los geht die Fahrt. ... Du fliegst heimwärts. ... Jetzt setzt der Ballon zur Landung an. ... Du bist wieder auf deiner Wiese. ... Du steigst aus dem Ballon und gehst über die Wiese heimwärts.

* * *

In einem Augenblick werde ich bis fünf zählen. Bei fünf öffnest du die Augen, bist wieder in der Klasse und fühlst dich wohl. ... Eins ... tief durchatmen, ... zwei ... noch einmal, ... drei ... bewege dich ein bißchen, ... vier ... du kannst dich strecken, ... und fünf ... die Augen auf.

Den Besuch am schönen Ort können Sie mit verschiedenen anderen Themen kombinieren, zum Beispiel mit einer Farbübung oder mit der nachfolgenden Übung, bei der es um gute Vorsätze geht. Auch Schwere-, Wärme- und Schutzübungen (siehe S. 169) lassen sich gut am schönen Ort durchführen.

9. Wir fassen gute Vorsätze

Sie haben sicher auch schon oft erlebt, daß Kinder, die Verhaltensprobleme haben, ...
1. ganz gut wissen, *wie* sie sich verhalten sollen, und ...
2. sich auch gerne richtig verhalten *wollen*, daß sie aber ...
3. das richtige Verhalten oft einfach *nicht produzieren können.*

Einer meiner „Spezialisten", Seppi, hat diesen Sachverhalt einmal absolut treffend in bestem Bayrisch so ausgedrückt: „Ja mei, Fräulein, schau, i *möchat* ja so gern, aber woaßt, i *kann* einfach net!"

Wenn beim Gehirnsammeln gute Vorsätze gefaßt werden, sind sie auf alle Fälle schon einmal tiefer verankert, als wenn sich die Kinder „nur so" vornehmen, ein bestimmtes Verhalten zu ändern. Weil jeder andere Probleme hat, suchen wir uns vor der Übung – jeder für sich – etwas aus, das wir als Thema nehmen wollen.

Damit wir auch nach der Übung an unsere Vorsätze erinnert werden, schreibe ich für die „schwierigeren Fälle" bunte Erinnerungskarten, auf denen der Vorsatz steht, zum Beispiel:

„Ich melde mich immer, wenn ich etwas sagen will."

Dabei nehme ich entweder Rosa, um dem „Delinquenten" ein Zeichen meiner Zuneigung zu übermitteln, oder Blau, wenn ein Zappelphilipp beruhigt werden soll, oder Gelb, wenn mehr Aktivität und Arbeitslust das Thema sind. Oft schneide ich diese Karten auch noch in Herzform zu. Da habe ich keine festen Regeln. Ich verlasse mich auf mein Gefühl.

Wer von Ihnen sich bereits mit positivem Denken, formelhafter Vorsatzbildung oder autogenem Training befaßt hat, weiß, daß wir für diesen Zweck nur positive Aussagen verwenden dürfen, ohne „nicht" und „kein", weil diese Wörter von unserer rechten Gehirnhälfte, die für Entspannung und unbewußtes Handeln zuständig ist, nicht registriert werden. Aus dem Satz „Ich rufe nicht heraus" wird dann bei der Zensur durch die rechte Gehirnhälfte: „Ich rufe heraus." Und gerade das wollen wir ja abstellen.

Vor diesem Hintergrund wird auch verständlich, warum Negativermahnungen wie „Zappel nicht herum!" oder „Mach keinen Lärm!" so häufig genau das Gegenteil bewirken. Die Ursache für das Fehlverhalten liegt ja meistens gerade nicht im Bereich des bewußten Wollens. Dafür wäre die linke Gehirnhälfte zuständig, die auch die Wörter „nicht" und „kein" registriert. Wir wollen aber die unbewußte Ebene erreichen, wir appellieren an die rechte Hemisphäre.

Bei mir hat sich als gute Technik für Ermahnungen bewährt, daß ich das erwünschte Verhalten einfach beschreibe, und zwar in der dritten Person unter Verwendung des jeweiligen Namens. Wenn also Tobi daran erinnert werden soll, daß er sich meldet und nicht einfach herausschreit, dann sage ich, übrigens auch noch mit etwas tieferer Stimme (vgl. S. 34) als sonst: „Der Tobi hebt die Hand, wenn er etwas sagen will" oder „Der Tobi wartet, bis er aufgerufen wird."

Wenn „gute Vorsätze“ also unser Thema beim Gehirnsammeln sind, überlegt sich jeder vorher, in welchem Bereich er sein Verhalten ändern oder eine bereits begonnene Änderung stabilisieren will. Über die Vorsatzkarten wird das entsprechende Thema dann im Gedächtnis behalten, und ungefähr eine Woche später wiederholen wir die Übung.

Ein guter Vorsatz

Du sitzt oder liegst bequem. Deine Augen sind geschlossen. ... Wir atmen alle gemeinsam aus ... und ein ... und wieder aus ... und gute, weiße Energie ein ... und graue Luft aus – das ist alles, was dich stört – ... und weiße Energie ein ... und graue Luft aus. ... Atme ruhig weiter, immer graue Luft aus ... und weiße Energie ein, ... bis du meine Stimme wieder hörst. ... Konzentriere dich jetzt auf deine Stirn, ... so fest, daß du sie spüren kannst, ohne sie anzufassen. ... Konzentriere dich auf die Haut, die deine Stirn bedeckt, ... und entspanne deine Stirn. ... Konzentriere dich jetzt auf deine Augenlider, ... auf die Haut, die deine Augen bedeckt, ... und fühle, wie deine Augenlider schwer werden. ... Fühle: Meine Augenlider werden schwer, schwer, ... immer schwerer. ... Laß dieses schwere Gefühl jetzt über deine Wangen herabfließen ... und entspanne deine Wangen. ... Konzentriere dich jetzt auf dein Kinn und deinen Unterkiefer ... und entspanne deinen Unterliefer, entspanne dein Kinn. ... Schwer und locker liegt die Zunge in deinem Mund, ... schwer und locker. ...

* * *

Geh jetzt in Gedanken auf unsere Wiese. ... Du bist barfuß und spürst an deinen Füßen das Gras. ... Dort auf der Wiese steht dein Zauberballon. ... Schau dir an, in welcher Farbe er schimmert. ... Du gehst jetzt in deinen Zauberballon hinein. ... Wenn es drinnen schmutzig ist, nimmst du deine Zauberbürste und machst sauber. ... Wenn es schon sauber ist, setzt du dich hin und genießt es, in deinem sauberen Zauberballon zu sitzen. ... Nun ist es in deinem Zauberballon sauber. ... Setze dich jetzt hin. ... In deinem Zauberballon erscheint ein riesiger Fernseher. ... Du weißt, daß wir heute in unserer Übung etwas tun wollen, um unser Verhalten zu verbessern. ... Du hast dir vorher überlegt, was du ändern möchtest. ... Schalte jetzt den Fernseher an. ... Auf dem Fernsehschirm siehst du dich selbst, wie du noch das falsche Verhalten hast. ... Schau dir genau an, was du falsch machst, und überlege dir noch einmal genau, was du ändern möchtest. ... Du schaust dir den falschen Film so lange an, bis du meine Stimme wieder hörst. ... Nun hast du gesehen, was du falsch machst, und du weißt auch, wie du es richtig machen möchtest. ... Schalte jetzt in deinem Fernseher um auf ein anderes Programm. ... Da kommt jetzt ein Film, da siehst du wieder dich selbst, wie du es genau richtig machst, genauso, wie du es haben möchtest. ... Schau dir jetzt den Film an und freue dich darüber, daß du es richtig machst. ... Spür die Freude im Bauch. ... Schau so lange, bis du meine Stimme wieder hörst. ... Du hast dir jetzt den Film genau angeschaut. ... Jetzt kannst du den Fernseher wieder ausschalten. ... Vor dem Fernseher liegt plötzlich ein Geschenk für dich. ... Es soll dir helfen, daß du es auch weiterhin so richtig machst wie im Film. ... Das Geschenk kann ein Edelstein sein oder eine Blume oder ein Zaubertrank oder irgend etwas anderes. ... Nimm das Geschenk. ... Jetzt steigst du aus dem Zauberballon heraus. ... Du gehst über die Wiese heimwärts.

* * *

In einem Augenblick zähle ich bis fünf. Bei fünf öffnest du die Augen, bist wieder in unserer Klasse, und es geht dir gut. ... Eins ... tief durchatmen, ... zwei ... noch einmal, ... drei ... bewege dich ein bißchen, ... vier ... du kannst dich strecken, ... und fünf ... die Augen auf.

Nach dieser Übung ist es wichtig, die Kinder, die das wollen, erzählen zu lassen, was sie „richtig" gemacht haben, denn das ist ein weiterer Anker für das entsprechende Verhalten. Daß alle anderen zuhören und daß Sie dann vielleicht noch eine Vorsatzkarte schreiben bildet wieder einen Anker, etwa mit der Bedeutung: „Für positives Verhalten bekomme ich Zuwendung, also lohnt es sich." Andersherum ausgedrückt: „Wenn ich will, daß ich im Mittelpunkt stehe, daß alle mir zuhören, daß ich wichtig bin, dann kann ich das durch positives Verhalten erreichen."

Der entsprechende Negativanker, der in der Praxis leider viel häufiger vorkommt, lautet: „Wenn ich will, daß ich im Mittelpunkt stehe, daß mich alle beachten, daß ich wichtig bin, dann muß ich stören und frech sein."

Nun ist es an Ihnen, entsprechende Positivanker zu setzen. Das geht auf dem Weg über Entspannungsübungen viel leichter als über die klassische positive Verstärkung, denn da müssen Sie ein Kind ja erst einmal bei einem entsprechenden positiven Verhalten „erwischen", um dieses Verhalten dann verstärken zu können. Sind die „Fronten" aber erst einmal verhärtet, dann ist es unwahrscheinlich, daß ein Schüler überhaupt noch positives Verhalten zeigt. Außerdem ist es nur zu verständlich, daß ein Lehrer, der dauernd provoziert und geärgert wird, gerade dann vielleicht nicht in der Stimmung für positive Zuwendung ist.

Ich habe die Beobachtung gemacht, daß ein simples Lob oder etwas in dieser Richtung einen Schüler, der sich bereits auf dem Negativtrip befindet, gar nicht mehr erreicht, im Gegenteil, es spornt ihn höchstens zu weiteren Großtaten an. In meinen eigenen Klassen ist es – Gott sei dank – nie zu einer derart festgefahrenen Situation gekommen. Mit einem Schüler der vierten Klasse – einem wahrhaftigen „Horrorkind" – hatte ich aber vor einigen Jahren ein Erlebnis, von dem ich unbedingt erzählen möchte.

Zuerst einige Informationen zum Hintergrund: Markus war in der ersten Klasse ein Kind, das im sozialen Randbereich der Gemeinschaft lebte und von den anderen nicht angenommen wurde. Da ich in der Klasse Musikunterricht gab, konnte ich seinen Werdegang während der ersten zwei Jahre recht gut beobachten. Er wurde also nicht akzeptiert, war auch körperlich weniger gepflegt als die anderen und von Anfang an ziemlich introvertiert. Wenn wir irgendwelche Spiele machten, bei denen wir uns im Kreis aufstellten, wollte niemand ihm die Hand geben. Darunter litt er auch sichtlich. Da er aber außerordentlich intelligent war, bildete er sich im Lauf der Zeit seine eigene Version dieser Außenseiterrolle: Er legte es immer mehr darauf an, die anderen vor den Kopf zu stoßen, zu stören, ja geradezu zu schockieren. Seine Devise war offensichtlich: Nicht ihr lehnt mich ab, ich lehne euch ab. Ich will ja gar nicht zu euch gehören! Daß Markus ein zutiefst unglückliches Kind war, braucht sicher nicht erwähnt zu werden.

In der vierten Klasse war er ein regelrechter Desperado, das bedeutet ja „Verzweifelter“: Er war in einem so unglaublichen Maße frech und provokant, daß einem schier die Luft wegblieb. So legte er es geradezu darauf an, andere durch seine körperliche Verwahrlosung zu schockieren. Im Unterricht verweigerte er jegliche Arbeit, machte auch keine Hausaufgaben. Wenn im Heft irgendein Hinweis stand, dann schrieb er der Lehrerin darunter: Leck mich am ... Bei einer Religionsprobe beantwortete er irgendeine Frage folgendermaßen: „Himmelherrgottsakrament Arsch und Zwirn ...“ Daß hier natürlich Sternchenlisten, lobende Sätze und ähnlicher Kleinkram völlig zwecklos waren, liegt auf der Hand.

Zu dem Zeitpunkt, von dem ich erzählen möchte, war die Situation in einem Maße verfahren, daß sie fast als hoffnungslos bezeichnet werden mußte. Grundsätzlich hätte man aber gerade in diesem Fall – davon bin ich fest überzeugt – die Situation durch rechtzeitiges Erkennen ihrer Ernsthaftigkeit (Stichwort: Skotomisierung, vgl. S. 35 f.) und durch entsprechende Maßnahmen, wie Sie sie in diesem Buch beschrieben finden, entschärfen und in den Griff bekommen können.

Und nun zu meinem konkreten Erlebnis mit Markus: Eines Tages wurde er in der vierten Stunde zu uns geschickt, weil er in seiner Klasse einfach nicht mehr tragbar war. Diese Maßnahme hatte ich der Kollegin angeboten. Wir waren gerade dabei, uns für unser Gehirnsammeln im Kreis hinzusetzen. Ich sagte zu den Kindern: „Heute ist der Markus bei uns. Ihr kennt ihn ja sicher vom Pausenhof. Der Markus hat sich vorgenommen, daß er so schlimm ist, daß ihn keiner mehr mag, und das hat er auch ziemlich gut geschafft. Es mag ihn wirklich eigentlich keiner mehr. Ich kenne ihn schon sehr lange, und ich mag ihn schon, aber auch nicht immer. Das ist jetzt aber für den Markus eigentlich gar nicht mehr schön, daß ihn keiner mag. Er ist auch manchmal unglücklich darüber. Aber er weiß jetzt nicht mehr, wie er es anders machen soll. Das kann er jetzt gar nicht mehr, weil er schon so lange immer nur schlimm ist. Wir machen heute die Übung mit der rosaroten Wolke, und da schicken wir als erstes dem Markus alle etwas von unserer Wolke und Liebe. Und du, Markus, kannst einfach spüren, wie es ist, wenn alle Kinder dir rosarotes Licht und Liebe schicken.“

Dann machten wir die Übung. Markus lag neben mir, ich legte meine Hand auf seine Schulter und war darauf gefaßt, daß er versuchen würde zu stören. Aber ganz im Gegenteil: Er lag so ruhig da wie vom Blitz gefällt, muckste nicht und öffnete auch seine Augen kein einziges Mal.

Nach der Übung holte er sich vom Büchertisch etwas zu lesen und setzte sich ruhig in eine Ecke. Nach geraumer Zeit erinnerte ich ihn: „Du Markus, die Frau N. hat dir doch was zum Abschreiben mitgegeben. Meinst du nicht, du solltest das jetzt machen?“ Da nahm er seinen Block und sein Schreibzeug, setzte sich zu einer Tischgruppe, an der ein Platz frei war, und schrieb, ohne die anderen ein einziges Mal zu stören. Als er fertig war, fragte ich ihn: „Na, was willst du jetzt machen? Willst du runtergehen oder willst du noch dableiben?“ Er war sichtlich unschlüssig. Ich sah ihm an, daß er gerne dableiben wollte, daß er es aber nicht fertigbrachte, das zu sagen. Also half ich ihm: „Bleib halt noch ein bißchen da.“ Er setzte sich willig hin und las weiter. Inzwischen war meine Klasse schon gegangen, und ich hatte noch Flötenunterricht. Markus blieb da bis ein Uhr. Als er ging, wirkte er fast wie jedes andere Schulkind.

Natürlich konnte ein einmaliges positives Erlebnis für ein Kind wie Markus noch nichts Dauerhaftes bewirken. Die Kraft, die in dieser Art von Zuwendung liegt, zeigt sich meiner Meinung nach aber gerade an solch einem Extremfall ziemlich deutlich.

10. Der Zauberbrunnen

Wasser ist auf der bewußten wie auf der unbewußten Ebene ein bedeutsames Element. Wir wissen, daß in ihm der Ursprung des Lebens liegt, daß wir es zum Überleben weit notwendiger brauchen als feste Speisen. Wir wissen aber auch, daß das lebenspendende Wasser durchaus Leben vernichten kann: Trotz aller Technik und Fortschritte ist der Mensch seiner nicht vollständig Herr geworden.

Nicht wegzudenken ist das Wasser aus den Riten der Kirche: In der Taufe wäscht es von Sünden rein. Die Katholiken tauchen die Finger in geweihtes Wasser und bekreuzigen sich damit. In den ländlichen Gegenden Altbayerns werden noch einige Bräuche gepflegt, die deutlich zeigen, wie geschickt im Katholizismus heidnisches Brauchtum zu christlicher Sitte „umprogrammiert“ wurde. So wird zum Beispiel am Vorabend des Dreikönigstages in der Kirche das Dreikönigswasser geweiht, mit dem vor der letzten der großen Rauhnächte die Zimmer und Türen der Wohnungen besprengt werden.

Wir kennen das Märchen vom „Wasser des Lebens“ aus der Sammlung der Gebrüder Grimm. Dem Wasser muß also implizit, auf der unbewußten Ebene, sehr viel Kraft zugeschrieben werden: Es reinigt, wäscht, erneuert, schützt und belebt. Davon spreche ich natürlich mit den Kindern nicht. Das ist ja gerade das Schöne an jeglicher Symbolik, die wirklich echt ist, also nicht nur erdacht im Kopf, sondern sozusagen über die Wurzeln aufgenommen: Ihre Bedeutung ist einfach da. Sie muß nicht herbeigeredet werden.

Die Anregung zu der Übung mit dem Zauberbrunnen stammt von Kurt Tepperwein[27]. Ich habe sie für meine Bedürfnisse abgewandelt. Das Eintauchen in das Wasser des Zauberbrunnens soll von uns alles abwaschen, was wir loswerden wollen, was uns lästig ist. Außerdem tanken wir uns auf mit Energie, mit positiven Eigenschaften und Gefühlen.

Was bewirkt nun diese Übung? Natürlich nicht, daß wir auf einen Schlag wirklich alles wegzaubern, was uns stört, und herzaubern, was wir haben wollen. Aber wenn wir „im Kopf" spüren, wie wir uns fühlen, wenn wir einiges loswerden und dafür anderes erreichen können, dann fällt es uns leichter zu glauben, daß wir tatsächlich etwas bewirken können. Vielleicht werden wir es auch intensiver wünschen und anstreben. Und an die Möglichkeit einer Veränderung zu glauben und sie wirklich zu wollen, ist stets der erste Schritt dazu.

Unabhängig von allen fiktiven oder tatsächlichen Veränderungen bringt uns die Übung auf alle Fälle eines: Wir machen uns bewußt, was uns stört und was wir erreichen wollen, und wir fühlen uns wohl und ausgeglichen.

Das Bad im Zauberbrunnen

Wir sitzen oder liegen bequem. Alle schließen die Augen. Wir atmen miteinander aus ... und ein ... und aus ... und gute, weiße Energie ein ... und graue Luft aus – das ist alles, was uns stört –... und weiße Energie ein ... und graue Luft aus. ... Atme ruhig weiter, ... immer graue Luft aus ... und weiße Energie ein. ... Konzentriere dich jetzt auf deine Stirn, ... so fest, daß du sie spürst, ohne sie anzufassen, ... und entspanne deine Stirn. ... Konzentriere dich jetzt auf deine Augenlider und fühle, wie sie schwer werden. ... Fühle: Meine Augenlider werden schwer. Ganz schwer sind meine Augenlider. Nun laß dieses schwere Gefühl über die Wangen herabfließen ... und entspanne deine Wangen. ... Entspanne dein Kinn und deinen Unterkiefer. ... Schwer und locker liegt die Zunge in deinem Mund, ... schwer und locker. ...

* * *

Wir gehen in Gedanken auf unsere Wiese. Du bist barfuß. Auf der Wiese ist es warm, die Sonne scheint. ... Du gehst barfuß über das Gras. ... Du spürst das weiche Gras unter deinen Füßen. ... Geh immer weiter über die Wiese. ... Du siehst jetzt eine schöne, weiße Mauer. ... In der Mauer ist ein Tor. ... Das Tor steht offen. ... Du gehst näher hin ... und näher ... und noch näher. ... Jetzt stehst du vor dem offenen Tor. ... Du kannst in einen wunderschönen Garten hineinsehen. ... Da blühen die herrlichsten Blumen. ... Eine weiße Treppe führt in den Garten hinunter. ... Ich werde jetzt von fünf bis eins rückwärts zählen.

Bei jeder Zahl, die ich nenne, gehst du eine Stufe hinunter. ... Fünf ... geh eine Stufe hinunter, ... vier ... und eins tiefer, ... drei und noch eins tiefer, ... zwei ... und wieder eins tiefer, ... eins ... du bist jetzt in dem Garten. ... Vor dir siehst du einen weißen Weg. ... Auf dem Weg gehst du in den Garten hinein. ... Nun macht der Weg eine Biegung. ... Hinter der Biegung siehst du ein Wasserbekken aus weißem Marmor. ... Das ist ein Zauberbrunnen. ... In ihm kannst du alles abwaschen, was dich bekümmert. ... Zieh deine Kleider aus und steig in das Wasserbecken. ... Nun bist du im Wasser. ... Es ist ganz angenehm warm. ... Du fühlst dich so wohl. ... Schwimme und tauche und plansche in dem Wasser und spüre dabei, wie das Wasser alles abwäscht, was dich stört oder traurig macht. ... Du fühlst dich immer besser, ... ganz leicht und sauber. ... Genieße es, in dem Zauberbrunnen zu schwimmen, ... und jetzt spüre, wie du Kraft und Energie bekommst. ... Denke daran, es ist ein Zauberbrunnen. ... Welche Eigenschaften hättest du gerne? ... In dem Zauberwasser kannst du sie bekommen. ... Spüre, wie du alles kannst, was du können möchtest, ... und bade weiter in dem Wasser, so lange, bis du meine Stimme wieder hörst. ...

Nun fühlst du dich richtig wohl, voller Energie. ... Es geht dir gut. ... Jetzt steigst du aus dem Zauberbrunnen heraus. Am Rand des Beckens liegt ein Geschenk für dich. ... Nimm es in die Hand und schau es dir an. ... Nun ziehst du deine Kleider wieder an. ... Das Geschenk nimmst du mit. ... Dann gehst du über den weißen Weg zurück. ...

* * *

Du bist jetzt wieder auf unserer Wiese und gehst heimwärts. ... In einem Augenblick werde ich bis fünf zählen. ... Bei fünf machst du die Augen auf, bist wieder in unserer Klasse und fühlst dich wohl. ... Eins ... atme tief durch, ... zwei ... und noch einmal, ... drei ... bewege dich ein bißchen, ... vier ... du kannst dich strecken, ... und fünf ... die Augen auf.

Wie nach jeder Übung geben wir auch nach dieser den Stab im Kreis herum, und jeder, der will, kann etwas erzählen. Es ist ganz interessant, was die Kinder alles abwaschen wollen: Schwatzhaftigkeit, Angst, Rechtschreibfehler in der Nachschrift, Rennen aus dem Klassenzimmer auf den Gang hinaus, andere in der Pause ärgern, schnell wütend werden.Die Kinder wissen ganz gut, wo ihre Probleme liegen. Ich halte es für sehr wichtig, daß diese Probleme von Zeit zu Zeit – und durch die verschiedenen Entspannungsübungen geht das ja hervorragend – bewußtgemacht werden. Das Verdrängen von Fehlern kann mir keinesfalls helfen, sie zu beseitigen. Allerdings ist es mindestens genauso wichtig, daß dieses Besprechen von Fehlern ohne jegliche Wertung geschieht. Jedes Kind muß sein Gesicht wahren können.

Ein Schritt in die Unabhängigkeit von Vorlagen: Sie gestalten die weiteren Übungen selbst

Nun konnten Sie eine Reihe von Übungen im genauen Wortlaut lesen. Wenn Sie bereits begonnen haben, mit Ihrer Klasse daran zu arbeiten, dann verfügen Sie sicher schon über das grundlegende Handwerkszeug: Anfang und Schluß gestalten und den konkreten Inhalt formulieren.

Ab jetzt möchte ich Ihnen die einzelnen Themen nur noch dem Inhalt nach vorstellen. Ich meine, daß das genügt. Das Ziel dieses Buches ist es ja, Sie überhaupt unabhängig von Vorlagen zu machen, was nicht heißen soll, daß Sie es grundsätzlich ablehnen müßten, irgendwelche Anregungen aufzugreifen. Es ist jedoch ein gewaltiger Unterschied, ob Sie sich dafür entscheiden, aus einem Buch etwas zu übernehmen, weil Sie es besonders *gut* finden, oder ob Sie davon *abhängig* sind, weil Sie alleine nicht zurechtkommen. Wie gesagt: Mein Ziel ist es, Ihnen ein solides Handwerkszeug zur Verfügung zu stellen, das Sie unabhängig macht.

Mit den folgenden Themen können Sie experimentieren. Ich bin sicher, Sie werden positive Erfahrungen machen. Sie wissen ja, wie Sie Anfang und Schluß einer Übung gestalten können. Wenn nicht, blättern Sie in einer beliebigen Übung nach. Die Sternchenzeilen erleichtern Ihnen die Orientierung. Den Inhalt der Übung formulieren Sie genauso, daß Sie sich dabei wohlfühlen. Und nun viel Spaß beim Ausprobieren!

11. Reisen auf der Wolke

Genauso wie wir mit unserem Zauberballon oder über die Regenbogenbrücke an einen fernen Ort gelangen können, holt uns manchmal eine Wolke ab, auf der wir irgendwohin fliegen. Dazu gehen wir zuerst wieder auf unsere Wiese. Wir legen uns ins Gras und schauen in den Himmel hinauf. Wir sehen die Wolken ziehen. Eine davon gefällt uns besonders gut. Sie kommt langsam näher und senkt sich immer tiefer. Schließlich schwebt sie genau vor uns. Wir steigen auf, und die Wolke fliegt mit uns davon. Auf ihr ist es ganz angenehm und kuschelig. Es gibt nun mehrere Möglichkeiten:

- Wir können einfach auf der Wolke herumfliegen, uns die Welt von oben besehen und nach einiger Zeit wieder landen.
- Wir fliegen über das Meer auf eine Insel. Dort begrüßen uns freundliche, braune Menschen. Wir spielen im Urwald mit den Eingeborenenkindern. Auf den Bäumen sitzen bunte Papageien, zwischen den Ästen leuchten herrliche Orchideen.
- Wir fliegen in die Wüste. Dort erwarten uns Beduinen mit ihren Kamelen. Sie reiten mit uns in eine Oase. Wir werden in einem Beduinenzelt bewirtet mit Eis, Keksen und erfrischenden Getränken. Mit den Kindern spielen wir im Sand.

12. Besuch bei Märchen- und Fabelwesen

Über die Möglichkeit, Märchen und Entspannungsübungen zu verbinden, habe ich bereits ausführlich geschrieben (S. 67 ff.). Hier möchte ich Ihnen nur noch einige Themen vorstellen, die sich unabhängig von einem konkreten Märchen mit bestimmtem mythischen oder märchenhaften Figuren befassen. Diese märchenhaften, ganz deutlich von der täglich erfahrbaren Wirklichkeit abgesetzten Übungen kommen bei den Kindern sehr gut an. Gerade der mythische Aspekt unseres Daseins wird ja bei unserer modernen Lebensweise auf – fast möchte ich sagen: unzulässige, mit Sicherheit aber: – unzuträgliche Weise verdrängt.

Bruno Bettelheim schreibt, warum Kinder, aber auch „Nicht-mehr-so-Junge" Märchen und Mythen so dringend brauchen:

> „... weil die Realität, wenn sie nicht durch Phantasievorstellungen – durch besonders befriedigende Ereignisse oder Rituale – etwas gemildert wird, für Kinder und auch für nicht wenige Nicht-mehr-so-Junge unerträglich wird. Das kleine Kind braucht den Glauben an die Magie, und es braucht sein magisches Denken (...), um seine Angst zu binden und seine Hoffnung auf kommende Freuden (wie Santa Claus und den Osterhasen) immer wieder neu zu entfachen und sich zu erhalten. Nur dann kann es mit der Realität fertig werden. Normalerweise ist das Bedürfnis nach magischen Vorstellungen solcher Art etwa sechs Jahre lang (typischerweise zwischen dem 4. und 10. Lebensjahr) am größten, denn dies ist genau die Periode, in der das Kind lernen muß, mit der realen Welt zurechtzukommen."[28]

Was mir an diesem Zitat besonders wichtig erscheint, ist die Tatsache, daß Bettelheim die Altersgruppe, die magische und mythische Vorstellungen braucht, sehr weit faßt. Er spricht zwar davon, daß das Bedürfnis danach zwischen dem 4. und 10. Lebensjahr *am größten* sei – allein diese Zeitspanne deckt schon die Dauer des Grundschulbesuchs ab –, bezieht sich aber auch auf „Nicht-mehr-so-Junge". Diese vieldeutige Umschreibung hat er meiner Meinung nach gewählt, weil sie zu jedem Alter paßt und weil er genau das auch damit ausdrücken wollte: Nicht wenige – also viele – Menschen jeden Alters haben Sehnsucht nach magisch-mythischen Vorstellungen, die ihnen helfen, die Wirklichkeit zu ertragen, sie zu sublimieren – ja, ich möchte noch einen Schritt weitergehen und sagen: ihr Sinn zu geben.

Lesen Sie die folgenden Inhaltsangaben von Übungen vor diesem Hintergrund und entscheiden Sie, ob Sie sich damit wohlfühlen können. Meine Erfahrungen damit sind äußerst positiv, mit Sicherheit eben auch deshalb, weil ich voll hinter diesen Themen stehe.

Besuch beim Zauberer

Wir gehen über unsere Wiese auf den Wald zu. Er ist dunkel und tief. Ein schmaler Weg führt hinein. Wir haben keine Angst und gehen auf dem Weg in den Wald hinein. Auf einer Lichtung steht ein kleines Haus, überwuchert von Kletterpflanzen. Wir gehen auf das Haus zu, die Tür ist offen. Wir gehen hinein und sehen eine Treppe, die in den Keller führt. Wir steigen die Treppe hinunter und kommen in ein großes Gewölbe. Da sehen wir alle möglichen Glasgefäße, in denen Flüssigkeiten in allen Farben kochen und brodeln. Der ganze Raum ist voller Gerüche und Dämpfe. Wir sehen einen alten Mann, der uns freundlich zunickt und uns zu sich herwinkt. Er hat einen blauen Mantel an, mit magischen Zeichen bestickt, und einen hohen Hut auf. In der Hand hält er einen Zauberstab. Er begrüßt uns freundlich und sagt, er wolle uns etwas zaubern. Da steht plötzlich ein Pferd vor uns. Welche Farbe hat es? Wir streicheln es, weich ist sein Fell. Es hat ganz samtige Lippen. Wir geben ihm auf der flachen Hand ein Zuckerstück, das wir in der Tasche hatten. Der Zauberer schenkt uns das Pferd. Wir dürfen es mitnehmen. Wir verabschieden uns vom Zauberer und gehen die Treppe hinauf. Vor dem Haus steigen wir auf und reiten über den schmalen Waldweg zurück auf die Wiese, dann weiter, bis vor die Schule. Dort steigen wir ab und binden das Pferd an. – Ich zähle bis fünf. Bei fünf sind wir wieder in der Klasse.

Andere Möglichkeiten:

Der Zauberer kann natürlich alles mögliche zaubern. Er kann uns auch beibringen, selbst zu zaubern. Vielleicht dürfen wir ihm auch bei seiner Arbeit helfen. Ihrer Phantasie sind hier keine Grenzen gesetzt.

Besuch beim Schatzhüterzwerg

Wir gehen über unsere Wiese auf einen Berg zu. Da sehen wir eine Tür, die in das Innere des Berges hineinführt. Wir öffnen sie und kommen in einen engen, dunklen Gang, der tief, tief in den Berg hineinführt. Wir gehen den Gang entlang und kommen endlich in eine große Höhle. In der Höhle glänzt und funkelt und glitzert es. Da liegen Edelsteine, zu großen Haufen aufgeschichtet. Vor den Edelsteinen sitzt ein Zwerg. Wie schaut er aus? Es ist ein freundlicher Zwerg. Er schreibt gerade etwas in ein Buch. Er zählt und wiegt seine Schätze. Da liegt ein Haufen dunkelroter Edelsteine. Sie sind so groß wie Hühnereier und funkeln. Wir helfen dem Zwerg, sie zu zählen. Danach zählen wir orangefarbene, gelbe, grüne, blaue, violette und zum Schluß strahlendweiße Edelsteine. Als Dank für unsere Hilfe schenkt uns der Zwerg einen riesengroßen Edelstein. Welche Farbe hat er? Spürst du, wobei er dir helfen kann?

Wir verabschieden uns von dem Zwerg, gehen den engen Gang zurück auf die Wiese und von dort wieder heimwärts.

Andere Möglichkeiten:

- Der Zwerg kann ein Kleid für eine Fee mit Edelsteinen besetzen. Von allen Regenbogenfarben müssen Steine auf das Kleid genäht werden. Wir helfen ihm dabei.
- Der Zwerg kann eine besondere Medizin kochen.

– Der Zwerg kann Edelsteine zu Pulver vermahlen und davon einen Zaubertrank anrühren.

Besuch bei einer guten Fee

Zum Schloß der guten Fee können wir mit der Wolke reisen oder mit dem Zauberballon. Wir können aber auch wieder über unsere Wiese in den Wald hineingehen und das Schloß auf einer Lichtung finden.

Es liegt in einem herrlichen Park, in dem die schönsten und seltensten Blumen blühen. Es duftet wunderbar, und von ferne hören wir eine leise, zarte Musik. Wir gehen durch den Park und bewundern alles: die gepflegten weißen Kieswege, die vielen Springbrunnen, die prächtigen Blumen und Sträucher. Als wir vor das Schloß kommen, öffnet sich das Tor von alleine. Wir gehen hinein und steigen über eine weiße Marmortreppe nach oben. Da öffnet sich eine goldene Tür. Durch sie kommen wir in einen großen Raum, der mit kostbaren Möbeln eingerichtet ist. Wir schauen uns genau um. Eine feine Stimme nennt unseren Namen. Wir drehen uns um. Hinter uns steht eine wunderschöne Fee. Wie schaut sie aus? Was hat sie an? Sie führt uns in ihrem Schloß herum und bewirtet uns mit köstlichen Speisen. Wir haben noch nie so etwas Gutes gegessen und getrunken. Was bekommen wir? Dann erfüllt uns die Fee einen Herzenswunsch. Sie gibt uns auch noch ein Geschenk mit. Was ist es? Dann verabschieden wir uns. Die Fee begleitet uns noch vor das Schloß. Sie winkt uns nach. Wir gehen – oder fliegen – wieder heimwärts.

Besuch bei Nikolaus, Christkind und Osterhasen

Diese Möglichkeiten möchte ich nur noch pauschal vorstellen. Vielleicht finden Sie, das gehe zu weit, etwa nach dem Motto: Zauberer ja, aber Christkind und Osterhase nein! Es gilt ja bei vielen Menschen als verpönt, diesen Gestalten im Familienleben noch Raum zu geben. Da kommen dann sehr schnell so vordergründige – und oft auch nicht ehrliche – Argumente wie „Das ist ein Betrug an den Kindern“ oder „So dumm sind die doch gar nicht.“ Dabei geht es in erster Linie um das Glaubenssystem der Erwachsenen und um die Peinlichkeit, die sie angesichts dieser vermeintlichen Kindereien empfinden. Das sollte ehrlich zugegeben werden. Daß es andererseits unmöglich ist, Werte zu vermitteln, hinter denen man nicht selbst steht, halte ich für unbestritten. Deshalb gilt auch hier wieder: Sie müssen entscheiden, was Sie übernehmen wollen. Wenn Ihnen aber dieses Thema des Nachdenkens wert erscheint, dann lesen Sie am besten einige der Bücher Bruno Bettelheims.[29]

Nun also zu unseren konkreten Übungen: Zum *Nikolaus* kommen wir entweder mit der Wolke oder indem wir auf dem Mondstrahl hochrutschen. Wir helfen ihm beim Einpacken und fahren dann mit ihm im Schlitten wieder auf die Erde.

Beim *Christkind* schauen wir uns an, was in den verschiedenen Räumen gebakken, gebastelt, genäht usw. wird.

Dem *Osterhasen* helfen wir natürlich beim Eieranmalen, vielleicht auch beim Verstecken.

13. Übungen, die zur Jahreszeit passen

Herbst

Wenn wir nach den großen Ferien wieder in die Schule kommen, beginnen die Blätter sich zu färben. Die Kinder genießen die schönen Herbsttage noch, um draußen zu sein. Sie lassen Drachen steigen, sammeln Kastanien, fahren mit dem Rad. Auch wir machen noch einige Spaziergänge, bevor uns das nasse Wetter im Klassenzimmer festhält. Wir gehen an den Fluß in der Nähe unseres Schulhauses, laufen durch die Raschelblätter, holen uns Buchenzweige, um unser Zimmer zu schmücken. Die Zugvögel sind fortgeflogen. Die Tiere, die hierbleiben, bereiten sich auf den Winter vor.

Es gibt viele schöne Entspannungsübungen, in denen wir uns mit dem Thema Herbst beschäftigen.

Wir fliegen mit den Blättern

Wir gehen auf unsere Wiese. Dort steht ein Laubbaum. Die Blätter haben sich schon bunt gefärbt. Wir klettern auf den Baum, hoch hinauf. Da kommt ein Windstoß und weht Blätter vom Baum. Sie wirbeln lustig durch die Luft. Wir denken: Ach, wenn wir doch da mitfliegen könnten. Wir werden klein, ganz klein. Wir kriechen an die Spitze des Astes, setzen uns auf ein Blatt und halten uns am Stiel fest. Da fährt ein Windstoß in die Blätter. Unser Blatt fliegt vom Baum, hoch in die Luft. Wir tanzen mit den anderen Blättern durch die Luft. Dann landen wir sacht auf der Wiese.

Herbstregen

Es ist ein regnerischer Tag. Wir gehen auf die Wiese. Am Himmel sehen wir schwere, graue Wolken. Eine von ihnen fliegt immer tiefer, kommt zu uns herab, wir setzen uns darauf. Die Wolke steigt wieder höher. Wir werden immer kleiner und sinken ganz ins Innere der Wolke ein. Da drinnen sind viele winzige Wassertropfen. Sie tragen ein Kleid aus schön schimmernder, dünner grauer Seide. Plötzlich werden wir auch zu einem Regentropfen. In der Wolke ist es kuschelig. Die Regentropfen fangen an zu schaukeln, hin und her, hin und her, immer heftiger. Wir schaukeln mit, immer schneller, immer heftiger. Da werden einige Tropfen aus der Wolke hinausgeschleudert. In der Wolke wird jetzt ganz wild geschaukelt. Plötzlich fliegen wir auch hinaus in die Luft. Das ist lustig. Mit den anderen Regentropfen fliegen wir durch die Luft. Das ist ein tolles Gefühl, so leicht und frei. Jetzt landen wir auf der Wiese. Wir werden wieder größer und schauen so aus wie immer. Wir gehen heimwärts.

Besuch beim Igel

Auf unserer Wiese sehen wir einen Igel, der sich in einem kleinen Blätterhaufen verkriechen will, für seinen Winterschlaf. Wir können mit ihm sprechen und fragen ihn, ob wir ihm helfen sollen, mehr Blätter zusammenzutragen, damit er es im Winter wärmer hat. Dann sammeln wir einen großen Haufen Blätter für den Igel. Jetzt werden wir so klein, daß wir mit dem Igel in den Haufen hineinkriechen können. Dort helfen wir ihm, sich in seiner Blätterstube gemütlich einzurichten. Dann verabschieden wir uns, kriechen aus dem Haufen, werden wieder so groß wie immer und gehen über die Wiese heimwärts.

Besuch beim Eichhörnchen

Wir gehen über die Wiese in einen Laubwald. Dort sehen wir ein Eichhörnchen, wie es von Baum zu Baum hüpft und Nüsse sammelt. Wir helfen ihm beim Sammeln und Vergraben. Dann lädt es uns in seinen Kobel ein. Wir werden ganz klein und setzen uns auf seinen Rücken. Es klettert und springt mit uns flink bis zu seinem Kobel (Nest). An seinem buschigen Schweif halten wir uns fest. Im Kobel drinnen ist es sehr gemütlich. Wir werden mit Tee und Nüssen bewirtet. Dann bringt uns das Eichhörnchen zurück. Wir werden so groß wie immer und gehen über die Wiese heimwärts.

Die Nebelfrauen

Wir gehen auf unsere Wiese. Es ist sehr früh am Tag, fast noch ein bißchen dämmrig. Auf der Wiese ist es kühl und neblig. Wir hören einen feinen Gesang. Dem gehen wir nach. Da sehen wir einige Frauen. Sie sind in lauter weiße Schleier gekleidet. In den Händen tragen sie auch große, weiße Schleier, die sie über die Wiese breiten. Dazu singen und tanzen sie. Das sind die Nebelfrauen. Wir schauen ihrem Tanz zu. Auf der Wiese wird es immer nebliger. Nun haben uns die Nebelfrauen entdeckt. Sie holen uns zu sich und geben uns auch Schleier, die wir ausbreiten sollen. Wir singen und tanzen mit den Nebelfrauen. Nach einiger Zeit müssen wir gehen. Die Nebelfrauen begleiten uns ein Stück, damit wir uns nicht verlaufen. Jetzt sehen wir schon wieder den Weg, der uns heimwärts führt.

Winter

Die Tage werden kürzer. Am Morgen, wenn die Kinder in die Schule kommen, ist es noch dämmrig. Wir schmieden schon Pläne für die Weihnachtszeit: einen Adventskalender wollen wir machen, unser Zimmer soll geschmückt werden, verschiedene Geschenke wollen wir basteln, und unbedingt müssen wir Plätzchen backen. Außerdem bereiten wir ein Nikolausfest vor.

Wir haben also alle Hände voll zu tun. Als dann Ende November auch noch der erste Schnee fällt, freuen wir uns sehr. Natürlich heißt an diesem Tag beim Gehirnsammeln das Thema „Schnee“.

Der Tanz der Schneeflocken

Wir gehen auf unsere Wiese. Das Gras ist heute kalt und naß. Am Himmel hängen Wolken. Eine Wolke fliegt zu uns herunter. Wir setzen uns darauf, werden klein und kleiner, sinken in die Wolke ein. Wir sehen, daß in der Wolke lauter winzige Schneeflocken sitzen. Sie haben weiße Kleider an, mit weißem Pelz an den Ärmeln und am Kragen. Außerdem tragen sie hübsche weiße Pelzmützen und Pelzhandschuhe. Die Wolke fliegt mit uns hoch und höher. Es wird kalt. Da haben wir plötzlich auch ein weißes Kleid an, wie die Schneeflocken, mit weißem Pelz an Ärmeln und Kragen. Wir tragen auch eine weiße Pelzmütze, weiße Pelzhandschuhe und mollige, warme, weiße Stiefel. Jetzt friert uns überhaupt nicht mehr. Die Schneeflocken beginnen zu schaukeln, immer heftiger, hin und her und hin und her. Das geht so lange, bis ein paar Schneeflocken hinausgeschleudert werden. Die Schaukelei geht weiter. Immer mehr Schneeflocken fliegen hinaus und tanzen in der kalten Luft. Wir bekommen einen kräftigen Schubs und tanzen jetzt auch mit den anderen Schneeflocken durch die Luft. Auf und ab, hin und her. Wir fühlen uns ganz leicht. Es macht Spaß, durch die Luft zu fliegen. Wir spüren den Wind, der uns herumwirbelt. Langsam schweben wir dann auf die Erde nieder. Wir landen auf unserer Wiese. Die ist inzwischen weiß von dem frischgefallenen Schnee. Wir werden so groß wie immer und gehen über die Wiese heimwärts.

Zur Vorweihnachtszeit passen natürlich auch die Besuche bei Christkind und Nikolaus, über die ich im vorigen Abschnitt geschrieben habe (S. 148f.) und die ich hier nur der Vollständigkeit halber noch einmal aufführe.

Im Winter haben sich die Blumen in die Erde zurückgezogen. Sie warten, bis es wieder warm wird. Das folgende Thema hätte auch zum vorigen Abschnitt („Besuch bei Märchen- und Fabelwesen“) gepaßt. Ich habe mich jedoch dafür entschieden, es hier einzuordnen.

Besuch bei den Blumenelfen unter der Erde

Wir gehen wieder auf unsere Wiese. Das Gras ist naß und kalt. Es kann auch Schnee liegen. Auf der Wiese stehen einige Bäume. An ihrem Fuß sehen wir ein kleines Loch im Boden. Ob das ein Mäuseloch ist? Das würden wir gerne wissen. Schon werden wir klein und kleiner. Jetzt können wir in das Loch hineinkriechen. Da sehen wir eine winzige Treppe, die in die Erde hinabführt. Wir steigen hinunter und kommen an eine Tür. Wir klopfen an. Was wird dahinter sein? Da öffnet uns ein wunderschönes Mädchen mit blonden Locken, einem kleinen blauen Hut und einem blauen Kleid. Es führt uns in eine gemütliche kleine Stube hinein. Da sehen wir noch andere hübsche kleine Leute. Sie tragen alle blaue Kleider und Hüte. Es sind die Blumenelfen der blauen Glockenblumen, die im Sommer so schön auf der Wiese geblüht haben. Jetzt im Winter wohnen sie unter der Erde und warten darauf, daß es wieder warm wird. Auch einige Elfenkinder sind da. Mit ihnen spielen wir. Zum Schluß bekommen wir einen köstlichen Blütentee. Die Elfen geben uns ein Geschenk mit: eine Flasche mit glasklarem Blütentau. Dann verabschieden wir uns. Wir steigen die Treppe hinauf und kommen auf die Wiese. Dort werden wir wieder so groß wie immer. Dann gehen wir heimwärts.

Besuch beim Eichhörnchen

Im Herbst haben wir vom Eichhörnchen gelernt, daß es in seinem Kobel Winterruhe hält und zwischendurch herauskommt, um sich etwas von den Vorräten zu holen, die es vergraben hat. Deshalb gehört auch ein Besuch beim Eichhörnchen zu unseren Winterübungen:

Wir gehen über die Wiese in den Wald und klettern auf den Baum, wo der Kobel des Eichhörnchens liegt. Dann werden wir so klein, daß wir in den Kobel hineinkönnen. Das Eichhörnchen ist schon wach. Wir verstehen seine Sprache und können mit ihm reden. Es hat Hunger und will sich etwas von seinen Vorräten holen. Wir setzen uns auf seinen Rücken, halten uns am Schwanz fest, und es klettert mit uns den Baum hinunter. Wir helfen ihm dabei, Nüsse auszugraben. Es nimmt uns wieder mit in den Kobel. Dort essen wir zusammen Nüsse und trinken heißen Tee. Dann bringt es uns wieder auf die Wiese. Dort werden wir so groß wie immer und gehen wieder heimwärts.

Die Reise zum Nordpol

Nach den Weihnachtsferien liegt immer noch reichlich Schnee. Wir bauen Schneemänner, die wir mit Kohlenknöpfen, Karottennasen, Hüten, Kochtöpfen und Besen aus dürren Zweigen prächtig ausstaffieren. Gerti meint, es sei doch schade, daß die Schneemänner bei warmem Wetter schmelzen. Am Nordpol, da würden sie immer, immer stehenbleiben. Das ist für mich der Anlaß, beim Gehirnsammeln mit den Schneemännern eine Reise nach dem Nordpol zu machen:

Wir gehen auf unsere Wiese. Dort stehen unsere Schneemänner. Wir suchen uns den aus, der uns am besten gefällt. Plötzlich blinzelt uns der Schneemann freundlich zu. Jetzt bewegt er einen Arm. Jetzt fängt er an zu reden. Er sagt, daß er zum Nordpol fliegt und ob wir mitkommen wollen. Wir sind neugierig und sagen ja. Da werden wir ein ganzes Stück kleiner. Der Schneemann nimmt uns auf seine kalten Arme. Die fühlen sich aber ganz weich und gemütlich an. Jetzt fängt er an zu laufen. Immer größere Schritte macht er. Plötzlich merken wir: Der Schneemann läuft durch die Luft. Wir sind schon hoch droben. Der Wind saust nur so. Da sehen wir unter uns Eisberge und das Meer. Der Schneemann läuft langsamer. Wir kommen tiefer hinrab, immer tiefer. Wir landen auf einer riesigen Eisscholle. Eine ganze Schar Pinguine watschelt herbei. Sie freuen sich über den Schneemann. Sie tanzen um ihn herum. Wir hüpfen dem Schneemann aus den Armen und tanzen mit den Pinguinen. Dann fragen sie uns, ob wir auf ihnen reiten wollen. Ein großer, dicker Pinguin nimmt uns auf den Rücken. Wir halten uns fest, und los geht's über das Eis. Das ist ein Tempo! Die anderen Pinguine sausen hinterdrein. Nach einiger Zeit sind wir wieder beim Schneemann. Er nimmt uns auf den Arm und läuft los. Die

Pinguine winken. Schon sind wir wieder in der Luft. Dann sehen wir unter uns unsere Wiese. Wir landen. Wir hüpfen dem Schneemann vom Arm und bedanken uns bei ihm. Dann werden wir wieder so groß wie immer und gehen heimwärts.

Frühling

So sehr uns der Winter Spaß gemacht hat: Wir freuen uns doch, als die Wiesen wieder grün sind und die ersten Schneeglöckchen blühen.

Besuch bei den Blumenelfen

Wir gehen auf unsere Wiese, werden wieder ganz klein und besuchen zuerst die Glockenblumenelfen unter der Erde. Sie sind gerade beim Großreinemachen, weil sie bald ihre Winterbehausung verlassen. Da hören wir ein feines Läuten. Wir laufen hinauf auf die Wiese und sehen viele Schneeglöckchen. Neben jeder Blume steht ein Blumenelf mit weißem Kleid und weißem Hut und bewegt den Stengel hin und her, damit das Schneeglöckchen läutet. Wir helfen beim Läuten. Danach spielen wir mit den Schneeglöckchen- und den Glockenblumenelfen auf der Wiese. Als es Zeit ist zum Heimgehen, verabschieden wir uns. Dann werden wir so groß wie immer und gehen über die Wiese heimwärts.

Unter dem Kirschbaum

Auf der Wiese neben dem Pausenhof steht ein Kirschbaum. So viele schneeweiße Blüten hat er, daß seine Krone aussieht wie eine riesige Sahnekugel. Das liefert uns Stoff für eine Übung:

Wir gehen auf unsere Wiese. Wir sind barfuß. Die Sonne scheint. Keine Wolke sehen wir am Himmel. Auf der Wiese steht ein großer Kirschbaum. Er ist über und über voller weißer Blüten. Wir gehen näher an den Baum heran, legen die Hände um den Stamm. Die Rinde ist glatt. Wir riechen den Duft der Blüten. Im Baum summt es. Da sind Hunderte von Bienen. Wir horchen auf ihr Summen. Wir legen uns unter den Baum in seinen Schatten. Es ist warm. Über uns sehen wir die vielen tausend weißen Blüten. Wir atmen den Duft. Wir hören die Bienen. Ein leichter Wind kommt auf. Sanft streicht er uns übers Gesicht. Er wird heftiger. Da – ein Windstoß. Eine ganze Wolke voller Blüten regnet auf uns herab. Wir spüren sie kaum auf der Haut. Wir liegen unter den weichen, weißen Blütenblättern und fühlen uns wohl. Die Blütenblätter liegen auf uns wie eine seidenweiche Decke. Beim Aufstehen schütteln wir sie vorsichtig ab. Jetzt liegen die weißen Blätter im Gras. Wir gehen heimwärts.

Den Besuch beim Osterhasen …

… führe ich hier der Vollständigkeit halber auch noch einmal an (s. S. 148 f.). In den Wochen vor Ostern lesen wir als Lektüre während der Eßpause das große Peter-

Hase-Buch von Beatrix Potter.[30] Bei Beatrix Potter sind die Tiere mit menschlichen Zügen ausgestattet. Sie können reden, tragen Kleider und haben verschiedene Probleme. Ein Besuch beim Osterhasen paßt gut zum Hintergrund dieser Geschichten.

Flug mit den Pusteblumenschirmchen

Zwischen Ostern und Pfingsten ist es oft schon sommerlich warm. Wir gehen spazieren, sammeln Pflanzen zum Bestimmen und erleben, wie schnell sich draußen alles verändert. Dort, wo vor einigen Wochen noch die nackten Pestwurzstengel am Bach standen, sehen wir jetzt ein Gewirr riesiger Blätter. Wir finden auch schon die ersten Pusteblumen. Wie weit die kleinen Schirme fliegen! Kein Wunder, daß es überall Löwenzahn gibt!

* * *

Wir gehen auf unsere Wiese. Es ist warm. Die Sonne scheint. Wir sehen viele weiße Pusteblumen leuchten. Gerade vor unseren Füßen wächst eine. Da werden wir wieder ganz klein, kleiner als ein Fingernagel. Der Stengel der Pusteblume sieht für uns jetzt aus wie ein Turm. In dem Stengel, direkt vor uns, sehen wir eine Tür. Wir machen sie auf und gehen in den Stengel hinein. Drinnen ist es grünlich und dämmrig. Eine schmale Wendeltreppe führt nach oben. Wir klettern in dem dämmrigen Turm die Treppe hinauf. Über uns ist eine Falltür. Wir öffnen sie und klettern hoch. Wir schließen die Falltür wieder. Jetzt stehen wir oben auf der Pusteblume, zwischen den weißen Schirmchen. Die Schirmchen sind für uns so groß wie ein Sonnenschirm. Ein sanfter Wind weht. Die Pusteblume schwankt ganz leicht im Wind. Die weißen Haare der Schirmchen wehen. Da fliegen plötzlich einige im Wind davon. Wir suchen uns einen Schirm aus und halten uns an ihm fest. Da werden wir auch schon vom Wind hochgeweht. Wir sitzen auf dem Samenkorn, halten uns am Stiel des Schirmchens fest und fliegen durch die Luft. Das ist ein wunderbares Gefühl. Der Wind trägt uns hoch hinauf. Dann geht es langsam abwärts. Wir landen sacht ganz am anderen Ende der Wiese. Wir werden wieder so groß, wie wir immer sind. Jetzt können wir das kleine Schirmchen im Gras kaum noch sehen. Wir gehen über die Wiese heimwärts.

Besuch bei den Glockenblumen

Wir gehen auf unsere Wiese. Es ist warm, die Sonne scheint. Auf der Wiese blühen weiße Margariten und blaue Glockenblumen. Wir gehen durch die Blumenwiese. Wir hören ein feines Läuten. Wir horchen. Es kommt von den Glockenblumen. Als wir uns bücken, sehen wir neben den Blumen die Blumenelfen mit ihren blauen Kleidern und Hüten. Sie läuten die Glockenblumen. Wir werden so klein wie die Elfen und helfen ihnen. Danach spielen wir noch mit den Blumenelfen. Wir trinken mit ihnen Blütentau aus winzigen Gläsern. Dann verabschieden wir uns. Wir werden so groß wie immer und gehen über die Wiese heimwärts.

Sommer

Das Schuljahr wird bald zu Ende sein. In unserem Klassenzimmer ist es fast unerträglich heiß. Deshalb gibt es jetzt öfter eine Entspannungsübung „zum Abkühlen“.

Besuch bei den Fischen im Bach

Wir gehen über unsere Wiese. Es ist heiß. Die Sonne scheint. Durch die Wiese fließt ein Bach. Auf den gehen wir zu. Wir stehen am Ufer. Wir steigen ins Wasser. Es reicht uns bis zu den Knien. Es ist herrlich frisch und kühl. Am liebsten würden wir ganz eintauchen. Wir werden auf einmal klein und kleiner. Jetzt stehen wir ganz unter Wasser. Eigenartig, wir können trotzdem atmen. Im Wasser ist es kühl. Wir schwimmen und tauchen. Da kommen Forellen. Mit denen schwimmen wir um die Wette. Dann vergnügen wir uns wieder allein im Wasser. Uns ist angenehm kühl, am Kopf, an den Armen, im Körper, an den Beinen. Wir genießen das Bad. Jetzt ist es Zeit, nach Hause zu gehen. Wir werden wieder so groß wie immer. Dann steigen wir aus dem Bach und gehen über die Wiese heimwärts.

Unter dem Wasserfall

Wir gehen über unsere Wiese. Es ist heiß. Die Sonne scheint. Am Ende der Wiese sehen wir einen Berg. Auf den gehen wir zu. Wir hören ein Rauschen. Vom Berg herab stürzt ein Wasserfall. Wir stellen uns an den Rand und schauen in das Wasser. Ein feiner Sprühregen trifft unser Gesicht, unsere Hände. Das ist angenehm. Wir ziehen unsere Kleider aus und steigen in den Fluß. Das Wasser reicht uns bis zum Bauch. Dort, wo das Wasser von oben in den Fluß stürzt, kocht und brodelt es. Wir setzen uns in das schaumige Gebrodel hinein. Das ist schön. Wir halten unseren Kopf unter den Wasserstrahl. Das Wasser läuft über unser Gesicht, unsere Haare sind naß. Wir fühlen uns wohl. Nach einiger Zeit stehen wir auf, steigen aus dem Wasser, ziehen unsere Kleider wieder an und gehen über die Wiese heimwärts.

Bad im Meer

Nach dem gleichen Muster wie bei den beiden vorigen Übungen können wir auch ein Bad im Meer nehmen. Wir kommen dorthin mit der Wolke, dem Zauberballon oder auch über den Regenbogen. Im Meer können wir schwimmen, tauchen, seltene Muscheln suchen usw.

Gerade bei den Übungen zu den Jahreszeiten gibt es vielfältige Möglichkeiten, die sich aus der konkreten Situation Ihrer Klasse ergeben. Wenn Sie einmal damit angefangen haben, werden Ihnen bestimmt noch viele weitere Themen einfallen.

14. Besuch bei Tieren und Pflanzen

Einiges, was hierher paßt, wurde schon unter anderen Überschriften abgehandelt. Ich möchte trotzdem auf diesen Punkt nicht verzichten, weil er einfach eine weitere Planungshilfe beim Zusammenstellen eines Übungsprogramms bietet.

Übungen mit Tieren und Pflanzen sind bei den Kindern sehr beliebt. Ich finde auch, daß sie sensibel machen dafür, daß jedes Leben an sich mit Ehrfurcht behandelt werden muß und nicht gedankenlos zerstört werden darf.

Wir fliegen mit einer Biene

Wir liegen auf unserer Wiese. Es ist warm. Blumen blühen. Bienen summen. Neben uns klettert eine Biene in eine Blume. Als sie herauskommt, hat sie goldene Beine. Die Biene schaut uns an. Sie fragt uns, ob wir mit ihr fliegen wollen. Wir wollen und werden plötzlich ganz winzigklein. Wir klettern auf die Biene. Sie hat einen kuscheligen, weichen Pelz, an dem wir uns festhalten. Nun breitet sie ihre durchsichtigen Flügel aus und fliegt los. Das ist ein Brummen! Uns kommt es so laut wie ein Hubschrauber vor. Die Biene fliegt von Blume zu Blume und sammelt Blütenstaub. Wir sitzen fest auf ihr. Nach einiger Zeit setzt sie uns wieder ab. Wir werden so groß wie immer und gehen über die Wiese nach Hause.

Flug mit einer Libelle

Genauso können wir mit einer Libelle fliegen, die wir an unserem Bach treffen. Die Kinder sollten aber vorher ein Bild von einer Libelle gesehen haben, weil es nicht mehr selbstverständlich ist, daß alle wissen, wie eine Libelle aussieht.

Im Ameisenhaufen

Wir gehen über unsere Wiese in den Wald. Am Wegrand sehen wir einen Ameisenhaufen. Ganze Züge von Ameisen schleppen die weißen Eier oder Tannennadeln. Wir wollen wissen, wie es in dem Ameisenhaufen aussieht. Plötzlich bleibt eine Ameise stehen und fragt uns, ob wir mitkommen wollen. Sie hat eine feine Stimme, aber wir können sie gut verstehen. Wir werden so klein wie die Ameise und gehen mit ihr. Am Eingang zum Ameisenhaufen stehen zwei Wächterameisen. Unser Freund erklärt ihnen alles. Da dürfen wir durch. Im Ameisenhaufen herrscht größte Ordnung. Da gibt es Arbeiterinnen, die etwas zu essen bringen. Andere kümmern sich um die Ameiseneier und Ameisenlarven. Vor allen Gängen stehen Wächterinnen mit Giftstacheln. Im Innern sitzt in einem Raum die Ameisenkönigin. Sie wird bedient, gepflegt und gefüttert von einer Reihe von Arbeiterinnen. Unser Freund stellt uns der Königin vor. Sie erlaubt, daß wir uns alles ganz genau ansehen. Nun führt uns unser Freund im ganzen Ameisenbau herum. Als wir alles gesehen haben, bringt er uns wieder hinaus. Wir sagen „Danke“ und verabschieden uns. Dann werden wir so groß wie immer und gehen aus dem Wald und über die Wiese heimwärts.

Bei den Regenwürmern

In unserem Schulgarten haben wir Salat gepflanzt und Radieschen und Blumen gesät. Nun wollen wir natürlich, daß alles möglichst gut wächst. Beim Einpflanzen haben die Kinder Regenwürmer in der Erde gefunden. Wir haben besprochen, wie nützlich sie sind. Nun wollen wir sie zur Arbeit „anfeuern", damit sie die Erde in unserem Garten so locker wie möglich machen. Deshalb besuchen wir sie beim Gehirnsammeln:

Wir gehen in unseren Schulgarten und schauen uns unser Beet an. Plötzlich werden wir winzigklein, so klein, daß wir zwischen den Erdkrumen direkt in die Erde hineinspazieren können. Unter der Erde treffen wir einen Regenwurm. Er ist gerade fleißig bei der Arbeit. Unermüdlich kriecht er herum und frißt und verdaut Erde. Wir loben ihn dafür und erzählen ihm von unserem Garten. Dann gehen wir weiter. Jeden Regenwurm, den wir bei der Arbeit treffen, loben wir, und wir erzählen auch allen, wie wichtig ihre Arbeit für uns ist. Dann klettern wir wieder nach oben, werden so groß wie immer und gehen über den Schulhof zurück in das Klassenzimmer. –

Diese Übung kann öfter wiederholt werden. Dabei schauen wir immer nach, wie locker die Erde schon ist, registrieren Veränderungen und bedanken uns auch jedes Mal bei den Regenwürmern für ihre Arbeit.

Für die Besuche bei Tieren gibt es mehr Möglichkeiten, als ich hier aufzählen kann. Deshalb habe ich gerade die Beispiele gewählt, die auf den ersten Blick nicht so attraktiv erscheinen, wie es beispielsweise ein Besuch bei Katzen, Pferden, Hunden, Hasen usw. wäre. Grundsätzlich wird jedes Tier, über das wir im Unterricht etwas lernen, mindestens einmal auch beim Gehirnsammeln besucht. Das gleiche gilt für Pflanzen.

Die Tulpenzwiebel

Im Herbst setzen wir Tulpenzwiebeln in unserem Schulgarten ein. Von Zeit zu Zeit machen wir während des Winters und dann auch im Frühjahr einen Besuch unter der Erde und schauen nach, wie es unseren Tulpenzwiebeln geht:

Wir werden winzigklein, schlüpfen unter die Erde und spazieren herum, bis wir eine Zwiebel finden. Die streicheln wir und wünschen ihr, daß sie viel Kraft sammelt, damit sie im Frühling blühen kann. Das machen wir bei jeder Zwiebel, die wir bei unserem „Spaziergang" unter der Erde sehen. Dann klettern wir wieder nach oben, werden so groß wie immer und gehen ins Schulhaus. –

Je näher der Frühling kommt, desto mehr Aktivität spüren wir in der Zwiebel. Wir hören es rumoren, hören, wie der Saft steigt. Die Zwiebel wird auch weicher. Wir streicheln sie immer und wünschen ihr viel Kraft.

Wenn Sie Pflanzen im Klassenzimmer haben, können Sie auch denen gelegentlich einen Besuch abstatten, ihnen Kraft zum Wachsen und Blühen wünschen und sich bei ihnen bedanken, daß sie Ihr Zimmer schmücken.

15. Übungen, die zum Unterricht passen

Besonders leicht lassen sich Entspannungsübungen zu allen naturkundlichen Themen (Pflanzen und Tiere) durchführen. Sehr oft machen wir auch Übungen im Zusammenhang mit Gedichten, Zeichenthemen, Liedern und Buchstaben. Dieses „sehr oft“ muß jedoch relativiert werden. Bei der Vielzahl der vorhandenen Möglichkeiten heißt es: ungefähr jede zweite oder dritte Woche, auf keinen Fall aber öfter als einmal in der Woche.

Ich werde Ihnen einfach einige Themen, mit denen ich gute Erfahrungen gesammelt habe, exemplarisch vorstellen.

Die kleinen Tiere unter der Erde

Wir lesen das Gedicht „Oktober“ von Elisabeth Borchers:

Oktober

Es kommt eine Zeit
da fragen wir uns
Was soll denn nur werden

Die Luft schmeckt
so bitter

Die Vögel sind über alle Berge
Der Nebel macht die Häuser bleich
Aufs Dach trommeln Kastanien
Die kleinen Tiere gehn
unter der Erde spazieren

Wir müssen ins Haus zurück
da hält uns der Regen gefangen

(Quelle: Elisabeth Borchers, *Und oben schwimmt die Sonne davon*, München: Ellermann, 1965)

Besonders haben es den Kindern die kleinen Tiere angetan, die unter der Erde spazierengehn. Also statten wir ihnen einen „Besuch“ ab.

* * *

Wir gehen auf unsere Wiese. Dort werden wir wieder ganz klein. Durch ein Mauseloch kriechen wir in die Erde. Da gibt es viele Gänge, die sich kreuz und quer verzweigen. Wir treffen dort viele kleine Tiere. Wir unterhalten uns und spielen mit ihnen. Dann klettern wir wieder nach oben, werden so groß wie immer und gehen über die Wiese nach Hause zurück.

* * *

Die Vogelhochzeit

Wir singen das bekannte Spiellied: „Ein Vogel wollte Hochzeit machen“. In unserem Schrank finden wir alle möglichen Utensilien, damit wir möglichst „echt“ dazu spielen können:
eine Stoffwindel als Brautschleier,
Hut und Krawatte für den Bräutigam,
einen Stock für den Hochzeitswerber,
Handschuhe für den Brautführer,
ein Liederbuch für die Sängerin,
ein halbes Leintuch, das wir auseinanderreißen zu zwei Schürzen für Koch und Küchenknecht;
einen Kochlöffel, eine große Gabel und eine Plastikschüssel, ebenfalls für Koch und Küchenknecht;
Pappteller für die Speisenträger,
Becher für die „Mundschenke“,
Trommeln, Triangeln und Schellen für die Musikanten,
ein buntes Schultertuch mit Fransen als Pfauenschwanz,
einen bunten Strohhut und ein Taschentuch für die Brautmutter.

Wir stellen uns im Kreis auf und singen das Lied. Wer gerade besungen wird, kommt in die Mitte des Kreises und spielt seinen Part. Es gibt 24 „Rollen“, so daß jeder, der will, bei drei Durchgängen mindestens zweimal drankommt. Daran liegt mir immer sehr viel, denn die Wirkung bleibt einfach aus, wenn nur ein paar Kinder stellvertretend für die Klasse den Spaß des Spielens und Darstellens haben.

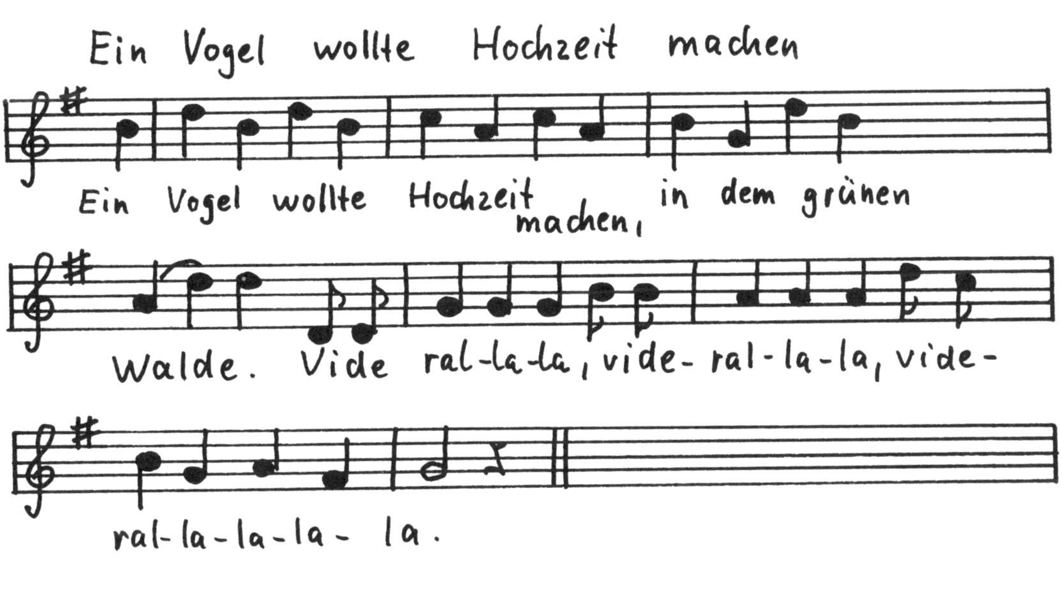

1. Ein Vogel wollte Hochzeit machen in dem gründen Walde.
2. Die Drossel war der Bräutigam, die Amsel war die Braute.
3. Der Sperber, der Sperber, das war der Hochzeitswerber.
4. Die Lerche, die Lerche, die führt' die Braut zur Kerche.
5. Frau Nachtigall, Frau Nachtigall, die sang mit ihrem schönsten Schall.
6. Der Spatz, der kocht das Hochzeitsmahl, verzehrt die schönsten Bissen all.
7. Der grüne Specht, der grüne Specht, der war des Küchenmeisters Knecht.
8. Die Meisen, die Meisen, die brachten bald die Speisen.
9. Die Finken, die Finken, die brachten was zu trinken.
10. Die Gänse und die Anten, das war'n die Musikanten.
11. Der Pfau mit seinem bunten Schwanz, der führt' die Braut zum Hochzeitstanz.
12. Brautmutter war die Eule, nahm Abschied mit Geheule.
13. Nun ist die Vogelhochzeit aus, und alle zieh'n vergnügt nach Haus.

Am nächsten Tag lesen wir das Gedicht „Mai" von Elisabeth Borchers. Da wird auch von den Vögeln erzählt, die Hochzeit machen.

Mai

Es kommt eine Zeit
da machen die Vögel Hochzeit

Nachtigall und Lerche
Zaunkönig und Sperling
Rotkehlchen und Amsel

Ein Lied fliegt zum andern
Die Bäume tragen weite Kleider
Der Wind läutet die Blumen
Die Bienen haben goldne Schuhe

Die Katze
die graue die schwarze die weiße
sie darf es nicht tun
Sie darf die Hochzeit nicht stören

(Quelle: Elisabeth Borchers, *Und oben schwimmt die Sonne davon*, München: Ellermann, 1965)

Die Poesie in diesem Gedicht wird von den Kindern deutlich empfunden. Sie haben ihre Freude an den Ausdrücken: Die Bäume tragen weite Kleider. Der Wind läutet die Blumen. Die Bienen haben goldne Schuhe.

Wir überlegen uns, wie sich die Vögel für ihre Hochzeit schmücken könnten. Da wird vielerlei genannt: zunächst einmal Brautschleier und Zylinder, aber auch Edelsteine im Gefieder, eine Blumengirlande um den Hals, ein umgehängtes Herz.

Bei der nächsten Entspannungsübung besuchen wir eine Vogelhochzeit.

* * *

Wir gehen auf unsere Wiese. Da stehen einige Laubbäume. In den Bäumen hören wir lautes und helles Gezwitscher. Da sitzt eine ganze Vogelschar in den Zweigen. Wir schleichen uns leise näher und schauen uns die Vögel an. Die sehen ganz anders aus als sonst. Sie sind prächtig geschmückt. Wir sehen eine Braut mit Schleier und Schmuck im Gefieder. Ein Bräutigam trägt einen schwarzen Frack mit Zylinder. Andere Vögel haben Edelsteine im Gefieder. Wieder andere tragen Blumengirlanden um den Hals. Wir schauen uns alles ganz genau an. Nun fliegt der Hochzeitszug los. Das ist ein wunderschönes Bild. Alle die seltsam geschmückten Vögel fliegen in einem langen Zug über die Wiese. Wir schauen ihnen noch lange nach. Dann gehen wir über die Wiese heimwärts.

* * *

Von den Hochzeitsvögeln malen wir auch ein Bild: zuerst nur den Körper des fliegenden Vogels. Den lassen wir bis zum nächsten Tag trocknen. Dann wird er geschmückt. Zum Schluß bekommt das Bild einen blauen Hintergrund. Als unser Hochzeitszug an der Wand hängt, sind wir alle ganz begeistert, so gut gefällt er uns.

Zu den beiden Gedichten von E. Borchers möchte ich noch eine Anmerkung machen: Ich finde die fehlende Interpunktion sehr verwirrend für die Kinder, denen immer gesagt wird: Nach einem Punkt mußt du groß weiterschreiben. Deshalb füge ich die Satzzeichen so ein, wie sie in einem gewöhnlichen Prosatext stünden.

Der blaue Palast

Vor einigen Jahren spielte ich mit meiner damaligen zweiten Klasse das Märchen vom Kalif Storch. Wir beschäftigten uns mit dem Thema Orient eine Weile, damit die Kinder sich zumindest entfernt etwas unter dieser so ganz anderen Welt vorstellen konnten. Dabei malten wir nach einer entsprechenden Entspannungsübung den blauen Palast. Von diesem Zeichenthema waren wir alle so angetan, daß ich es in mein Repertoire aufgenommen habe.

* * *

Wir fliegen mit unserem Zauberballon übers Meer, weit, weit, und landen in der Wüste. Dort wartet ein Kamel auf uns. Wir steigen auf und reiten los. Das Kamel hat einen schaukelnden Gang. Wir müssen uns gut festhalten. Wir sehen nur Sand, soweit das Auge reicht. In der Ferne tauchen die Umrisse einiger Kuppeln auf. Beim Näherkommen sehen wir: Es ist ein maurischer Palast. Ein blauer Palast mit vielen Kuppeln und Türmchen. Wir sehen auch einige Fenster und Torbögen. Sie haben eine ganz andere Form als bei uns: Sie sind nicht einfach viereckig, sondern länglich, und enden oben in einem Bogen, der spitz zuläuft. Wir schauen uns beim Näherkommen den Palast gut an: Blau steht er in der strahlenden Sonne. Seine vielen Kuppeln sind verschieden hoch. Einige schmale, runde Türme ragen über den Palast hinaus. Auch in den Türmen sehen wir einige Fensterbögen. Nun sind wir vor dem Palst angekommen. Neben einem Torbogen stehen zwei Wächter. Sie tragen Pluderhosen. Jeder hat in seinem Gürtel einen krummen Säbel stecken. Wir reiten in den Hof des Palastes. Da stehen Palmen, die Schatten spenden. Diener kommen gelaufen. Das Kamel kniet nieder. Wir steigen ab. Ein Diener führt uns zum Herrn des Palastes. Er sitzt in einem kühlen Raum auf einem Seidenkissen. Vor ihm plätschert ein Springbrunnen. Er lädt uns ein, uns zu setzen. Wir bekommen auch ein Seidenkissen. Ein Diener bringt ein goldenes Waschbecken ud eine Kanne mit duftendem Wasser. Wir waschen uns die Hände und trocknen sie an einem blütenweißen Handtuch ab. Nun bringen Diener auf einem großen, runden Tablett kühle Getränke, Eis, Gebäck und Früchte. Wir essen und trinken mit dem Herrn des Palastes. Als wir satt sind, zeigt uns der Herr seinen Palast. Da gibt es hohe, prächtige Räume. In einem großen Innenhof ist ein wunderschöner Garten angelegt. Nun müssen wir uns verabschieden. Diener führen uns zu unserem Kamel. Wir steigen auf und reiten los. Wir schauen uns noch öfter um: Der blaue Palast liegt in der orangefarbenen Abendsonne. Er schaut märchenhaft aus. Jetzt sind wir bei unserem Zauberballon angekommen. Wir steigen auf und fliegen heim.

* * *

Nach der Übung unterhalten wir uns darüber, wie der Palast bei jedem ausgesehen hat. Ich skizziere ein maurisches Bogenfenster, einige Kuppeln und ein Minarett an der Tafel. Mit Wachsmalblöcken, aus denen sie verschiedene Blautöne mischen, malen die Kinder den blauen Palast. Der orangefarbene Hintergrund wird zum Schluß mit Wasserfarben aufgetragen.

Die Paläste werden sehr eindrucksvoll. Ich weiß nicht, ob das ohne vorhergehende Entspannungsübung auch so gut gelingen würde, glaube es aber nicht. An der Art und Weise, wie die Kinder während des Malens bei der Sache sind, sehe ich auch, daß sie wirklich ein inneres Bild vor sich haben.

Übungen zu einem Lesestück

Wie ich bereits ausgeführt habe (S. 94ff.), halte ich es für eine gute Einstiegsmöglichkeit, eine Entspannungsübung nach einem Kinderbuch zu gestalten. Dasselbe geht natürlich mit jedem Lesetext: Sie können eine geeignete Stelle aussuchen und auf diese Weise vertiefen und mit Leben erfüllen.

Skizze zum Blauen Palast

Zahlen im Kopf

Um gut mit Zahlen umgehen zu können, müssen sie verinnerlicht werden. Wir müssen einen klaren Begriff, ein „Bild“ von ihnen haben. In der ersten Klasse stellen wir uns Zahlen unter zehn so vor: entweder als Würfelbild aus einem oder zwei Würfeln …

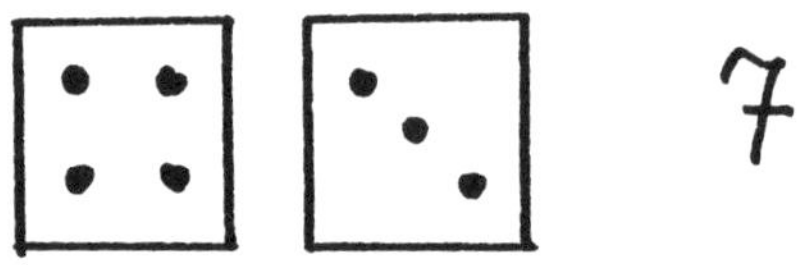

… oder als beliebig geordnete Menge von Kugeln, Blumen, Puppen usw. …

… oder als Kugelreihe, bei der nach fünf Kugeln die Farbe wechselt …

… oder als Fingerbild, bei dem die jeweilige Anzahl der Finger ausgestreckt ist:

Gegen Ende der ersten und in der zweiten Klasse stellen wir uns dann Zehnersäcke und Einerkugeln vor. Wir wissen, daß in jedem Sack zehn Kugeln stecken. Ich nenne bestimmte Zahlen, zum Beispiel 39, und die Kinder sehen diese Zahl im Kopf. Danach zeichnen wir die entsprechenden Zahlenbilder noch ins Heft.

Auch Rechengeschichten lassen sich auf diese Weise gut in Bilder und Handlungsfolgen umwandeln.

16. Superlearning

Unter diesem spektakulären Titel ist bei uns eine Methode bekanntgeworden, die sich die Tatsache zunutze macht, daß im entspannten Zustand leichter gelernt wird. Es ist hier nicht der Platz, über die Suggestopädie, wie sie „richtig" heißt, ausführlich zu referieren. Zu diesem Thema gibt es bereits gute Literatur.[31] Ich möchte jedoch in Kurzform berichten, wie ich gelegentlich – einfach immer dann, wenn es mir passend erscheint – einen Superlearning-Zyklus in meinen Unterricht einbaue.

Ein abgeschlossener Zyklus besteht aus vier Teilen:
1. Präsentation
2. Entspannung I
3. Entspannung II
4. Aktivität

1. Präsentation

Der Stoff wird präsentiert: Ein Gedicht wird vorgelesen, auch gemeinsam gelesen, noch einmal an Tafel oder mit dem Overheadprojektor betrachtet. Genauso geht es mit einer Einmaleins-Reihe, einer Grammatikregel usw. Wichtig: In dieser Phase wird über den Stoff gesprochen, gegebenenfalls gemeinsam ein Bild oder eine Skizze betrachtet. Die Aufmerksamkeit der Klasse ist gebündelt.

2. Entspannung I

Es wird eine Musik des 19. Jahrhunderts gespielt – Romantik, keine Barockmusik! –, ich nehme sehr gerne den „Reigen seliger Geister" aus *Orpheus und Eurydike* von Ch. W. Gluck.

Jeder kann sich jetzt mit dem Stoff auf seine Weise beschäftigen. Es wird nicht mehr gesprochen.

Die Kinder können die Augen geöffnet lassen oder schließen. Wer will, kann aufstehen und sich zur Musik bewegen.

Das Tafelbild ist sichtbar. Jeder kann hinschauen. Ich trage den Stoff – das Gedicht, die Einmaleins-Reihe, die Grammatikregel usw. – vor, und zwar in einem rhythmischen Singsang, der zur Musik paßt. Genaugenommen mache ich es sogar so, daß ich den Stoff regelrecht vorsinge. In meinen Klassen geht das ohne weiteres. Wenn Sie sich komisch dabei vorkommen, dann lassen Sie's einfach.

3. Entspannung II

Jetzt kommt eine Entspannungsübung nach dem Muster, das Ihnen bereits bekannt ist: Atmen, Gesicht entspannen oder Farbe durch den Körper fließen lassen.

Den Hauptteil der Übung bildet der Stoff, der von Ihnen langsam und rhythmisch ein- oder mehrmals vorgetragen wird.

Danach führen Sie aus der Übung heraus wie sonst auch: bis fünf zählen, tief atmen, bewegen, Augen auf.

Die klassische Superlearningmusik zu dieser Entspannung II ist getragene Barockmusik in dem berühmten 60-Schlag-pro-Minute-Tempo. Aber auch das müssen Sie nicht so eng sehen. Ich nehme manchmal langsame Barockmusik, manchmal aber auch meine Entspannungsmusik, wie ich es gerade passend finde.

4. Aktivität

Diese letzte Phase ist wichtig und macht auch Spaß: In irgendeiner Aktivität soll der Stoff jetzt angewendet werden.

Zu beachten ist: Die Übung muß streßfrei, spielerisch sein, darf nicht den Charakter einer Überprüfung des Gelernten haben. Am besten wird in Gruppen zusammengearbeitet. Wer will, sollte Gelegenheit zu freier Bewegung haben.

Ein *Gedicht* können Sie für jede Gruppe in Streifen schneiden und dann als Gemeinschaftsarbeit die Streifen in richtiger Reihenfolge auf ein großes Blatt – ich nehme DIN A3 – kleben lassen. Zum Schluß kann das Gedichtblatt gemeinsam verziert werden. Spaß macht es auch, einen Teil des Gedichts aus Einzelwörtern zusammenzupuzzeln.

Für das *Einmaleins* hat in unserer Klasse jedes Kind Einmaleins-Kärtchen. Auf der Vorderseite steht die Aufgabe, auf der Rückseite die Lösung.

Jede Einmaleins-Reihe hat eine eigene Farbe, auf jedem Kärtchen steht, wem es gehört. Jeweils zwei Kinder mischen nun ihre Kärtchen der betreffenden Einmaleins-reihe. Dann sollen schnell zwei zueinander passende Reihen gelegt werden: Neben jeder Aufgabe soll die passende Lösung liegen, beginnend mit 1×8, endend mit 10×8.

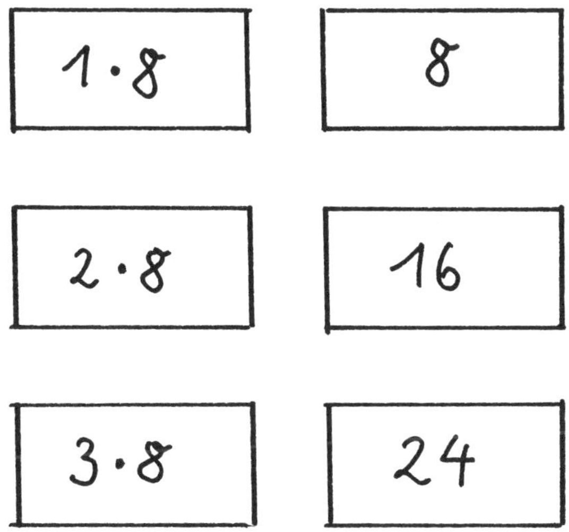

Zu *naturkundlichen Themen* können Sie in Gruppenarbeit Fragebögen ausfüllen lassen. Auf Papierstreifen können verschiedene Fragen und Antworten vorgegeben werden, die richtig zusammengefügt werden.

Poster mit Skizzen und Stichworten zum Thema können erstellt werden. Es sollte allerdings Informationsmaterial bereitliegen, falls eine Gruppe Hilfe braucht.

17. Übungen für bestimmte Situationen

Das schöne am Gehirnsammeln ist, daß die Übungen immer den jeweiligen Bedürfnissen angepaßt werden können. Wenn wir etwas Besonderes vorhaben, stimmen wir uns oft vorher darauf ein.

Geradezu unentbehrlich ist das, wie ich auch an anderer Stelle[32] schon geschrieben habe, wenn wir vor einer großen Theateraufführung stehen. Da wäre es äußerst verhängnisvoll, die Kinder herumtoben zu lassen, bis es losgeht. Jede Konzentration und Sammlung wäre dahin. Wer geschminkt und umgezogen ist, soll sich ruhig hinsetzen und lesen. Eine halbe Stunde vor Beginn der Aufführung setzen wir uns im Kreis zum Gehirnsammeln zusammen:

Wir stellen uns vor, wie wir ruhig in den Theatersaal gehen, jeder findet sofort seinen Theaterplatz. Das Publikum applaudiert, wenn wir kommen. Wir spielen die Anfangsmusik. Es wird ruhig im Saal. Die Ansager treten auf. Das Theaterlicht wird angeschaltet. Unser Spiel beginnt. Jeder stellt sich nun seine Aufgabe oder Rolle vor, und wie er ganz konzentriert und diszipliniert mithilft, daß wir alle ein schönes Stück aufführen. Das stellen wir uns sehr ausführlich vor. Wer an einer bestimmten Stelle Probleme hat, stellt sich vor, wie er sie tadellos bewältigt. Dann ist unser Stück zu Ende. Die Zuschauer applaudieren begeistert. Wir stehen im Rampenlicht und nehmen den Applaus entgegen. Jeder spürt, wie er sich über unseren Erfolg freut. Wir spüren die Freude in unserem Körper, im Bauch, in den Beinen und Armen, im Gesicht. Diese Freude nehmen wir mit, wenn wir jetzt auftreten. –

Wenn wir einen Unterrichtsgang oder eine Wanderung machen, üben wir oft vorher beim Gehirnsammeln, wie wir alles richtig machen: leise anstellen im Schulhaus; am Straßenrand in einer ordentlichen Zweierreihe gehen; beim Überqueren der Straße genau aufpassen; auf dem Wanderweg nie weiter vorauslaufen, als ich sehen kann; am Rastplatz alle Abfälle wieder mitnehmen; am Fluß beim Dämmebauen die Steine vorsichtig absetzen, damit es keine blutenden Zehen gibt usw. – Wenn es Streit gegeben hat, machen wir oft die Übung mit der rosaroten Wolke (S. 132ff.).

18. Schwere- und Wärmeübungen

Wenn wir das klassische autogene Training im Auge hätten, gehörten diese Übungen ganz an den Anfang aller Möglichkeiten, weil sie sehr hilfreich sind, um einen entspannten Zustand überhaupt erst einmal herbeizuführen. Da dies aber kein Buch über autogenes Training und auch keines über Meditation im herkömmlichen Sinn ist, füge ich diese Möglichkeit den bereits vorgestellten eher als eine Art Appendix an. Ich führe sie in meinen Klassen immer erst ein, wenn die Kinder mit anderen Formen der Entspannung schon Erfahrungen gemacht haben. Für den Anfang finde ich sie zu „trocken" – nicht generell, aber es geht hier ja um die Arbeit mit Grundschulkindern.

Den Einsatz gestalte ich ganz unterschiedlich: Manchmal nehme ich die Schwereübung als eigenes Thema, manchmal verbinde ich sie mit der Wärmeübung, und manchmal stelle ich eine von den beiden Übungen an den Anfang, wenn ich eine tiefere Entspannung erreichen möchte.

Die Schwereübung

Ich bringe sie im genauen Wortlaut. Wir atmen zuerst wieder gemeinsam aus und ein. Wir sitzen oder liegen bequem. Die Arme liegen auf dem Bauch, neben uns auf dem Boden oder auf den Knien. Es ist wichtig, daß die Arme locker aufliegen und nicht – im Liegen – hinter dem Kopf verschränkt werden. Dann ist das Schwer- oder Warmwerden nicht zu spüren. Es geht weiter:

Und nun konzentriere dich ganz fest auf deinen rechten Arm, ... das ist der Arm, mit dem du schreibst. ... (Für Linkshänder: Beim Benni und bei der Maria ist es der andere Arm, mit dem sie nicht schreiben.) ... Du konzentrierst dich fest auf deinen rechten Arm, ... und nun spürst du, wie etwas Schweres von der Schulter herab in deinen Arm fließt. ... Spüre: Mein rechter Arm wird schwer, schwer. ... Das schwere Gefühl fließt hinunter bis zum Ellbogen; ... spüre, wie dein Arm immer schwerer wird, und denke: Mein rechter Arm wird schwer. ... Das schwere Gefühl fließt jetzt weiter bis zu deinem Handgelenk; ... spüre, wie es schwer hinunterfließt, ... und denke: Mein rechter Arm wird schwer ... und immer schwerer ... und schwerer. ... Nun läuft das schwere Gefühl vor in deine Hand, ... deine Hand wird schwer, ... deine Finger werden schwer. ... Jetzt ist dein ganzer rechter Arm schwer, schwer, ... von der Schulter bis zu den Fingerspitzen. ... Schwer liegt dein Arm auf deinem Knie oder auf dem Boden oder auf dem Bauch. ... Denke: Mein rechter Arm ist schwer, schwer, schwer. ... Und nun konzentriere dich auf den anderen Arm, auf deinen linken Arm, ... und spüre, wie es schwer von deiner Schulter hinunterläuft, ... spüre das schwere Gefühl, ... jetzt reicht es bis zum Ellbogen, ... und denke: Mein linker Arm wird schwer. ... Das schwere Gefühl läuft jetzt weiter bis zum Handgelenk. ... Spüre, wie schwer dein linker Arm wird, und denke: Mein linker Arm wird schwer und schwerer, schwer und schwerer. ... Das schwere Gefühl läuft jetzt vor in die Hand, bis in die Fingerspitzen. ... Nun ist dein ganzer Arm schwer, ... von der Schulter bis zu den Fingerspitzen. ... Denke: Mein linker Arm ist schwer, mein rechter Arm ist schwer, ... meine beiden Arme sind schwer, ... schwer, ... ganz schwer.

An dieser Stelle können Sie dann mit jedem beliebigen Thema weitermachen. Wenn ich die Wärmeübung gleich anschließe, gestalte ich sie kürzer als in dem folgenden Text, in dem ich sie so bringe, wie ich sie als Hauptteil oder Einleitung zu einer anderen Übung geeignet finde:

Die Wärmeübung

Am Anfang atmen wir alle gemeinsam einige Male aus und ein. Wir sitzen oder liegen bequem, die Arme liegen auf dem Bauch, neben uns auf dem Boden oder auf den Knien. Sie dürfen bei den liegenden Kindern nicht hinter dem Kopf verschränkt sein (siehe oben):

Und nun konzentriere dich ganz fest auf deinen rechten Arm, ... das ist der Arm, mit dem du schreibst. ... (Für Linkshänder: Beim Benni und bei der Maria ist es der Arm, mit dem sie nicht schreiben.) ... Du konzentrierst dich fest auf deinen rechten Arm, ... und nun spürst du, wie etwas Warmes von der Schulter herab in deinen Arm fließt. ... Spüre: Mein rechter Arm wird warm, warm. ... Das warme Gefühl fließt hinunter bis zum Ellbogen. ... Spüre, wie dein Arm immer wärmer wird, und denke: Mein rechter Arm wird warm. ... Das warme Gefühl fließt jetzt weiter bis zu deinem Handgelenk. ... Spüre, wie es warm herunterfließt, ... und denke: Mein rechter Arm wird warm ... und immer wärmer ... und wärmer. ... Nun läuft das warme Gefühl vor in deine Hand, ... deine Hand wird warm, ... deine Finger werden warm. ... Jetzt ist dein ganzer rechter Arm warm, warm ... von der Schulter bis zu den Fingerspitzen. ... Denke: Mein rechter Arm ist warm, warm, warm. ... Und nun konzentriere dich auf den anderen Arm, auf deinen linken Arm, ... und spüre, wie es warm von deiner Schulter hinunterläuft, ... spüre das warme Gefühl, ... jetzt reicht es bis zum Ellbogen, ... und denke: Mein linker Arm wird warm. ... Das warme Gefühl läuft jetzt weiter bis zum Handgelenk, ... spüre, wie warm dein linker Arm wird, und denke: Mein linker Arm wird warm und wärmer, warm und wärmer. ... Das warme Gefühl läuft jetzt vor in die Hand, bis in die Fingerspitzen. ... Nun ist dein ganzer Arm warm, ... von der Schulter bis zu den Fingerspitzen. ... Denke: Mein linker Arme ist warm, mein linker Arm ist warm, ... meine beiden Arme sind warm, ... warm, ... ganz warm.

19. Schutzübungen

Diesen Abschnitt setze ich mit Absicht ans Ende der besprochenen Themen. Es kann nämlich durchaus sein, daß Sie nichts – oder zunächst noch nichts – mit ihm anfangen können. In diesem Fall überblättern Sie ihn einfach. Es geht hier darum, daß wir tagtäglich vielen fremden Energien ausgesetzt sind und wie wir uns vor ihnen schützen können.

Bestimmt hat jeder von Ihnen schon festgestellt, daß es Menschen gibt, in deren Nähe wir uns weniger wohl fühlen, obwohl wir nicht sagen könnten, woran das liegt, denn sie haben uns nichts getan. Wir erklären das dann gerne mit vorhandener oder fehlender Sympathie. Was aber macht uns einen anderen Menschen auf Anhieb sympathisch oder nicht? Hier sind wir wieder am selben Punkt angelangt, denn logisch und rational erklären können wir das meist nicht. Wenn wir nun häufig mit Menschen beisammen sind, deren Nähe uns nicht guttut, dann spüren wir auch, daß uns das Energie raubt, oder besser gesagt: Wir spüren, daß uns etwas Energie raubt, können dieses Gefühl aber (siehe oben) nicht genau zuordnen.

Ein anderes Beispiel: Ich wohne in der Kleinstadt. Gelegentlich fahre ich nach München zum Einkaufen. Nach einigen Stunden in der Stadt fühle ich mich geradezu ausgesaugt. Auch das kann man vordergründig mit der Strapaze des Zu-Fuß-Herumlaufens erklären. Wenn ich aber daran denke, wie ich mich nach einem Tag Sightseeing fühle, an dem ich mehr herumlaufe als beim Einkaufsbummel, aber nicht mit solchen Menschenmassen in Berührung komme, dann stelle ich fest, daß ich natürlich auch davon müde werde, daß das aber mehr eine rechtschaffene körperliche und irgendwie sogar wohltuende Müdigkeit ist, während ich mich im ersten Fall eben ausgepumpt und geistig leer fühle.

Gerade diese zehrende Wirkung der Großstadt spüren viele Menschen. Und vielleicht spüren Sie auch die Wirkung verschiedener Menschen auf Sie, wenn Sie Ihre Alltagsbegegnungen einmal bewußt erleben. Weil wir aber in unserem täglichen Leben nicht immer selbst bestimmen können, mit wem wir zusammensein wollen und mit wem nicht, ist es gut, wenn wir lernen, uns mental vor fremden Einflüssen zu schützen.

Mit den Kindern mache ich diese Schutzübungen erst, wenn Sie hinreichend „Entspannungspraxis" haben, also ab der zweiten Hälfte der ersten Klasse etwa, und ebenfalls nicht sehr oft. Ich könnte Ihnen jetzt aber auch nicht genau sagen, wie oft: einfach immer dann, wenn mir danach ist. Und obwohl diese Übungen abstrakter sind als die bisher vorgestellten und damit auch an die Konzentrationsfähigkeit höhere Anforderungen stellen – mithin also „schwieriger" sind –, möchte ich nicht auf sie verzichten. Nachdem mehrere Kinder meiner Klasse das Gehirnsammeln auch zu Hause machen – einige Mütter haben sogar Bücher mit entsprechenden Geschichten gekauft –, möchte ich gerade denen diese sehr wirkungsvollen Übungen mitgeben als Möglichkeit.

Und selbst wenn Sie zu der Ansicht kommen sollten, es sei Ihnen zu heikel, ein so subtiles Thema Ihrer Klasse zu präsentieren, sollten Sie für sich einmal ausprobieren, wie Sie sich fühlen, wenn Sie diese Übung zwei Wochen lang ein- bis zweimal täglich machen. Das sei hier nur im Vorgriff auf den Abschnitt über die Psychohygiene des Lehrers gesagt. Nun aber zu den konkreten Möglichkeiten, deren es viele gibt und von denen ich Ihnen zuerst meine liebste vorstelle.

Das Sternenzelt

Wie gesagt: Das ist meine liebste Schutzübung. Und weil ich sie gut finde und deshalb überzeugend bringe, kommt sie auch bei den Kindern an. Gerade hier ist es wichtig, daß jeder das findet, womit er sich subjektiv einfach wohl fühlt. Das war mir zwar „irgendwie" immer schon klar. Wie wichtig es aber wirklich ist, habe ich in einem Kinesiologieseminar erlebt, das ich vor einigen Monaten hielt.

Da war eine sehr sensible Teilnehmerin, nennen wir sie Helena, die Probleme hatte, sich ihrer Mutter gegenüber zu behaupten. Die Mutter war vehement dagegen, daß sie irgendwelche Seminare besuchte, in denen sie so „verrücktes" Zeug lernte, und versuchte immer wieder, ihr das auszureden. Helena hatte sich als Schutz eine Pyramide ausgedacht, in die sie sich mental immer setzte, wenn sie mit ihrer Mutter beisammen war. Sie stellte aber fest, daß die Pyramide nicht „funktionierte", denn sie fühlte sich in der Gegenwart ihrer Mutter nach wie vor äußerst unwohl und spürte, wie sie energetisch einfach überrumpelt wurde. Sie hatte aber auch immer das Gefühl, durch die Pyramide eingeengt zu werden, wenn sie sich – geistig – „hineinsetzte". Kein Wunder, daß das dann nicht klappte.

Stellte sie sich dagegen vor, zwischen ihr und der Mutter sei eine massive Mauer, dann war zwar die abschirmende Wirkung deutlich da, sie fühlte sich aber schlecht und hatte Schuldgefühle, weil sie ihre Mutter, die sie ja liebte, nicht vollkommen aussperren wollte. Helena suchte nur eine Möglichkeit, dieses „Überschwappen" fremder Energien in ihre eigene Sphäre zu verhindern.

Wir arbeiteten nun an diesem Problem kinesiologisch. Auch der Muskeltest ergab: Weder Pyramide noch Mauer waren für sie geeignet. Wir fanden aber etwas, bei dem sowohl der Test als auch Helenas Empfinden sagten: „Das ist das Richtige", und zwar einen violetten Mantel, in den sie sich mental hüllte.

Einige Zeit nach dem Kurs sah ich sie wieder, und sie bestätigte mir die Wirksamkeit ihres Schutzmantels: Sie konnte sich ihrer Mutter gegenüber gelassen geben und fühlte sich durch deren Argumentation nicht mehr bedrängt. Dadurch hatte auch der missionarische Eifer der Mutter nachgelassen, denn sie bemerkte natürlich, daß ihre Tochter ihr nicht mehr so ausgeliefert war wie früher.

Die Sternenzelt-Übung

Wir sitzen alle im Schneidersitz auf dem Boden. Nachdem wir gemeinsam aus- und eingeatmet und das Gesicht entspannt haben, zähle ich noch von fünf bis eins rückwärts. Bei jeder Zahl fühlen wir uns etwas ruhiger und entspannter.

Nun sehen wir vor uns auf dem Boden einen Stern. Er funkelt und blitzt. Wir betrachten ihn. Hinter uns stellen wir uns auch einen Stern vor, dann rechts und links von uns. Diese Sterne verbinden wir mit strahlendweißen Lichtbögen. Wir sitzen jetzt in einem Kreis, der um uns herumläuft, wie ein Reifen aus strahlendweißem Licht. Vor uns, hinter uns, rechts und links von uns funkeln die vier Sterne. Nun erscheint noch ein fünfter Stern. Er schwebt genau über unserem Kopf. Wir ziehen jetzt wieder Lichtbögen: zuerst von dem Stern über dem Kopf zu dem Stern vor uns. Wir sehen den Lichtbogen schimmern. Dann von dem Stern über dem Kopf zu dem Stern hinter uns. Nun sitzen wir in einem Lichtkreis, und vor uns und hinter uns führt ein Lichtbogen herunter. Jetzt ziehen wir einen dritten Lichtbogen von dem Stern über dem Kopf zu dem Stern auf unserer rechten Seite. Zum Schluß ziehen wir einen Lichtbogen von dem Stern über dem Kopf zu dem Stern auf unserer linken Seite. Wir sitzen jetzt in einem Zelt aus Sternenlicht, in einem Sternenzelt. In diesem Sternenzelt sind wir geschützt und stark. Wir fühlen, wie angenehm und gut das ist. Diesen Schutz nehmen wir mit in den heutigen Tag.

Ich zähle wieder von eins bis fünf. Bei fünf machen wir die Augen auf.

Weitere Möglichkeiten zum Schutz:

- ein violetter Mantel,
- ein Lichtgürtel um den Solarplexus,
- eine Rüstung.

KAPITEL 5

Die Psychohygiene des Lehrers

Im vorigen Abschnitt habe ich es bereits angesprochen: Es gibt wirkungsvolle Möglichkeiten, mit denen Sie sich selbst etwas Gutes tun können. Das Wohlergehen des Lehrers ist in meinen Augen ein so bedeutender Gesichtspunkt, daß ich einfach immer wieder darauf hinweisen muß. Wenn Sie bei diesem Abschnitt angelangt sind, haben Sie wahrscheinlich zumindest einen Teil der Vorschläge gelesen, wie Sie Übungen mit Kindern gestalten können. Diese Übungen sind für die Kinder gewiß hilfreich und sinnvoll. Den meisten Nutzen können jedoch Sie selbst aus dem Gesagten ziehen:

... erstens, indem Sie hier eine Hilfe haben, Ihre Arbeit angenehmer zu gestalten;

... zweitens, indem Sie alles, was hier besprochen wurde, auch für sich selbst verwenden.

Vor einigen Jahren kam ich neu an die Schule, an der ich jetzt noch unterrichte. Ich sollte eine erste Klasse übernehmen. Was mich dort erwartete, war wahrhaftig eine „Bilderbuchklasse". Alle Arten von Lern- und Verhaltensstörungen waren in ihr auf geradezu beispielhafte Weise vertreten. Eigenartigerweise war die Parallelklasse das genaue Gegenteil: auch eine Bilderbuchklasse, aber fast ausnahmslos eine aus Musterschülern. Natürlich machte ich mir über dieses seltsame Zusammentreffen meine Gedanken, sparte mir meine Energien dann aber dafür auf, die Situation zu bewältigen.

Im ersten Halbjahr machte ich jeden Morgen zuhause die Übung mit der rosaroten Wolke (S. 132 ff.) und nahm mir dabei meine fünf schwierigsten „Kandidaten" vor. Ließ ich meine morgendliche Fleißaufgabe einmal für einige Tage ausfallen, merkte ich in der Schule sofort deutlich die Verschlechterung. Außerdem setzte ich mich – bevor die Kinder kamen – immer ruhig ins Klassenzimmer und füllte es mental mit einer riesigen rosaroten Wolke. Daß ich mit der Klasse täglich eine Entspannungsübung durchführte – damals nannte ich das noch „Konzentrationsübung" – versteht sich wohl von selbst.

Der Erfolg zeigte mir, daß ich aufs richtige Pferd gesetzt hatte: Ich kam mit der Klasse immer besser zurecht und konnte auch die schwierigen Kinder liebgewinnen. Im zweiten Schuljahr hatte ich eine Lehramtsanwärterin zur Ausbildung. Die Seminaristen kamen öfter, um bei uns „eine Stunde" anzusehen. Der Seminarleiter, der ja nun wirklich im ganzen Landkreis herumkam und Vergleichsmöglichkeiten hatte, zeigte sich äußerst erstaunt über die musterhafte Disziplin und Arbeitshaltung in meiner Klasse und sagte, „so etwas" habe er noch nicht erlebt. Daß ich mit dieser Klasse zurechtkam, verdanke ich sicher zu einem nicht unwesentlichen Teil dem gezielten Einsatz der Entspannungsübungen.

Daß gerade der Lehrer durch eigene Meditationen einiges beeinflussen kann, sah ich auch am Beispiel einer Freundin, die zu dieser Zeit einen „hochkarätigen" neuen Schüler bekam: ein ehemaliges Heimkind, das jetzt in einer Pflegefamilie lebte und das auch der Staatsanwaltschaft bekannt war, weil es der Brandstiftung verdächtigt wurde. Die Ermittlungen liefen noch. Die Gefühle meiner Freundin, als ihr dieser Schüler angekündigt wurde, können Sie sich sicher gut vorstellen. Wir hatten aber damals gerade zusammen ein Meditationsseminar besucht, und als wir über den Fall sprachen, waren wir uns beide einig, daß der Versuch, die Lage mit Meditationen günstig zu beeinflussen, wohl sinnvoll wäre.

Helmut kam, und er benahm sich genauso, wie meine Freundin es erwartet hatte. Da begann sie, jeden Morgen eine Übung durchzuführen, in der sie Helmut als ordentlichen und integrierten Schüler visualisierte, ähnlich wie es im Abschnitt über die guten Vorsätze (S. 138 ff.) beschrieben ist. Nach einigen Tagen merkte sie den Erfolg. Ihr erging es mit Helmut wie mir mit meiner Klasse: Sie kam immer besser mit ihm zurecht. Und wenn sie, durch den Erfolg leichtsinnig geworden, einige Tage mit den Übungen aussetzte, merkte sie die Verschlechterung von Helmuts Verhalten.

Sollten Sie in einer ähnlichen Situation sein wie meine Freundin und ich damals oder gibt es auch nur ein Kind in Ihrer Klasse, das Sie unnötig Nerven kostet, ohne gleich ein dramatischer Fall zu sein, so wäre es doch den Versuch wert! Sie könnten ...

... für dieses Kind die Meditation mit der rosaroten Wolke durchführen (S. 132 ff.) oder ...

... das Kind mit einem positiven Verhalten visualisieren (S. 138 ff.).

Kapitel 6

Vom Neuling zum Experten – Der einfache Weg zur täglichen Entspannungsübung

Nun haben Sie hoffentlich eine Menge Anregungen erhalten, die Ihnen Lust machen, das Gelesene in die Praxis umzusetzen. Vielleicht haben Sie auch schon das eine oder andere ausprobiert. Damit es nicht bei begeisterten Ansätzen bleibt, sondern Sie auch wirklich dauerhaften Nutzen aus dem Einsatz von Entspannungsübungen ziehen können, möchte ich Ihnen die sehr simple Strategie verraten, mit der ich schon viele tiefgreifende Änderungen meines Unterrichtsstils erfolgreich bewältigt habe.

Für mich ist es immer wichtig, den Überblick zu behalten und alles, was ich mache, gut zu organisieren. Das soll nicht heißen, daß ich mich nie vergaloppiere und im Eifer des Gefechts zuviel auf einmal in Gang setze. Ganz im Gegenteil! Ich will Ihnen hier aber nicht meine Fehler zur Nachahmung empfehlen, sondern das, was ich als geglückt und gut gelungen betrachte. Und das ist zweifellos mein ...

Dreistufenplan zur Reformierung des Unterrichts,

... wie ich ihn auch schon in anderem Zusammenhang und mit anderem Inhalt vorgestellt habe.[33]

Stufe 1: Einmal ist keinmal, und Ausprobieren schadet nichts

- Lesen Sie sich das Kapitel 2 (S. 33 ff.) noch einmal gründlich durch und beobachten Sie sich selbst, ob Sie die richtigen „Anker für Konzentration" setzen.
- Bauen Sie täglich mindestens eine „Insel der Stille" in Ihren Vormittag ein (S. 37 ff.).
- Machen Sie mit den Kindern ein bis zwei Kopfkinos pro Woche, am besten immer an den gleichen Tagen. (Zum Beispiel Dienstag und Donnerstag – was Sie fest einplanen, läßt sich leichter umsetzen!)

Achten Sie darauf, wie sich diese kleinen Maßnahmen auswirken. *Machen Sie sich Verbesserungen bewußt!* Es ist ja oft so, daß uns Negatives gleich ins Auge sticht, daß wir aber positive Veränderungen nicht unbedingt sofort bemerken. Deshalb ist es angebracht, ganz gezielt darauf zu achten, was sich in der Klasse tut und wie wir selbst uns fühlen, wenn wir mit etwas Neuem beginnen.

Stufe 2: Wer A sagt, kann ruhig auch B sagen – gehen Sie einen Schritt weiter!

- Behalten Sie das bisher Eingeführte bei: Kopfkinos, Inseln der Stille, Anker für Konzentration.

- Planen Sie zusätzlich pro Woche eine Unterrichtseinheit für Entspannung ein. Gestalten Sie diese Stunde ...
  ... mit einem Märchen (S. 67 ff.)
  ... nach einem Kinderbuch (S. 94 ff.)
  ... mit einer Übung, die zum Unterricht paßt (S. 158 ff.)
  ... als Superlearning-Zyklus (S. 165 ff.).

  Wenn Sie bis hierher gekommen sind, dann haben Sie auf alle Fälle festgestellt, daß Ihr Alltag leichter geworden ist. Werfen Sie deshalb noch einige Hemmungen über Bord und:

- Freunden Sie sich mit den kinesiologischen Übungen an (S. 40 ff.). Lassen Sie vor Stillarbeitsphasen die *Cook-Energieübung* durchführen, und machen Sie immer dann, wenn das Aufmerksamkeitsniveau sinkt, *Überkreuzbewegungen* zu flotter Musik. Wenn Ihnen das aber zu gewagt erscheint, dann lassen Sie's eben oder verschieben es auf später.

Stufe 3: Übung macht den Meister – probieren Sie die ganze Palette aus!

Das ist bisher der Stand der Dinge: Sie machen pro Woche zwei Kopfkinos und eine Entspannungsstunde. Sie bauen regelmäßig „Inseln der Stille" ein und achten darauf, die richtigen Anker zu setzen. Sie haben vielleicht schon die ersten kinesiologischen Gehversuche hinter sich. Und so könnte es weitergehen:

- Sie suchen sich unter den verschiedenen Kategorien von Übungen (S. 107 ff.) die aus, die Ihnen zusagen, und machen zusätzlich zu der schon eingeführten Entspannungsstunde und den zwei Kopfkinos pro Woche eine weitere Übung. Dann findet bereits an vier Tagen der Woche etwas Meditatives in Ihrer Klasse statt. Der Erfolg zeigt sich immer deutlicher.

- Sie können die wöchentliche Entspannungsstunde austauschen gegen eine zusätzliche Übung aus dem Repertoire der 19 verschiedenen Kategorien.

- Sie können Kopfkinos und „richtige" Entspannungsübungen so mischen, daß an jedem Tag irgend etwas gemacht wird, zum Beispiel ...
  ... Montag, Mittwoch, Freitag: Entspannungsübung
  ... Dienstag, Donnerstag: Kopfkino

- Je nach Bedarf und Möglichkeit können Sie Superlearning-Zyklen und zum Unterricht passende Übungen einbauen.

- Sie können sich aus den verschiedenen Kategorien einen richtigen Entspannungs-Wochenplan zusammenstellen, zum Beispiel ...
  Montag: Phantasiereise
  Dienstag: Kopfkino – etwas mit Tieren

Mittwoch: Besuch im Gehirn
Donnerstag: Kopfkino – Orangenmännchen
Freitag: Übung zur Jahreszeit

- Sie lesen den Abschnitt über die Psychohygiene des Lehrers nochmals (S. 175 ff.) und wenden je nach Belieben das eine oder andere daraus an.
- Irgendwann sind Sie dann bestimmt überhaupt nicht mehr zu bremsen und ersetzen auch noch die beiden Kopfkinos durch „richtige" Übungen.

Aber egal, was und wieviel von dem Gelesenen Sie in die Tat umsetzen: Das kleinste bißchen ist besser als nichts. Und nachdem Sie mit jedem auch noch so kleinen Schritt zweifellos feststellen werden, daß Stille und Konzentration Ihren Schülern immer leichter fallen, werden Sie auf dem einmal eingeschlagenen Weg auch weitergehen, bis Sie ein „Experte in Sachen Entspannung und Konzentration" geworden sind.

Machen Sie sich bewußt, um wieviel angenehmer Ihr Leben dadurch geworden ist, freuen Sie sich darüber und feiern Sie Ihren Erfolg!

Nachgedanken

Wenn Sie als Lehrer anfangen, manches anders zu machen als Ihre Kollegen, dann sind Sie zunächst einmal ein Außenseiter. Je nach Kollegium kann das mehr oder weniger lästig sein. Vielleicht haben Sie auch das Glück, daß an Ihrer Schule außer Ihnen noch einige Lehrer sind, die etwas Neues nicht von vornherein ablehnen und sich für Ihre Reformen interessieren.

Es kann aber auch durchaus vorkommen, daß einige Ihrer Kollegen es einfach als verrückt betrachten, wenn Sie mit „so etwas" anfangen. Doch ist die Verrücktheit ein quantitatives, kein qualitatives Problem. Was die meisten machen, entspricht der Norm, ist also „normal". Je mehr Lehrer nun so „verrückte" Sachen machen wie Entspannungsübungen mit Kindern oder auch Gehirnturnen, desto mehr nähert sich das bislang Verrückte der Norm, wird also normal. Mein erklärtes Ziel ist es, möglichst viele Lehrer zu ermutigen, die bisherigen Normen zu überdenken und den Mut zu haben, diese Normen zu ver-rücken.

Und ich träume schon von dem Zeitpunkt, an dem die „Normalen" die „Verrückten" sind und die „Verrückten" die „Normalen".

Mit anderen Worten: Schule muß – und wird – reformiert werden.

Spricht die Tatsache, daß so viele Lehrer sich in ihrem Beruf ausgelaugt, frustriert, „ausgebrannt" fühlen, nicht eine deutliche Sprache?

Wehren Sie sich dagegen! Machen Sie Schule so, daß Sie sich wohl fühlen, daß Sie die Freude an Ihrem Beruf empfinden, auf die Sie ein Recht haben!

Gehirnsammeln, Entspannungsübungen, Meditation – nennen Sie es, wie immer Sie wollen – sind gute Möglichkeiten, einen weiteren Schritt in Richtung auf dieses Ziel zu tun!

Literaturverzeichnis

1 Berendt, Joachim Ernst: *Ich höre, also bin ich*, Freiburg: Hermann Bauer, 1989

2 Tomatis, Alfred: *Der Klang des Lebens*, Reinbek bei Hamburg: Rowohlt, 1987

3 Joudry, Patricia: *Hören wie Pan*, Südergellersen: Bruno Martin, 1987

4 Saint-Exupéry, Antoine de: *Der kleine Prinz*, Düsseldorf: Karl Rauch, 1956

5 Postman, Neil: *Das Verschwinden der Kindheit*, Frankfurt: Fischer Taschenbuch Vlg., 1987
Postman, Neil: *Wir amüsieren uns zu Tode*, Frankfurt: S. Fischer, 1985

6 McLuhan, Marshall: *Das Medium ist Massage*, Frankfurt/Berlin/Wien: Ullstein, 1984

7 Winn, Marie: *Die Droge im Wohnzimmer*, Reinbek bei Hamburg: Rowohlt, 1980

8 Buchner, Christina: *Neues Lesen – Neues Lernen*, Südergellersen: Bruno Martin, 1991

9 Petermann, Franz, & Petermann, Ulrike: *Training mit aggressiven Kindern*, München/Weinheim: Psychologie Verlags-Union, 1988

10 Bandler, Richard & Grinder, John: *Neue Wege der Kurzzeittherapie*, Paderborn: Junfermann, 1988

11 Perls, Frederick S.: *Das Ich, der Hunger und die Aggression*, München: dtv/Klett/Cotta, 1989

12 *Klangtherapie compact discs*, Südergellersen: Bruno Martin

13 Dennison, Paul & Dennison, Gail: *EK für Kinder*, Freiburg: VAK, 1987; 9. Aufl. 1994

14 Buchner, *Neues Lesen – Neues Lernen*, a.a.O.

15 ebenda

16 Topping, Wayne: *Stress Release*, Freiburg: VAK, 1986; 5. Aufl. 1994

17 Buchner, Christina: *Theaterspaß zum Selbermachen*, München: Oldenbourg, 1991

18 Buchner, *Neues Lesen – Neues Lernen*, a.a.O.

19 Simonton, Carl / Simonton, Stephanie Matthews / Creighton, James: *Wieder gesund werden*, Reinbek bei Hamburg: Rowohlt, 1982

20 Lüscher, Max: *Die Lüscher Würfel*, Düsseldorf/Wien/New York: Econ, 1991
Schiegl, Heinz: *Color-Therapie*, Freiburg: Hermann Bauer, 1979
Pawlik, Johannes: *Goethes Farbenlehre*, Köln: DuMont Schauberg, 1974

21 Waldron, Linda: *Das Buch vom wahren Zaubern*, Planegg: Falk, 1988

22 Schult, Arthur: *Astrosophie*, Bietigheim: Turm, 1982

23 ebenda

24 Waldron, a.a.O

25 Brecht, Bertolt: *Der aufhaltsame Aufstieg des Arturo Ui*, Berlin: Suhrkamp, 1957

26 Waldron, a.a.O.

27 Tepperwein, Kurt: *Geistheilung durch sich selbst*, Genf: Ariston, 1975

28 Bettelheim, Bruno: *Ein Leben für Kinder*, Stuttgart: Deutsche Verlags-Anstalt, 1987

29 ebenda
Bettelheim, Bruno: *Kinder brauchen Märchen*, München: dtv, 1977

30 Potter, Beatrix: *Das große Peter Hase Buch*, Zürich: Diogenes, 1973

31 Ostrander, Sheila & Schroeder, Lynn: *Leichter lernen ohne Streß – Superlearning*, München: Goldmann, 1987

32 Buchner, *Theaterspaß zum Selbermachen*

33 Buchner, *Neues Lesen – Neues Lernen*

Über die Autorin

Christina Buchner ist Lehrerin und lebt in Oberbayern. Sie hat eine Tochter und konnte wie viele Eltern erleben, daß die Schule vielen Kindern mit zunehmendem Alter immer weniger Spaß macht.

Seit zwanzig Jahren erprobt Christina Buchner alternative Unterrichtsmethoden: Projektunterricht, Lernen mit der rechten Gehirnhälfte u. ä. Nachdem sie zehn Jahre lang an der Hauptschule gewesen war, wechselte sie an die Grundschule. Dort entwickelte sie neben einer neuen Leselernmethode auch die Übungen, die sie in diesem Buch vorstellt.

Von Christina Buchner liegen bereits mehrere Bücher vor: *Schreibvergnügen*, München: Oldenbourg, 1990; *Neues Lesen – Neues Lernen*, Südergellersen: Bruno Martin, 1991; *Theaterspaß zum Selbermachen*, München: Oldenbourg, 1991; *Lesen lernen mit links ...*, Freiburg: VAK, 1993; außerdem ein längerer Beitrag in: *Die Sache mit dem X. Brain-Gym® in der Schule*, Freiburg: VAK, 1994.

Michael Grinder:

Ohne viele Worte. Nonverbale Muster für erfolgreiches Unterrichten

In diesem NLP-Trainingsbuch für Lehrer erfahren Sie,

- wie Sie mit nonverbalen Signalen Lernprozesse gestalten,
- wie Sie die traditionelle Lehrer-Schüler-Beziehung durch nonverbale Kommunikation ersetzen und
- wie Sie respektvolles kollegiales Feedback für die berufliche Weiterbildung nutzen.

„Michael Grinders neues Buch ist eine reiche und immens anregende Fundgrube für jeden Praktiker eines kreativen, individuellen und schülerbezogenen Unterrichts, mit vielen Ideen auch für schwierige Stituationen."
Hartmut Wagner, SKILL-INSTITUT

253 Seiten (21 × 29,2 cm), 35 Illustrationen, Paperback, 49,80 DM/49,80 sFr./389,– öS, ISBN 3-924077-73-8

Christina Buchner:

Lesen lernen mit links . . . und rechts, gehirnfreundlich und ohne Streß. Bilder, Geschichten, Ideen für Lehrer, Eltern und Therapeuten

Dieses Buch zeigt Lehrern, Eltern, Logopäden und anderen Therapeuten, wie sie Kindern dazu verhelfen können, gut und gerne zu lesen. Wird diese Leselernmethode *von Anfang an* eingesetzt, lassen sich viele Lernprobleme vermeiden: durch Ansprechen der linken *und* der rechten Gehirnhälfte.
Alle Kinder lieben Geschichten. Anders als herkömmliche Lesefibeln vermittelt Christina Buchner das Alphabet spielerisch anhand von Geschichten mit Tiefgang, die Kindern Spaß machen. Die vielen originellen Ideen, die die Autorin selbst in der Schule erprobt hat, werden auch *Ihre* Phantasie beflügeln.

186 Seiten (18 × 24,5 cm), 55 Abbildungen, Spiralheftung, 36,– DM/36,– sFr./281,– öS, ISBN 3-924077-49-5

Dr. Paul E. Dennison/Gail E. Dennison:

Brain-Gym®-Lehrerhandbuch

Diese leicht verständliche Arbeitshilfe für Lehrer, Erzieher und Eltern bringt auf jeder Seite zu jeweils einer Brain-Gym-Übung einige Unterweisungstips. Diese befähigen dazu, die Übung für ein bestimmtes Kind oder eine bestimmte Situation zu erklären, abzuwandeln oder weiterzuentwickeln. Außerdem finden sich zu jeder Übung übersichtlich angeordnete Informationen unter folgenden Stichwörtern:

- Erläuterung der Übung
- Aktiviert das Gehirn für was?
- Geförderte schulische Fertigkeiten
- Entsprechungen in Haltung und Verhalten
- Verwandte Übungen
- Zur Entstehung der Übung

7., neu illustrierte u. von den Autoren vollständig überarbeitete Auflage, 54 Seiten (21 × 29,2 cm), 115 Illustrationen, Spiralheftung, 34,– DM/34,– sFr./265,– öS, ISBN 3-924077-70-3

Fred Warnke: Was Hänschen nicht hört... Elternratgeber Lese-Rechtschreib-Schwäche

Was Hänschen nicht genau hört, kann Hänschen auch nicht richtig schreiben. Von diesem Grundgedanken ausgehend, zeigt der Autor neue Wege der Früherkennung und Überwindung der Lese-Rechtschreib-Schwäche („Legasthenie") auf. Die leicht verständliche Beschreibung der spielerischen Test- und Trainingsverfahren, die er selbst entwickelt hat, ermöglicht es jeder Familie, diese Verfahren selbständig zu Hause anzuwenden. Dazu dienen auch die Übungstexte für Kinder mit 28 ganzseitigen Bildern und die zusammen mit diesem Buch erschienene CD *Dyslexie und Hör-Lateralität* (ISBN 3-924077-43-6; 29,80 DM/sFr.); sie enthält außer dem Früherkennungstest einen Fachvortrag mit zahlreichen Hörbeispielen zu den Themen dieses Buches.

146 Seiten (21 x 29,2 cm), 28 Illustrationen, Spiralheftung, 39,80 DM/39,80 sFr./311,– öS, ISBN 3-924077-42-8

Joyce Wycoff:

Gedanken-Striche. Auf neue Ideen kommen, Probleme lösen – mit Mindmapping

Mindmapping ist die Methode zum schnellen, spontanen Skizzieren von Assoziationen, Gedanken und Ideen in Strichzeichnungen. Mindmapping erschließt Ihr *ganzes* Gehirn und bahnt Ihnen den Weg: zu kreativem Lösen beruflicher und persönlicher Probleme; zu mehr Klarheit in Entscheidungsprozessen; zu einem Ideenfeuerwerk, das alte Denkgewohnheiten sprengt; zur Verbesserung von Gedächtnis und Konzentration; zu größerem Organisationsgeschick. Wenn Ihr beruflicher und privater Alltag Ihnen immer wieder neue, schwierig erscheinende Aufgaben stellt – Mindmapping bringt Sie mit wenigen Strichen auf bessere Gedanken und läßt Sie effektiv handeln.

183 Seiten (15 x 22 cm), 23 Abbildungen, Paperback, 34,– DM/34,– sFr./265,– öS, ISBN 3-924077-48-7

Das INSTITUT FÜR ANGEWANDTE KINESIOLOGIE FREIBURG veranstaltet laufend Kurse in *Touch For Health (Gesund durch Berühren),* in *Edu-Kinestetik,* in *Entwicklungskinesiologie* und in allen anderen Bereichen der Angewandten Kinesiologie. Dank enger persönlicher Kontakte zu den Pionieren der AK ist das Institut in der Lage, ständig die neuesten Entwicklungen auf diesem Gebiet zu präsentieren.

Außerdem fördert das Institut die Verbreitung der Angewandten Kinesiologie im deutschsprachigen Raum durch Literaturempfehlungen und Adressenvermittlung. Wer an der Arbeit des Instituts interessiert ist, kann kostenlose Unterlagen anfordern bei:

INSTITUT FÜR ANGEWANDTE KINESIOLOGIE FREIBURG
Zasiusstraße 67, D-79102 Freiburg, Telefon 07 61-7 33 08, Telefax 07 61-70 63 84

Kooperationspartnerin in Österreich:
Akademie für Angewandte Kinesiologie, Gabriele Lehner
A-8362 Kräuterdorf Söchau, Tel. 0 33 87-3210, Fax 0 33 87-3212